中庸的
大众哲学

钱钧华 著

上海遠東出版社

图书在版编目(CIP)数据

中庸的大众哲学 / 钱钧华著. —上海：上海远东出版社,2022
ISBN 978-7-5476-1783-0

Ⅰ.①中… Ⅱ.①钱… Ⅲ.①中庸—通俗读物 Ⅳ.①B222-49

中国版本图书馆 CIP 数据核字(2022)第 027217 号

责任编辑 程云琦 刘思敏
封面设计 李 廉

中庸的大众哲学

钱钧华 著

出　　版 上海远东出版社
(201101 上海市闵行区号景路 159 弄 C 座)
发　　行 上海人民出版社发行中心
印　　刷 上海锦佳印刷有限公司
开　　本 635×965 1/16
印　　张 35
插　　页 1
字　　数 378,000
版　　次 2022 年 7 月第 1 版
印　　次 2022 年 7 月第 1 次印刷
ISBN 978-7-5476-1783-0/B·22
定　　价 138.00 元

序　一

我们一方面厌恶别人的极端行为，另一方面又会身不由己地表现出自己的极端性。极端总是跟在我们的后面，难以摆脱。

现在，一本讲中庸的书问世了。

钱钧华先生是一位有思想的学者，他曾深入民族地区，写了两本关于母系社会和父系社会的著作，开阔了人们的眼界。今天他送到读者手上的《中庸的大众哲学》，是一本讲述中庸的大众哲学书。

作者从中庸这一中国传统哲学概念出发，以其为主干，向两端扩展，向上下左右延伸，以“变量”为单元，运用逻辑推论，阐明了宇宙万物运行的规律。

作者冲破传统哲学的窠臼，提出了一些新的概念和新的思想，对宇宙起源、物质产生、精神世界、人生意义，以及整体、混沌、因果、悖论、无限、博弈、融合等哲学问题，都有独到的见解，丰富和发展了中庸哲学，对我们具有启发作用。

归纳起来，此书有三个特点：

一是问题引导论述。此书以一般哲学著作的本体论、认识论、社会历史观为主线，但是在具体叙事上不做繁琐的历史追溯式的学理探究，而是以一个问题、一段论述的方式展开。

二是文章短小精悍。在当下快节奏的生活下，人们习惯于读短文。每篇 300 至 600 字，把深奥的哲学思想融入一篇篇短文里，便于读者阅读。

三是使用寻常语言。钱钧华先生是位作家，已有上百万字的文学作品出版，不用说，对文字的驾驭得心应手。他以一个作家的敏锐和智慧谈论中庸，自然和一个哲学专业者的风格不同。这种寻常语言更能走近读者。

事物都是有度的。哪怕是真理，只要越过了那个度，就会变成谬误。中国人常讲的物极必反，也是从特定的视角对中庸哲学的肯定。先行是必要的，有理是要讲的，但是都要把握一个度，万万不可走极端。走极端害人又害己。水平往往体现在对度的把握上。

希望钱钧华先生这本讲中庸的著作，能成为纠正人们极端行为的一剂良药，给传统哲学吹来一缕清风。

邓伟志

（社会学家，著有《中国家族的演变》《生活的觉醒》等）

序　二

我与钱钧华相识于20多年前。那时我和他各自都在一家报社担任编辑记者，因为经常参加新闻发布会而相识。他给我留下的印象是外表平凡而内在不同凡响。他为人宽厚、谦逊，却处事老到、高明。这样的人不多。往往处事老练的人为人自大，他却不是如此。因此我对他的印象颇好，我们慢慢亲近起来。

那时，记者在社会上的地位颇高，走到哪里都受人尊重，受人厚待，哪怕是社会上颇有地位的人也会对记者尊敬有加，故记者曾被人誉为无冕之王。许多人占据此位便洋洋自得，不思进取了，而他却并非如此。有一次我与他深谈，得知他还有更大的志向。他的内心还深藏着做一流学问家的宏大理想。

科班出身的钱钧华，毕业于复旦大学分校（现已改为上海大学）社会学系，受教于我国著名的社会学家费孝通和邓伟志两位大师。毕业后他被分配到上海市总工会生活部，从事职工生活保障工作。他不像别人做好本职工作就完事了，他还不断看书学习，开展社会科学研究，以便更好地解决社会问题。

后来，钱钧华调到劳动报社担任编辑记者重任。在新闻记者任上他同样成就不凡，写出一批真实反映社会问题的新闻报道，引起社会强烈反响。其中尤以揭露上海某餐厅门店把员工关进冷藏室处罚员工的非人道行为，引起社会轰动。在这一特别的新闻报道中，他不仅遭遇现场阻止搜集证据的艰险，还面临有关部门阻止发布报道的压力，钱钧华以无比坚强的毅力和奋不顾身的勇取，果断排除一切阻碍，坚决在《劳动报》上报道了这一新闻。新闻见报后为全社会赞称，《新民晚报》《北京青年报》《中国商报》等全国各大新闻媒体随后又纷纷报道了这一新闻，有关门店给予被损员工合理的赔偿和公开道歉。他所在的劳动报社也由此声名远播，赢得社会好评。

做好记者本职工作的同时，他仍然不断看书学习，深入社会科学研究。他念念不忘他的导师费孝通、邓伟志倡导的田野调查做大学问的场景，渴望有朝一日深入社会实际第一线，研究出中国当代社会学新成果。但无奈身负新闻记者的重责，日夜奋斗在新闻采编的前线，无暇实现他的社会学研究的田野调查梦。

2000年，钱钧华因为身体原因暂时离开了新闻岗位。但也由此得福，他有时间实现他多年来做田野调查的社会学研究梦了。

他的社会调查第一站选在中国保存最完好的母系村落——川滇边界利家嘴，这里地处西部，远离现代都市。他期望在原始社会生活方式中寻找解决现代社会问题的办法。他在考察提纲中列出了数十条考察课题，涉及原始村落人群的自然观、社会观、家庭观、生死观和环境观等大量社会学研究内容。

打起背包，离家别妻，横跨半个中国，由东向西来到生活条件远逊于上海大都市的原始村落利家嘴，开始了他的田野调查。那里处于深山老林之中，需翻越十几座大山才能进入。过去，这里没有公路也没有车辆，进出只能靠马帮引领。那里生活条件极为艰难，最难忍受的是被当地的一种毒虫，只要被叮咬，几天下来浑身上下皮肤便会溃烂不堪，外人根本无法在那里待下去。为了考察需要，他硬是挺了下来。他跑遍了利家嘴整个村庄的每一个角落，访遍了村庄里每一个人物。发现这里的人住在木制的房屋中，吃的是粗简的粮食，但身体很好，全无现代大都市人群的种种疾病。经过数月考察，钱钧华带回来一个令人耳一新的另一个世界，在这个世界里确实有着不少现代人应该吸取的营养。

利家嘴比泸沽湖更加完整地保留着走婚制度这一男女关系和生活方式。在这里，男女双方婚恋是无条件的，只要相爱就可以结合。这与现代都市男女相爱非常讲究爱情之外的经济和地位等条件而轻视爱情本身而言，利家嘴的走婚制婚姻方式无疑是很有启发意义的。而走婚制也还包含着试婚的方式，如果双方不合就自然解除婚姻，各自回归原来的生活。这对于现代都市男女结婚需要达到很高的经济条件和要求而言，也是极有反思价值的。

考察利家嘴母系氏族文化获得丰富资料后，钱钧华又乘势再考察国内仅存的父系氏族部落。他再一次从上海穿越半个中国，来到西部偏远地区，川藏边界的山岩戈巴。这里地势险要，当地的藏族人至今还保留着原始父系遗存的社会组织形态。

在调查中，钱钧华不仅克服生活的艰难，还冒着风险，他在这里坚持下来，访问了好几个村落，获得了大量的父系氏族文化生活的鲜活材料。钱钧华从这个男性主导的原始社会里再一次收获了现代社会可吸取的营养。钱钧华详尽考察记录下这里人们生活方式和生活环境的全部细节，带回来的都是可贵的精华。

一次寻访“女儿国”，一次寻访“男人国”，钱钧华两次考察现存的原始社会文化，结集成散文游记《女人国》《男人国》及人类学著作《利家嘴》。这些书都成为了读者喜欢的书，读者说这些书让他们看到了一个新的世界。不少中外读者看了钱钧华的书后，背起行囊重走他的采访之路。

作为一个真正的社会学者，钱钧华立足于解决现实社会问题来研究学问。他目睹现代社会人与人、人与自然关系中存在的弊病，他要在社会调查中寻找到有效的药方。他通过考察人类的原始文化生活，从中寻找到不少可以为现代社会吸取的文化营养。但他还是感到不足，后来，他想到了西海固。

这一次，他是由地处东南沿海的上海远行西北地区的宁夏西海固，这令人敬佩不已。他在考察与写作的过程中，多方面地、诚挚地向宁夏穆斯林表达了他真心介绍伊斯兰教文化的心愿，最终获得他们的称许。

在西海固生活了一个月余，深入细致地考察了这片中国土地上全面体现伊斯兰教文化的地区后，钱钧华终于写出了较为全面介绍伊斯兰文化的著作《走进中国穆斯林》和《西海固漫记》。图书出版后，伊斯兰朋友对钱钧华的著作非常喜欢。正如回族作家石舒清在该书序言中写到："在整个阅读的过程中，让我一再感念的是作者那种一以贯之的情怀和认知姿态。他没有居高临下，没有隔靴搔痒，他最大限度地融入进去，用着自己的一腔真心实意，他很容易地就敲开了一个民族闭锁深久的大门。"

收获了考察伊斯兰文化的成果后，钱钧华再一次前行。这次他考察的是在当今世界影响力越来越大的东方文化。在研究的标的选择上显示出他准确的判断力，他在东方文化中选择历史延绵最久的中国文化，在中国文化中他选择应用最广的儒家文化，在儒家文化中他选择影响最大的人物——孔子。

他这一回进行的孔子研究与历来所有的孔子研究学者采取的研究典故的方式不同，他是用实地考察的方式研究孔子。孔子生前活动的地区范围很广，数十年历经春秋列国，曾有孔子周游列国之传说。钱钧华追溯到2 000多年以前孔子游列国的路线，跟孔子"周游"了一圈。在曾经孔子留下足迹的每一个地方，钱钧华都深入考察实地上的遗留文物，深入采访当地老人和乡贤，从历历在目的实物和经久流传的故事中收集孔子文化的痕迹。

钱钧华不同一般的实地考察式研究，果然得出了不同凡响的研究成果：他发现了一个与历史典籍的描写不一样的孔子形象。正统历史传说中的孔子是一个文弱的文人，而他实地考察到的孔子却是文才武略双全。他向我兴奋地叙说了他发现的孔子形象。孔子当年担任小国鲁国的宰相，陪鲁国国王去参加大国齐国召集的联盟大会，但在大会上齐国竟然派兵围困和羞辱鲁国国王。孔子立即起身怒斥齐国兵将。此举震慑了齐国国王，此后齐国再不敢欺压鲁国了。钱钧华用他的长途考察，重现了孔子周游列国中的点点滴滴，丰盈了人们对孔子的固有认知。

钱钧华在实地考察的基础上，创作《跟孔子周游历国》。书稿立即为上海社会科学院出版社看中，列入重点出版图书。钱钧华创作的一系列社会科学图书，都成为多家出版社抢手的书稿。

通过考察孔子文化，钱钧华不仅发现了真孔子形象，而且还在思考儒家文化中人们常常提到的中庸思想的含义，它不同于过去所认为的折中思想，而是为人们所不知晓的，准确保持事物本质的中间位置的重要意义。最重要的是，他还发现了哲学是真正的解决实际问题的学问，从而引发了他对中国哲学的探求。

他在追溯儒家文化中的核心概念——中庸时发现了一段尧与舜的传说：舜在民间寻求“中”，做事又按“中”来做。尧知道此事后，就把王位让给舜。钱钧华发现“中”不仅是一个哲学概念，更是中国传统文化的精髓，舜是一个哲学家，而精通哲学的人才就是最好的人才，因为精通哲学才能更好地解决社会实际问题。由此，一贯讲究通过社会调查发现并解决实际问题的他，转而集中展开哲学研究了。真正的哲学是以无穷无尽的大千世界为研究对象的，哲学研究是比他的田野考察更加遥远的征途。并非哲学专业毕业的钱钧华却毅然决然地走上了这条探求哲学的远征路。

多年来，钱钧华一直喜爱和研究哲学，积累了大量哲学研究材料，他在大量研究哲学的基础上向纵深方向走进。近代西方有哲学家公开论断：中国无哲学。这样的论断有片面之处，因为中国古往今来有大量的哲学家和哲学理论。但这样的论断也有合理之处，因为中国从来就没有成体系的哲学思想，有的都是片言只语不成系统的哲学散论。无疑这是令人感到遗憾的，而令把哲学看做真正能解决社会问题的钱钧华更感到遗憾。由此他作出决定，要写一部较为系统的启蒙哲学读本。

他大量阅读中外哲学著作，大量思考哲学问题。在阅读和思考中，他记下了海量时研究心得。思考的范围，涉及从灵魂到肉体，从自然到社会，从天上到地下，从星球到宇宙，从分子到质子……尤其是钱钧华发现了中国哲学里“中”的重大意义：“中”的发现如同印度人发现了数字“零”一样具有世界性的意义。万事万物都受制于“中”，生存于“中”，发展于“中”。多少个365个日日夜夜，他不断地记下自己对万事万物的哲学思考。终于积流成河积土成山，他完成了独具特色的中国哲学著作《中庸的大众哲学》。

在这部著作中，钱钧华的写作语言从从容容，洋洋洒洒，无所不包，无所不在。但又于广泛中见体系，于洒脱中现严谨。我感到非常兴奋，当今世界仍有如老庄天马行空，纵横万里的哲学思辨家。或许正是东方文化潇洒写意式思维的底蕴，但其中也融会了西方哲学严谨的别制的笔触。由此，钱钧华这位中国式的社会科学学者，在中国哲学体系化的构建中填补了重要空白，这是非常值得庆贺的事。相信读者看了这部中国思维和西方思维融通的哲学著作，一定会收益匪浅。

吉鸿盛

（作家、画家，著有《爱情密码》等）

目　录

第二节　求实思维　/ 124

第三节　变化　/ 142

第四节　混沌　/ 164

第五节　量变和质变　/ 186

第六节　两端　/ 205

第七节　变量　/ 232

第八节　变量共振　/ 257

第九节　因果关系　/ 274

第三节 现实 / 358

第四节 博弈 / 372

第五节 情感和理性 / 387

第六节 生存两歧 / 412

第七节 人生意义 / 428

第八节 选择 / 442

第九节 概率和决策 / 458

第十节 创新 / 480

第十一节 行动 / 502

第十二节　文化观　/ 522

后记　/ 538

第一章 中庸本体论

第一节 哲学概述

一 整体

整体是哲学的研究对象。

整体由部分组成,其背后都有复杂的组合和规律。

整体的组合和规律看不见、摸不着,但是可以寻找、推理甚至证明。只有认识了整体,才能更好地认识部分。

哲学的出现,是人类试图在思维上整体认识世界,或者把世界视为整体的存在开始的。

寻找整体背后的组合和规律是哲学的任务。

宇宙整体是哲学研究的终极对象,此外还研究物质整体、精神整体,以及时空整体、关系整体等。

哲学的表现形式多样。凡是整体性的认识都属于哲学范畴,都含有哲学思想,都是一种哲学观。

超越自己的领域,站在整体上思考,便是哲学思考。

全球环境治理、国际秩序稳定,有人觉得,这似乎和我们关系不大,其实这些宏大问题都是我们生存的约束条件。

当今世界上的一些激烈冲突,看似难以解决,其实是能解决的。把注意力只放在某一层次,确实无可奈何,只有把注意力放在整体层次即哲学层次,最终才能解决。

只埋头于自己领域,对其他领域不闻不问,会导致视野褊狭,从而丧失评判宏观事物的能力。我们将只熟悉细小事物而没有更大领域的协调,无法实现自身和社会的整体进步。

哲学使人看到更大的世界。有了哲学的加持,我们的认知、行为将提升到新的维度。

我们对哲学的倚重程度比我们想象中的要大得多。

二 相对整体

整体是一个相对概念。

两种事物之和或者更大范围的事物叠加，都是哲学的整体概念。

单一事物不能归于整体范畴，只能归于部分范畴。涉及两种事物之和或者更大范围的事物，归于整体范畴。

整体是哲学的研究对象。我们把单一、局部、具体的事物组合在一起，就构建了哲学整体。

一切整体都是相对的，世界上没有绝对整体。一个事物在一个系统内是整体，在另一个系统内就变成了部分。整体和部分之间没有绝对界限。任何事物都有整体属性，都是哲学的研究对象。

在不同的视角中，整体和部分有不同的含义，我们往往会狭隘地将某些部分视作整体，造成我们认识上的局限性。

相对充满了变化，哲学的研究对象始终处于变化中，这使哲学有了广阔的用武之地。

三 整体思考

整体思考，即哲学思考。

哲学追求两种事物之和或者对更大范围的事物的思考。

当你在思考今年、明年计划时，有人在思考 10 年、20 年后的计划；当你在思考双边关系时，有人在思考多边关系；当你在思考经济问题时，有人还在思考政治、军事、文化等问题；当你在思考生存问题时，有人还思考人生意义、远大理想等问题。前一种思考是一般性思考，后一种思考便是哲学的思考。

用整体观来看部分，部分就会变得很清晰。太多的迷惘困惑都是部分思维造成的。整体思考带来更清晰的认识，它使哲学成为一种伟大的战略思想。

许多人生活在狭小的“柜子”里无法走出来，整体思考是打开“柜子”的钥匙。没有它，我们只能留在“柜子”里，难以有大的发展。

整体思考赐予我们更大的机会、更大的胸襟，消除了我们当初没有考虑到的局限。

由整体思考铸就的哲学不是完全形而上的，它必须和现实相结合，唯有如此，才能给我们带来整体利益。

四 宇宙何来

宇宙从哪里来，又到哪里去呢？

人来自宇宙吗？人生有意义吗？人类的最终归宿在哪里呢？

这些宏大的问题都是哲学需要回答的。它会影响我们的未来。

137 亿年前，宇宙大爆炸，诞生了现在的宇宙；50 亿年前，地球形成；40 亿年前，微生物在地球上出现；4 000 万年前，地球上出现了灵长类；1 500 万年前，出现了类人猿；500 万年前，出现了人类。

这些科学上的回答都不是哲学的终极回答，人们不会止步于此。

人们要追溯的是哲学的终极回答：这一切究竟是怎样开始的、以怎样的方式开始的，即人类的起源、地球的产生、宇宙的存在的最终的根源在哪里呢？

这些终极问题，每个民族都会执着地追问。

这是人类生存的精神追溯。

五 终极原因

追溯世界怎样从无到有，或者寻找一个始因，不论是指最初事物的原因，或者整个宇宙的原因，都难以具体回答。

假如没有最初事物，就没有原因。

“原因”一词表示两个事物之间的因果关系，不是只涉及一个事物。根据定义，没有事物可以是宇宙的原因。整个宇宙没有原因。

在一个事物前，都有一个更早的事物；在一个事物外，还有其他的事物。时间是没有开始的，空间是没有边界的。时间和空间都是无限的。

无穷数列表示，数列也是无穷的，在一个正数后面，还有一个大于它的数，可以无穷递增；在一个负数后面，还有一个小于它的数，可以无穷递减。没有开始也没有终点的无限级数，在数学上已经得到了成功处理。

假如我们追溯的是如何理解这个世界，以及人生的意义、人生的价值、人类的归宿等问题，那么我们就需要哲学，需要对这一切有一个整体性的理解。

哲学能完成这一使命。

宇宙永恒之谜最终是可以理解的，宇宙被理解是人类的想象力和哲学的奇迹。

六 仰望星空

当我们仰望星空时，用天文望远镜看到的是100多万年前的北斗星、250万年前的仙女座，以及年代更久远的众多恒星。

星空里深藏着宇宙的历史和奥秘。

我们来自于星空，我们身上的种种物质，以及种种遐想、逸想、梦想、理想等精神因子都来自于星空。星空是我们的母亲，只有星空，才能唤醒深藏在我们基因里的这些精神因子。

仰望星空，和星空对话，仿佛和宇宙对话，和母亲对话，会给我们带来无限的视野、无限的憧憬、无限的灵感、无限的能量。我们所有的征服、创造，几乎都是在仰望星空、和星空对话中产生的。

星空把我们带入了一个无限广阔的哲学境界，让我们满怀好奇地探究人生和宇宙的奥秘。

七 人类精神

对自身、对社会、对大自然整体思考，是人类高级智慧的标志。人类的发展必然和哲学相伴。哲学作为一种人类的精神引领着人类的前行。

每个民族都有自己的哲学，以此构建自己的民族文化，形成自己独特的思维方式和行为方式，表现出自身的深刻和简单、清晰和模糊、聪慧和笨拙、勇敢和胆怯。

哲学推动了一个民族的发展。一个拥有优秀哲学的民族必定是一个优秀的民族；一个拥有伟大哲学的民族必定是一个伟大的民族。哲学决定一个民族的高度。

在一个文明体中，哲学是灵魂、核心，政治、经济、文学、艺术、宗教则是文明的具体展现。

迄今为止，人类的每一次重大进步或者衰退几乎都和哲学有关。

人类的思想、行为都需要哲学的引领。人类无法改变需要哲学的既成事实。

八 危机

当今世界的危机和西方哲学危机有关。

西方哲学的核心是逻辑，它崇尚理性和科学，推动了近现代科学的发展。但是当理性和科学走到极端时，就表现出一种过度，尤其在社会历史观上，表现为二元对立模式，过度强调对抗和矛盾，过度制造对立面。这已成为当今世界动荡的原因之一。

二元既是对立的，也是融合的。二元对立模式带有整体上的不足。

人类社会在西方哲学的引领下，已经走过了高速发展期。

当今世界面临环境污染、病毒传播、气候异常、地区冲突、民族矛盾、核战争，以及如何正确使用生命科学、人工智能等新兴社会问题，西方哲学已经很难提出造福于全人类的解决办法。有人提出科技发展“奇点”概念，认为科学技术再按照现在的模式发展下去，将来可能导致人类的异化。

化解当今世界危机、实行各民族之间和而不同，以及使新兴科技朝着造福于全人类的方向发展，亟须新的哲学的引领。

九 新思路

中国的中庸哲学有别于西方哲学，对当今世界危机有着不同于西方的诠释，提出了新的解决思路，体现了东方智慧。

中庸站在中间位置思考危机、协调人类的行为，而不是站在极端位置上。

站在极端位置解决不了世界危机，反而使危机陷入一种怪圈：越发力，自身的危机就越多，就像给自己戴上手铐，越折腾，铐得越紧，感觉越疼。当今世界正陷入了这种怪圈中。这是西方哲学的危机所引起的。

作为哲学上的中庸，在两端之间寻找平衡和融合，倡导适度而非过度。它没有明确的边界，其内涵和外延都不固定。随着事物的变化，内涵可以改变，外延可以扩大。在原来范围内无法解决的问题，可以扩大范围，在更大的范围内或者更高的层次上谋求解决。

每当我们对现状感到忧虑和失望时，只要去关注一个更大的现状，就会豁然开朗，找到解决之道。

中庸哲学是一把解决当今世界危机的新钥匙。

十 构建

中国早期的中庸哲学，作为一种先进的社会理念，推动了中国历史的进程。由于受限当时的条件，最终没有形成一门系统学科。

近代工业革命时期，欧洲涌现了一批引领世界潮流的哲学流派，其中有理性主义、经验主义、德国古典哲学等，出现了洛克、休谟、笛卡尔、斯宾诺莎、莱布尼茨、康德、黑格尔等一批哲学家。中国的中庸哲学被边缘化了。

近年来，随着国家综合实力的不断发展，中国融入了世界经济体系，经济获得了高速发展。作为一种方法论，一个健康的社会，不应只有一种哲学，应允许不同的哲学声音，尤其对中国这样一个大国而言。

哲学对一个民族生死攸关。没有自身哲学的民族是难以崛起和发展的。

我们现在要做的，是用清醒的、理智的、符合逻辑的思维，构建具有中国特色的哲学。

重拾历史上的中庸哲学，构建新中庸哲学，可以更好地成就中国的事业。

当今世界多重危机的交织，给中庸哲学造就了需要更多想象力和创造力的思维空间。

历史上的中庸概念都未曾以充分的逻辑形式表达出来。

对中庸做最大胆的理性构建，必须依据逻辑和经验。

第二节 五个原理

一 中哲学

中哲学，以“中”为核心理念的世界观和方法论的理论体系。

中，在此定义为事物产生前的状态，事物产生时的初始状态。

中哲学即由此推导而出。

中，一个神秘的状态，充满了各种元素，不是绝对的无、空。有些事物我们看不到或者暂时看不到，不是因为无、空，而是尚未形成或者没有成为我们可以看到的事物，但它是切实存在的。

中，其中充满的各种元素相当活跃。无数的元素在此汇聚、交流、磨合，会发生各种化学的、生物的、原子的裂变，由此造就了事物神奇的诞生以及波澜壮阔的运动。它是孕育万物的母体。

根据辩证法观点，事物都是成双成对的，一个事物的存在，总有一个对应事物的存在，离开对应的彼事物，此事物就不存在。中是接纳双方的容器。

中，没有对应的两端，是宇宙中唯一没有对应的两端的存在，但它会以辐射状的方式连接所有方向上的端口，东南西北中，上下左右中。

中，深藏宇宙密码，孕育和主导宇宙万物的产生、运动和变化。

中，无意识、无目的，存在于一切事物的过程中。它悄悄来，又悄悄去，不留痕迹。它无声无息，无影无形。

中，是万物产生的初始根据和最终根源。

物由中生、成双成对、两端运行、向中回归、极点突破，是中哲学的五个基本原理。

二 物由中生

中哲学的基本原理之一：物由中生。

中，事物产生前的状态，事物产生时的初始状态，它孕育了事物的产生。

《礼记·中庸》用两句话来概括“中”：“喜怒哀乐之未发，谓之中。”“中也者，天下之大本也。”

按照我们的理解，第一句中的“喜怒哀乐”，不仅指人的情感，也泛指大自然和社会中发生的各种事物。事物“未发”（事物产生前），有一个孕育和生成的过程，这个过程需要一个初始状态，这个初始状态就是中。

第二句，“中也者，天下之大本也”，就是说，中是世界上所有事物的孕育和生成的根本。

《说文解字》对中的解释是：“中，内也。从口；丨，上下通。”

中，由一口和一丨（竖）组成。口，可以将其视为无、空、圆、混沌。丨从口中穿越而过，可以将其视为事物的分化、分离和变化。中，形象地说明了万物产生前的状态。

中，孕育了事物的产生。在中状态下，事物尚未分化出对应的两端，即使出现了两端的雏形，两端之间的差异也极其微小，微小到可以忽略不计。随着事物变化，两端之间的差异慢慢扩大，逐渐推向两端，由此，新事物就产生了。

任何新事物的产生都经历了这样一个“中”的过程，它是造就新事物的一种客观存在。

宇宙万物，无论是巨大之星系，还是微观之基本粒子；无论是无机物、有机物，还是人类社会，都由中而生。中是它们的原点。

三 混沌

古人将混沌视为天地开辟前的状态。

《三五历》:“未有天地之时,混沌如鸡子,盘古生其中,万八千岁,天地开辟,阳清为天,阴浊为地。”

《论衡·天篇》:“元气未分,混沌为一。”

《易纬·乾凿度》:“混沌者,言万物相混成而未相离。”

宇宙的初创、世界的初开都是混沌的。事物在混沌中诞生,混沌是事物诞生的温床、事物初生的摇篮。没有混沌,就没有万物的诞生。

混沌并不是事物所处的恒久状态,并不和事物相始终。事物在混沌中诞生后,就脱离了混沌,开始了自己的生命旅行。

在生命的旅行中,事物会表现出自己固有的特征,表现出与众不同的特征,甚至表现出一系列极端化的特征,这些都是生命力的表现。当事物发生转折时,又呈现了混沌状态,显得漆黑一团、模模糊糊、难以捉摸,没有方向感。这恰恰是新事物诞生的前夜,黎明前的时光。

事物在混沌中积蓄能量、确定方位,寻找各种可能的、潜在的发展趋向。

混沌既是事物获得生命的开端,又是事物确立而脱离混沌的终端。开端、终端由混沌主导而实现了事物的转化。

这里的混沌就是“中”,是中的具象呈现、形象表现。

四 成双成对

中哲学的基本原理之二：成双成对。

由中而生的事物都是成双成对的，表现为彼此对应的两端。

《周易》有云："易有太极，是生两仪。两仪生四象，四象生八卦。"

太极是宇宙万物的化生过程，是天地未开、混沌未分阴阳前的状态。

由太极而生的两仪，又称为阴阳，就是事物的两端。

《周易》这段话可以理解为：太极生两端，两端再生两端，就是四象；四象再生两端，就是八卦，以至无穷，由此构成了无限的宇宙。

由太极生成的事物都是成双成对、阴阳组合的，表现为事物的上下、左右、优劣、高低、厚薄、强弱等互为相反的两个方面。孤阴不生，孤阳不长。一阴一阳之谓道。

这里的"太极"就是"中"，是中的另一种说法。

由此而言，任何事物的两端、阴阳都由"中"而生，即中生两端、中生阴阳。

五　单一单极

世界上没有单一单极的事物。

有些看似单一单极的事物，或者产生于单一单极的事物，其实都是成双成对的，不过在初始阶段，两端表现得不明显而已。

世界上之所以没有单一单极的事物，是因为万物在中状态的产生过程中，一开始就表现出两端。世界上没有产生单一单极事物的机制。

事物都是两端状态的存在。一端失去，另一端也随之消失。

北宋时期的王安石看到了这一点，说，一切事物都是“有耦”（有对），而且“耦中又有耦焉，而万物之变，遂至无穷”。（《洪范传》）

可以用双向逻辑去看待同一个事物，用正反两个视角去观察同一个现象。

只有同时具有两种对应的观念，我们才能正确地做事。

六 阴阳属性

投射的日光有向背，背日为阴，向日为阳。

有阳光的地方，就有阴影。

我们祖先从自然现象中概括出了阴阳概念，又加以拓展延伸，以命名事物的两端。

战争的胜负、事情的成败、势力的强弱、夫妻的关系乃至苍茫无垠的天地等，都能以阴阳说明。

阴阳是两种自然现象，这两种自然现象有不同的属性，彼此具有天然的区别，阳代表刚健、主动，阴代表柔顺、被动。阳刚而阴柔。任何事物的两端都具有这两种不同的阴阳属性。

我们祖先认为，阴阳之间彼此对应，在事物的构成中它们的地位是相等的，它们之间不仅没有高低贵贱之分，而且相互推动、相互促进、相互协调、相互发展。在这一点上，中国哲学和西方哲学是有区别的。

西方哲学强调的是对立概念，是事物之间的对立面，却很少说明，事物之间除了对立，还有相互依存、相互平等的阴阳属性。

中国的阴阳学说补充和拓展了西方哲学的对立思想。

七 两端运行

中哲学的基本原理之三：两端运行。

两端是事物运行、变化的距离和范围。

孔子说："吾有知乎哉？无知也。有鄙夫问于我，空空如也。我叩其两端而竭焉。"(《论语·子罕篇》)

由中而生的两端，在初始阶段，双方区别不明显、性状不突出，处于朦胧状态。随着两端演变，双方会离开中状态（中间状态），按自身的发展轨迹运行，开始自己的生命旅行。

两端在各自的生命旅行中，即在自身的运行过程中，不断地表现出自身的特征以及差异性，距离中点（两端之间的居中点）越来越远，最终走向极端，表现出两端运行态势。

两端运行态势既是事物的离中态势，又是事物的变化方式，是事物运动、变化的第一阶段。

两端运行体现了事物的生命力。离开中点越强，两端运行的距离就越长、范围就越大，事物就越有生命力。宇宙中所有精彩纷呈的故事都是在两端运行中呈现的。离开了两端运行，事物就如一潭死水。

对宇宙而言，两端之间无限广阔，没有止境，"迎而不见其首，随而不见其尾"，其中演绎的精彩我们难以想象。我们生存其间，我们的创造力以及发展空间无限宽广。我们在美妙绝伦的宇宙中将演绎出更多、更精彩的故事。

八 向中回归

中哲学的基本原理之四：向中回归。

事物在两端运行中，存在着向中点回归的行为。

事物虽然离开中点趋向两端，但是中对趋向两端的事物仍然有着巨大影响力。

中作为事物的母体，在两端运行中继续发挥作用，不断牵制趋向两端的事物。

中作为两端的中点，其作用力表现为：迫使两端在远离中点后，重新向中点靠拢。中具有无远弗届的回拉作用，即使两端走得再远，中仍然能将它们拉拽回来。

两端距离中点越远，中对它们的回拉力就越大。

只有向中回归，才能解决极端问题。有人认为，这是一种倒退，然而，这是事物运行的轨迹。事物从起初的不存在到存在，再到极端，然后回归，不会永远沿着一个方向存在，而是回归后存在，最终回归到起初的不存在。

事物在回归过程中，中扮演着协调者的角色。中对两端的影响力始终存在。两端消失，中也消失。

两端在一定的距离和范围内偏离中点，属于正常现象。这个距离和范围为正常值。超出正常值，中就把它们拉拽回来，回归于正常。偏离正常值太远，事物就会朝反向的、更远的地方运行，表现出矫枉过正。

在极端化的运行中，中起到了中流砥柱的平衡作用，避免事物长期处于极端状态。

中的回拉力既是事物最大的平衡和协调力量，也是最大的纠错码。

向中回归，是事物运动、变化的另一种方式，也是事物运动、变化的第二阶段。

第一阶段、第二阶段都是事物运行中的过程，构成了事物运行的完整过程。

九 中节

“发而皆中节，谓之和。”

“和也者，天下之大道也。”

《礼记·中庸》的这两句话，不仅说明了事物存在向中回归的现象，而且对这一现象，即中节做了充分的肯定。

事物都是在中状态下孕育生成的，即发。处于发状态的事物会向两端变化，表现出自身极端性的一面，即过度、过分，于是两端之间就产生了冲突。假如事物能自我克制，向中点靠拢，不走极端，达到适度，即中节，那么事物之间就减少了冲突，实现了“和”。这种由中而生的“和”就是中和，是天下通行的原则。

只要世界实现了中和，天地就各得其所，万物就顺利成长。

中节、中和是事物运行的一种良性状态。

十　极点突破

中哲学的基本原理之五：极点突破。

事物到达极端时，距离中点已经很远了，虽然中对它有回拉作用，但是事物也可能冲破极点，实现突破。

极点突破是事物变化的一种非常态，也是事物变化的一种特殊形式。

当事物出现了新质，并且带领新质抵达原来的极端时，此时中所具有的回拉力，已经不足以让其回归至原来的中间状态，事物就会冲破极点，实现突破。

事物最终能否实现突破，关键在于是否出现了新质，只有出现了新质，趋向极端的事物，才能实现真正意义上的极点突破，才能突破原来的两端牵制，出现新的两端，事物就会发生本质上的变化。

事物一旦完成了突破，就进入了新一轮的变化中，同时形成了新中。

极点突破，意味着事物发生了质变。

极点突破现象，人类社会表现得尤为明显。

在人类社会中，具有重要意义的限制和界限（社会两端）所建立的人类在其中活动的框架，从来不是固定不变的。社会发展到极端必然被拉回，要想再前进，必须有新质。只有出现了新质，比如新技术、新生产力、新制度等，社会的中间位置和两端位置才会发生本质上的变化，原来的极点就变得不是极点了，原来发展道路上的瓶颈才能被突破，社会将上升到一个新的高度。新技术、新生产力、新制度对社会进步起着巨大的作用。

重要的是新质的突破而不是原来的延续，是新质的方向而不是原来的水平。

十一　三个特征

中哲学，除了五个基本原理外，还有以下三个特征：

（1）中状态无序。中状态，即事物产生前的状态，一切处于混沌、朦胧中，没有方向，没有目的性的趋向，存在着往各个方向运行的可能性。新事物是否诞生，在什么时空里诞生，诞生后会朝上下左右哪个方向运行等，一切都是不确定的，一切皆有可能。

（2）中有层次。一个中内部存在着一个更小的中；外部存在着一个更大的中。其大无外，其小无内。中内有中，中外有中。不同层次的中彼此牵制、相互影响。

（3）中接纳各种变量。中，不断吸纳周围变量，兼收并蓄，博采众长，自身不断扩容，有容乃大，所有变量都参与了新事物的组合。

十二 无限性

中是无限的，没有我们所理解的那个初始中。

从时间上来说，中没有开始，也没有结束；从空间上来说，中无边无际。

我们认识的中都是相对具体的、有限的，是无限宇宙中的某个有限的阶段或者过程中的中。

有人会问，有没有初始中呢？假如没有初始中，中又是从哪里来的呢？这个问题超出了我们的想象。

眼下，根据我们的理解，我们只能说：中没有那个初始，假如有那个初始，那就不是中；也不会有最后的结束，假如有最后的结束，那也不是中。

中是无限的，也是有限的，存在于无限和有限中。只要事物存在，中就存在；事物不灭，中就不灭。中始终和世界相伴。整个世界由中“统治”。

中是无限的，事物也是无限的，中的无限性是事物无限性的来源和根据，有了中的无限性，才有了事物的无限性。

中的存在使无限和有限实现了统一，使宇宙中所有对立的事物都实现了统一，使无限这个概念抵达了我们难以想象的无限境地。

中的无限性还表现为它无所不能，它创造了宇宙中所有的事物，它是由无限变量综合作用下所造就的那种客观的存在。

第三节 定义

一 歧义

孔子之前，只有中的概念，没有中庸的概念。

中庸概念由孔子提出，“中庸之为德也，其至矣乎！民鲜久矣。”(《论语·雍也》)

孔子视中庸为最高的德行，认为民众缺失中庸已经很久了。限于当时的历史条件，孔子对这一概念没有做出清晰的定义。

在孔子之后，虽然中庸被广泛使用，但是其含义始终未能明晰的原因之一。

迄今为止，中庸尚未有统一的、被人们普遍接受的定义，以至于人们在运用这一概念时，产生了较大的分歧。

对中庸的歧义，都是对中庸概念不清晰造成的。问题肇因于孔子，但中庸概念的不清晰历代皆有，这不仅仅是孔子的问题。

运用一个概念，却不对概念做清晰的定义，是中国传统文化的特征之一。这一特征，夸大点说，是中国没有形成现代科学的原因之一。

一门学科的产生和发展，首先须对基本概念、基本原理有一个清晰的定义，然后在此基础上不断地深化和拓展。中庸概念一开始就陷入模糊地带，就没有后续的发展。

无论从狭义还是广义上来说，中庸含义极其丰富，它不是一个通常的表现形式，也不是一个可以掌控的概念。

只有对中庸做出清晰的定义，我们才能建立和推动中庸学的发展。

二 保训

准确定义中庸，须了解中庸的初始含义。

中，一个神奇而伟大的字。

尧舜时期，中国人已经发现了中，有了中的概念，并且在社会上层广泛使用。

清华大学收藏了一批战国竹简，称为“清华简”，其中的一篇披露了周文王临终遗言，名为《保训》，其大致内容是：

周文王晚年得了重病。他预感自己将要离开人世，担心没有时间向继承人传授宝训。在戊子这一天，他自行洗了脸。第二天，他把太子发（即后来的周武王）找来，对太子发说：“我的病已经很重了，担心没有时间训告你。过去人们传承‘宝训’，一定要把它背诵下来。现在我病得这么重，你一定要把我说的话记下来。要恭敬做事，不要放纵自己……以前舜出身于民间，亲自参加劳动，小心谨慎地求取‘中’，能做到自我省察，将事情做好。舜在获得了‘中’之后更加努力，毫不懈怠。舜的行为得到了尧的赞赏，尧就把自己的君位传给了舜。”

三 古籍记载

《保训》里的中思想，在多部古籍里都有记载。

《论语·尧曰》：尧曰："咨！尔舜！天之历数在尔躬，允执厥中。四海困穷，天禄永终。"舜亦以命禹。

《礼记·中庸》：子曰："舜其大知也与！舜好问而好察迩言，隐恶而扬善，执其两端，用其中于民，其斯以为舜乎！"

《尚书·大禹谟》："人心惟危，道心惟微；惟精惟一，允执厥中。"

周武王向殷代遗臣箕子请教国事，箕子提出了九条大法，其中就有"中"的内容："无偏无党，王道荡荡；无党无偏，王道平平。"（《尚书·洪范》）

《孔子家语》有孔子注水试欹器典故。欹器，周朝的一种特殊器具，虚则斜、中则正、满则覆。人们发明它，是为了用于对人的警示，做事不能虚，不能满，要中。

《保训》里的中思想在孔子那里得到了继承。孔子在前人用中、执中的基础上，提出了中庸概念。

孔子倡导的中庸是从周文王那里来的，周文王的"中"是从尧舜那里来的，而尧舜的"中"又是从民间那里来的。

中，源远流长。

四 庸

庸，一个亟待澄清的词。

中，词义清晰；庸，词义模糊，这给后人带来理解上的困难。

后人对庸有多种解读，不少是误读。

有人认为，庸，仅仅代表了平庸、庸常、庸俗，这种理解完全错了。

有的儒家学者根据中庸语境，对庸做了诠释，表示用、定理等。

东汉时期的郑玄认为："名曰中庸者，以其记中和之为用也。庸，用也。"(《论语解集·雍也》)

北宋时期的程颢、程颐认为："中者，天下之正道；庸者，天下之定理。""中庸，天下之正理。德合中庸，可谓至矣。"(《程氏经说·论语解》)

这些儒家学者对庸的诠释，有的已经接近了庸的本意，但是都没有达到中庸思想的高度。

五 定义

中庸是中、庸二字的组合,中在前,庸在后。

中和庸的内涵不同。中是哲学最高层级的概念,用以说明万物的产生、运动、变化和发展的规律;庸是用、运用的概念,可以推延为运用的方法、过程。

将庸字分拆,它由三部分组成,上面一个广字,下面一个用字,中间三横两竖。由此理解,庸的含义就清晰了。

由中、庸组成的中庸概念,中是主体,庸是客体。离开了中,庸就无所归属、无所依附。只有确立了中,才能运用庸。中是理论,是对事物变化的认识;庸是实践,是认识和处理事物的方法。

由此,我们对中庸给出如下的定义:

中庸,是人们以中为核心理念的认识世界和改造世界的理论和方法。在运用中的过程中,须考虑事物的三个横向面、两个纵向面,即考虑事物的方方面面,才能达到中的效果、中的境界,才能有力地调节、指导和改造自身和世界,实现中的理想。

六 中用

中用，对中的运用、操作。

中庸，是中的运用哲学、操作哲学。

中是理论；庸是运用、操作。有了中，却不运用、不操作，等于无中、不中。中须和庸相结合，同样，庸须和中相结合。

运用、操作中理论进入实践领域是中庸的最高境界。只有在中指导下的行动，才符合中庸本意。

一切理论最后都是给人运用、操作的，否则理论没有存在必要和使用价值。理论不仅为了说明世界、解释世界，而且为了更好地使人适应世界、改造世界。

中庸存在于对事物整体性的解释和运用中，体现了实践理性。

中庸不仅是对事物整体性的认识，而且是敞开智慧对事物整体性的操作。

同时，中庸也是符合马克思主义实践论的。马克思主义实践论强调，认识世界是重要的，更重要的是改造世界。

在西方哲学史上，也有哲学家提出了部分中理论，但是他们都没有提出完整的中庸思想，都没有达到中庸境界。中庸是我们祖先留给世界的宝贵财富。

作为一个中庸践行者，一个现实主义者和行动主义者，孔子完成了周游列国的壮举。

七 误读

误读中庸是在孔子之后开始的。

早期的中庸和后期的中庸有很大的区别。

早期的中庸是我们祖先认识世界、改造世界的先进理念，推动了中国古代文明的建设。中庸一直作为褒义词留存于民间。孔子之后，一些人把中庸推向一端，使之成为保守、妥协的代名词。

长期以来，有人视中庸为平庸、庸俗、保守。这是对中庸的极大扭曲和误读。正因为如此，不少人对中庸采取了抵触态度，中庸常常作为一个贬义词被使用。

平庸、庸俗、保守，这些都不是中庸，恰恰都是中庸的反面。在中庸看来，这些都是极端，都是中庸反对的。中庸寻求的是两个极端之间的中间状态。

创造中庸的中国人，不可能把平庸、庸俗、保守作为自己追求的理想。

中庸的含义比我们所理解的要深刻得多，它涉及宇宙起源、世界形成、社会运行、行动守则等哲学问题，它是一种以逻辑的方式展开的整体论。

我们至今对中庸的理解仍然停留于表层，没有形成系统的中庸学。

重拾中庸哲学，以科学的逻辑赋予其新的内涵，创建中庸学，是当前亟待要做的一项学术工作。

八 伟大发明

中，中国人的一项伟大发明。

中和“0”都是抽象概念，在真实世界里没有具象，但是在人类历史上具有里程碑的意义。

印度人对“0”的发明，堪称数学史上的奇迹，推动了近代科学的发展。

中的发明，其意义更为深远。这不仅是一种文字的发明，而且是一种理念的发明，一种哲学观的发明，一种治国方略的发明，极大地推动了中华文明、世界文明的发展。

在所有领域，中都居于独特的位置，相当于数字中的“0”，只能无限接近，不可能绝对达到。事物习惯于波动，有时这一端表现得多一点，有时那一端表现得多一点。

中的内涵极其丰富，远远超越了我们对它的理解。

对宇宙整体思维运动的哲学，其切入点、原点都是中。

在不可言语、看不清、摸不着的地方，在不确定、物我不辨、主客不分、没有上下左右区别之处，都存在着中。

我们祖先把中推上了至尊的地位，和国家连在一起——中国。中国不仅是中央之国，而且含有走中间道路、不偏不倚、恰如其分等中庸治国的理念。

中代表了中国人的哲学观，是中华民族的文化密码。

中让中国人站在中的位置上去观察世界、去审视自己和他人。

中构建了中国过去的历史、现在的状况以及未来的前景。

九 无中生有

无中生有，是老子的哲学思想。

老子认为，一切有形的事物都是由“无”产生的。这里的“无”，并非什么都没有，里面藏有人类永远看不尽的物质。

《道德经》说：“天下万物生于有，有生于无。”“无名，天地之始；有名，万物之母。”有无和难易、长短、高下属同一层次概念。有无相互依存、互为条件。

庄子继承了老子的思想，认为“无”是万物的根本。“万物出乎无有，有不能以有为有，必出乎无有，而无有一无有。”（《庄子·庚桑楚》）

庄子既注重有、无的统一性，又注重有、无的相对性，认为有和无无法分清，存在和非存在之间的界限无法分清。

魏晋时期的何晏、王弼等人以老子的无作为世界本体论，提出贵无思想，认为无是有的根本，是天地万物的精神本原。他们还从有无、本末、体用、一多、动静等方面论证贵无，认为无是本，是母，是体；有是末，是子，是用。有依靠无才能存在，无是世界的统一性，有是世界的杂多性。

老子的“无”相当于事物产生前的“中”状态。

中、无都是哲学概念，它们在解释事物的初始状态方面内容是同一的，属于同一层次的概念。当我们在思考“中”或者“无”时，一个新事物可能就产生了。

十　尚未

现在不存在，将来可能存在；现在部分存在，将来可能整体存在的状态。

德国哲学家恩斯特·布洛赫(Ernst Bloch)用“尚未”概念来说明事物的这种状态特征。

尚未，包含了中的内容。

我们看不到、感觉不到的变化，不能说这种变化不存在；它是存在的，它存在于中。事物存在于中，我们看不到、感觉不到。一个尚未定型、尚未完成的过程只能存在于中状态。中不封闭，它向各种可能性敞开，向未来敞开。

布洛赫在《乌托邦精神》一书中提到，人是一个尚未完成的过程。人本质上不是生活在过去或现在，而是生活在将来，是处在到某处去的路上，即处在“前历史”中，几乎还没有开始成为人，故不能用任何固定的本质去规范人。“尚未”只是人的一个过程、一个属性，而不是人的全部过程、全部属性。

尚未和确定性相对。确定性寻求的是构成世界的确定性的本原，不管这种本原是物质实体还是精神实体。尚未肯定所有的存在和存在本身都处在过程中，它始终保持着一个尚未完成的过程。

万物处于尚未中，由此，万物有了无限变化的可能性。

第四节

东方智慧

一　自宾
二　一亿年
三　生存智慧
四　不弃极端
五　防边缘化
六　伦理中立
七　长短兼顾
八　两端协同
九　时中
十　中正
十一　和
十二　合二而一
十三　天人合一
十四　知行合一
十五　中庸模式
十六　诚实
十七　认识目标
十八　行为目标
十九　去概念化
二十　现实之学

一 自宾

老子说："朴虽小，天下莫能臣。侯王若能守之，万物将自宾。"（《道德经》）

在这个世界上，我们只是大自然的一个宾客，绝非大自然的主人。

作为人，我们没有特别之处，和宇宙其他事物一样都是大自然的存在物，都是以大自然的宾客的身份存在着。

我们既然来到地球上做客，须尊重地球主人的意愿。很多事情我们做不了主，不能肆意妄为，应以宾客的身份匹配自己的行为，友好地和地球相处，顺应、依赖地球，在地球的庇护下，实现自身生命的繁荣。如此，生命才能接近于生命的本意，我们才能生活得更优雅、更长久。

我们不是地球和宇宙的中心。我们没有统辖地球和宇宙的能力。我们自以为能够胜天，做出种种危害地球和宇宙的行为时，可能正在走向反面。

人类的出现只是宇宙多重变量作用的结果。在宇宙演化过程中，人类的历史可以忽略不计，并且无时无刻处于不断地成为过去的历史中。

我们对地球和宇宙以及自身有了更多的理解，解决人类问题的方式将会发生巨大变化。

这便是老子自宾概念带给我们的启示。

二 一亿年

作为宇宙的宾客，人类终有一天会消失于茫茫宇宙中。

人类的消失就像当初人类的诞生一样，对于人类栖息的地球有影响，对宇宙几乎不产生影响。

人类最终会消失，这是人类的宿命。人类何时消失、以何种方式消失，却大有讲究，充满种种的悬念。

一亿年如何呢？究竟是太长了，还是太短了呢？

对无限的宇宙而言，一亿年只是一个瞬间，对人类而言，却是一个天文数字。

恐龙在地球上曾经生活了1.5亿年。

以我们现有的科技以及未来的科技发展而言，一亿年并非毫无可能。

假如我们以一亿年为整个人类生存的时间目标，那么我们要知道，现在该做什么、不该做什么。我们现在的许多行为都是不可持续的。有此认识，我们就无须处处对抗、无所不用其极。

一万年太短，谋划长远问题。

生命中的许多事物需要慢慢品味，时间可以沉淀出更多的美好。

返璞归真、顺其自然，这体现了人类的最高智慧。

三 生存智慧

人类智力的产生并不证明人类的伟大，恰恰证明宇宙的博大精深。

宇宙创造了人类，创造了人类的高智商，即便如此，我们在宇宙中也只是沧海一粟，我们的身份只是宇宙中的一名宾客而已。

我们至今创造出的全部文明，包括语言、文字、艺术以及汽车、摩天大楼、基因工程、智能机器人、核裂变等，对宇宙而言，这些都不过是为人类服务的工具而已。有些高科技可能还会导致人类的异化或者毁灭。

有知识不如有智慧。生存靠的是智慧，而不单纯是知识。

未来，人类能否长久地生存于世，不在于我们拥有多少知识、技术，而在于我们如何看待和对待这个世界，如何理解自己和宇宙万物，以及我们深层次的行为逻辑等。

中庸倡导天人合一、道法自然、世界和谐，站在中间立场看世界、看人类、看自己，不走极端，不走偏锋，共容共存，体现着人类的生存智慧。

有人把智慧只视为战术上的聪明和点子，这是不够的。真正的智慧是一种战略、一种哲学、一种远见，是对世界整体性的理解。

面对世事的沧桑和无奈，我们需要学习中庸、悟觉中庸，获得我们的生存智慧。

四 不弃极端

在追求中间状态的过程中，中庸不放弃极端。

极端是事物运行的一种状态，没有极端就没有中间状态。中间状态和极端相伴而行。

极端在事物发展过程中起着重要作用。事物发展往往靠极端来完成，没有极端也就没有发展。不能一概否定极端，须对极端做具体分析。

新事物的诞生都是建立在极端上的。新物种都是在突变过程中诞生的。物种突变就是物种极端。

有些极端是难以阻止的。世界上遍布了各种极端。正因为有了极端，世界才丰富多彩，充满了多样性。极端是事物发展的一个必经的阶段。

苏轼说："中则极，极则中，中、极，一物也。"(《书传》)

极端是中庸存在的基础之一。有了极端，世界才需要中庸，中庸才大有用武之地。

极端也是一把双刃剑，使用不当，会危及我们的生存。正确使用极端，需要更高层次的智慧。

凡是取得良好效果的极端都蕴含着智慧中庸。

五 防边缘化

在人生舞台上，不断有人掉队，其中不乏一些曾经的成功者，他们跟不上时代的发展，最后都被边缘化了。

任何一次社会变化，都是一次洗牌运动，都会淘汰一批边缘化的人。

中庸主张变化，不变化就会被边缘化，过度变化也会被边缘化。

中庸对两端的变化非常敏感，密切关注两端的距离以及变化的方向。在两端发生方向性的变化后，中庸会随时跟上这种变化。

中庸反对保守主义。保守主义受传统影响，往往坚持和维护那些熟悉而定型、已经过时的事物，很难接受新事物。

中庸时刻盯着周围的变化，哪怕是一些微小的变化。微小的变化可能蕴藏着未来的巨大变化，不及时发现和预防，将来会措手不及。

在中庸词典里，维系着一种随时警惕的状态，不断监测着自身所面临的种种变化，避免极端，寻求守正出奇之道。

中庸揭示了世界的秘密，只有读懂了它，我们才能和世界和谐相处，实现自身生命的繁荣。

六 伦理中立

我们习惯于爱憎分明，善的世界和恶的世界分别属于两个完全不同的世界，在伦理上完全对立，现实中却很难划分它们。

伦理中立是存在的。善恶之间有一个中间状态，它们的极端分别是大善和大恶，只是表现形态不一。当它们处于极端时，都不会停留很久，都会被中间状态拉回。

现实中的伦理更多地处于中间状态。

伦理学家关注伦理的极端状态，中庸学家关注伦理的中间状态。

研究伦理中间状态有现实意义。那些充满主观意念，追求“真善美”的人，不一定适应这个世界。反之，按客观规律做事的人更适应这个世界。

中庸关注的是现实本身，而不太考虑它们是否真善美。只有注重现实，在恰当的时候做恰当的事情，才有可能获得成功。

不以伦理来绑架自己，是现实对我们的要求。只有持这种现实的态度，才能达到现实的结果，最终能实现社会的和谐。

七 长短兼顾

长期利益和短期利益充满矛盾。

获得长期利益可能牺牲短期利益，同样，获得短期利益可能牺牲长期利益。

长期目标和短期目标充满矛盾。

一些长期美好的目标在执行中往往会和短期目标不一致。短期目标带有更多的情景和冲动。双方很难协调。

中庸解决了这个问题，它把长期利益和短期利益、长期目标和短期目标结合起来，取一个中间值，既顾及短期利益和短期目标，又顾及长期利益和长期目标。

中庸不倡导短期所得、长期所失，或者短期所失、长期所得，而是短期、长期利益兼顾。在寻找短期所得中也寻找长期所得，反之亦然。一些只让目前情况更好而将来更糟的举措，中庸是坚决摒弃的。

当短期利益和长期利益、短期目标和长期目标不能兼顾时，中庸偏向于长期利益和长期目标。长期利益和长期目标对个体的发展具有更重要的意义。只在意眼下，就没有未来。

我们容易被短期利益、短期目标遮住目光，看不清长期利益、长期目标的重要性，这是要加以避免的。

按照事物的本来面貌而作为，是中庸的基本原则。

八 两端协同

只有两端协同,才能实现和谐。

在两个极端之间,中庸都不靠近,只取中位,拉近两端之间的距离,避免两端走向极端,推动两端向着协同的方向靠拢,从而化解冲突,实现和谐。

中庸是开放的,个体只有和周围环境交流,产生协同,才能实现个体之间的和谐。

在理论领域,最不良的影响莫过于对教条顶礼膜拜,墨守成规,不知变通,脱离实践。没有理论和实践的协同,就没有和谐理论。

两端协同应用于人类社会,可以思考人类的未来愿景,规范人类的道德,协调社会的矛盾。个体的需求可以通过协同得到满足,世界的秩序可以通过协同得到优化。当今世界上的许多矛盾和冲突,都是由于缺乏协同产生的。

假如我们一直按照两端协同做事,我们现在的处境要好得多,但是世界不会一直如此优雅地存在,总有一些极端者随时都想打破这种协同的状态。

两端协同不是绝对的,在一个系统内出现的协同,在另一个系统内未必同样出现,只有把不同的系统纳入协同范围,才能实现更大系统的和谐。

九 时中

时中，和时间结合的中间状态。

事物运动和时间密不可分，离开时间，事物不存在。同样，中和时间密不可分，离开时间，中不存在。

我们在实现中庸的过程中，须和时间结合，设置时间变量，因时制宜，与时俱进，既避免落后于时代的保守取向，也避免超越于时代的过激取向，实现一种和时代变化趋同，适得其所、适得其理、适得其当的状态。

有利的政策在有利的时间推出，对的事情在对的时间去做。

做事既不能过，也不能不及；既不能左，也不能右。在过和不及、左和右之间找到中间状态，这个中间状态和时间相结合。

时中内涵丰富，充满了无穷变化。一切美好的事物都是随时而生的。

孔子说："君子之中庸也，君子而时中。"（《礼记・中庸》）

朱熹说："中者，不偏不倚，无过不及之名。"（《中庸章句》）

后人对朱熹这句话推崇备至，认为这是对中最好的概括。其实，朱熹对中只做了静态解释，没有中的时间条件，中只是一个抽象概念。中不和时间结合，事物就无法达到不偏不倚、无过不及。只有孔子的时中概念，才点到了中庸的精髓。

天下之治有因有革，期于趋时适中而已。

随时而中、依时而中、与时而中，都是时中概念。

时中就是顺应时代的潮流，它是中华民族生生不息、绵延不绝的精神之所在。

十 中正

中和正是两个不同的概念。

中代表中心、混沌、包容、不偏不倚。正只代表正面。中的内涵比正丰富得多,既包含正面,也包含反面。

把中、正组合在一起,使中失去了原来的意义,中有了倾向性。真正的中包含了正、反两个方面,没有任何倾向性。

不要以为,你选择了正面就没有了反面,正面是跟着反面一起来的,只是你不愿意看到而已。

假如把正理解为公正、正义、正道,那么中、正结合就有了很好的理由,但是不同的人对正的理解是不一样的,甚至存在反向理解。如此,对中的运用就存在偏颇。这种偏颇自己感觉不到,自己觉得主持了公正、正义、正道,可能已经偏离了中。

把中正上升至高于它的位置,会使我们难以客观地看待问题。

十一 和

和，不同事物之间的和谐、统一。

西周时期的史伯说："和实生物，同则不继"（《国语·郑语》）。

春秋时期的晏婴进一步发展了史伯的思想，认为和既是多样性的统一，又是对立面的统一。"清浊、大小、短长、疾徐、哀乐、刚柔、迟速、高下、出入、周疏，以相济也。"（《左传·昭公二十年》）

孔子强调和的社会功能，提出"君子和而不同""和而不流""宽以济猛，猛以济宽，政是以和"。（《论语·子路》《礼记·中庸》《左传》）

道家以阴阳二气之调和、统一来解释和。"万物负阴而抱阳，冲气以为和。""一清一浊，阴阳调和。"（《道德经》《庄子·天运》）

《吕氏春秋》以合和概念解释事物的生成过程："天微以成，地塞以形，天地合和，生之大经也。"

作为一个哲学概念，具有生成含义和协调万物功能的和其实源于中。中是和的源头。由于中存在，才使不同事物之间实行了和。事物一旦脱离了中，是无法实现和的。没有中就没有和。

和的反面是矛盾、冲突、对抗。事物既有和的一面，也有矛盾、冲突、对抗的一面。中既包含了和，也包含了矛盾、冲突、对抗。和只是中的一部分，中的含义远远大于和。

十二 合二而一

合二而一，把有差异或者对立的两端实现和合、统一，表现为两端合一、天人合一、知行合一、上下合一、左右合一等。

明清时期的方以智说："阴阳也尽天地古今皆二也。两间无不交，则无不二而一者。"（《东西均·三征篇》）

合二而一源于中。只有在中状态下，事物才会产生两端，才能实现两端和合、统一。

日本思想家三浦梅园，依据中国合二而一思想，提出了反观合一概念。

三浦梅园认为，世间万物一一即一，合则为一为全，分则为二为一一，比如阴和阳、天和地、物质和精神等二元即一元；一元分而为一一，一一合而为一元。（《玄论》）

合二而一、反观合一有对立统一的内容，但强调的是合、和、统一，而不是对立。

西方哲学的对立统一强调的是对立，而不是合、和、统一。这一词之差，反映了东西方文化的差异。

许多看似剧烈的矛盾双方，其实并非都是对立的、不可调和的，它们之间的差异是可以融合、调和的。只要把世界上相互矛盾的事物合二为一，世界就能减少冲突，实现和谐。

十三 天人合一

天人合一，大自然和人的统一。

庄子说："天地与我并生，万物与我为一。"(《齐物论》)

天代表了大自然，作为客体而存在；人是我们的肉身、心理、道德、精神世界，作为主体而存在。

世界包含了天和人的两个方面。

在中的连接下，大自然和人的世界相通，人的生命和大自然融为一体。大自然创造了人类，人类也改变了大自然，丰富了大自然，双方共存、合一，不能分离。人一旦脱离了大自然，和大自然对抗，人的生命就会无处安放。

合二而一、天人合一，揭示了物质和精神的和谐、大自然和人的和谐以及人和人的和谐，体现了中庸本体论。

中庸本体论和西方本体论不同。

西方本体论是物质本体，或者是精神本体，这些本体都是孤立的本体，是和他物割裂的本体。在西方哲学里，人和物质是割裂的，科学和人也是割裂的，它们之间存在着不可调和的矛盾。

中庸本体论是物质和精神的本体，是双向的本体、阴阳的本体。尽管物质和精神、大自然和人之间存在矛盾，但这种矛盾是可以调和的，是可以走向和谐的。

十四 知行合一

知行合一，知识和行动的统一、理论和实践的统一。

知行合一不仅包含知识本身，还包含如何运用知识。

知行合一揭示了，知识只有和行动相结合，才能成为有用的知识，才能发挥知识的效用，才能实现知识为人民服务的目的。

有人把知识和行动、理论和实践隔离开来，知识归知识，行动归行动，理论归理论，实践归实践，从而出现了知识无用、理论无用的现象。

假如知识、理论真的无用，我们为何还要学习知识、学习理论呢？这在逻辑上讲不通。

从经济的视角上来看，我们花费大量时间和精力学习知识、探究理论，目的是为了更好地生活，创造出更多的物质财富和精神财富。这不仅是一般的有用，而且是有大用的，这符合成本收益率，否则我们没有必要这么做。

学习不是为了简单地吸收知识，理论也不是为了简单地解释世界，而是为了主动地指导未来的行动和实践。

只有对现实有痛感，接地气，有问题意识，我们才能更好地运用和发挥古今中外的知识、理论的效用。只学不用，无以为功。

知识和理论在一个社会的实现程度决定于它满足这个社会的需要程度。

只有知行合一、学用合一、学以致用，知识才能成为有用知识，理论才能成为有用理论。

知行合一是打通知识和行动、理论和实践的桥梁。

十五 中庸模式

中庸模式，以中庸为原点的逻辑思维模式和理性行为模式。

运用演绎推理、归纳推理、类比推理、溯因推理，以穷究万物之精神，对所谓的普世价值、公理、真理，用自己的逻辑判断重新甄别。在它面前，没有绝对真理，没有确定性，结论都是建立在事物本身基础上的，都是对事物的适应性反映。除了提供理性分析外，还提供适当的决策和解决办法。它内涵明确，可以用西方哲学原理来表达，在构建自身体系中能提供足够多的逻辑方法。

一切行为都顾及两端，不偏不倚，不走极端，具有充分的理性行为特征。

在没有中庸的地方，我们的思维和行为无法趋于理性，表现出的往往是极端。

个人按照中庸模式做事，因理性而无条件地接受社会道德和法则的规范，在其身上表现出的将是道德的、健康的，无须预设更高的道德和法则外在地约束他。

集体按照中庸模式做事，集体将呈现出和谐、有序的状态。

中庸模式具有提升现代人整体道德行为和价值体系的力量，改变我们的传统思维和行为，把我们的思维和行为建立在逻辑和理性上，将带给我们更多的发展空间。

中庸模式是我们的“指南针”，可以靠它来指点迷津，引向坦途。

十六 诚实

诚实,真实表达主体信息、内心和言行一致、不虚假的行为。

中庸建立在现实上,没有情感因素,没有先入为主的观念和主观意图,对事物的分析、判断都基于现实,现实是其逻辑的起点,也是最后的归结处。没有诚实,做不到这一些。

尊重现实,服从现实,不把可能性、理想当成现实,在弄清真相前不下结论。做到这些,必须是诚实的。

对个人而言,诚实是一种美德。对中庸而言,诚实是掌握其方法的途径和基本条件。

一个不诚实的人就失去了中庸的支撑,是无法践行中庸的。践行中庸的人都是诚实的人。这是中庸对人的要求。

不把概念、关系建立在错觉和假象上。

诚实带来可持续的关系,具有许多不为人知的神奇功能。

我们对诚实的认识远远没有达到应有的程度。

十七　认识目标

按照事物的本来面貌认识事物，是中庸追求的认识目标。这种认识目标，称为中庸认识目标。

我们常常不按照事物的本来面貌，而凭借情绪、感觉、现象、概念认识事物。

事物的本来面貌会隐匿起来，不会让我们一览无余。

许多概念都是建立在虚假事实和个人想象上的。

中庸认识目标，不是对环境固化了的目标，而是对环境适应性的目标。运用这种目标的个体是自稳的，对于其接受的变量，可以按照事物的本来面貌调整，具有显著的变化特征。

该自信时畏惧，甚至被自己设想出来的困难吓倒，该面对困难时抱有侥幸和幻想，心理学上把这些现象称为应激反应，都是偏离中庸认识目标造成的。

中庸认识目标就是按照事物的本来面貌认识事物，而不是应激反应。

希望的归希望，梦想的归梦想。

不要让自己的希望和梦想脱离现实的趋势。

一些战略、策略偏离了中庸认识目标，有的尚未造成灾难，只是时机未到，或者出于侥幸。随时检查自己的战略、策略是否偏离了中庸认识目标。一旦发现偏离，须快速纠正。

无论在认识还是判断上，都没有比现实本身更重要的了。

十八 行为目标

按照事物的本来面貌解决问题，做该做的事，采取该采取的行动，是中庸追求的行为目标。这种行为目标，称为中庸行为目标。

不该赚的钱不赚，不该做的事不做。

经济学上有“一分钱理论”，这一分钱是你的，你一定要取；是客户的，一定要还给客户。一分钱虽小，但是有非常强的原则性，何时该取、该舍，明明白白。

按照中庸行为目标解决问题，就是从根本上解决问题。不把问题掩盖起来，按照问题的本来面貌去解决，按照问题的轻重缓急去解决。该出重拳时就出重拳。中庸坚决反对不合适的和稀泥、退让、迁就。

将问题击鼓传花，固然可以求得一时的轻松，但是会把问题拖延成历史问题，最终引发更大的问题，酿成更大的危机。只有解决了本来的问题，由本来的问题引发的其他的问题才能迎刃而解。

假如对一个勒索者无原则地妥协、让步，其实是告诉对方，他可以再次对我们勒索。

人生最大的遗憾就是做了不该做的事，而该做的事没做。

越在乎的越会失去，越渴望的越得不到。一旦患得患失，行动就会变得胆怯。

中庸认识目标和行为目标就是顺其自然，不受主观意念影响，按照事物本身的规律去认识和行动，体现了从事实中寻找真理、从事实中实践真理的实事求是精神。

中庸认识目标和行为目标，展示了自己的独立视角，在不确定的变化中显得更为理性，为个人提供的生存优势明显高于其他人。具有这种认识和行为的人更易生存和发展。把自己规范在中庸里，对自己最为有利。

十九 去概念化

一切从现实出发，不从概念出发，不过度解读概念。

不恰当地运用概念，会把事物变得过于简单化或者过于复杂化。

把概念看成是具体事物，非此即彼，想当然地认为事物就是这个样子的，作为自己的行动方针，这是对事物过于简单化的做法。

与此相反，把本来十分简单的事物硬生生地用一些概念去生搬硬套，做过度解读，用错了力道，造成不必要的纠结和烦恼，这是对事物过于复杂化的做法。

概念化的思维模式都没有对事物做具体分析，都没有按照事物的本来面目认识事物。

待人处事应建立在现实上，而不是概念上。我们犯的大部分错误往往都和概念使用不当有关。

去概念化可以使我们独立地面对现实，不为繁文缛节束缚，可以有效地解决问题。

我们在认识世界时，大脑会偷懒，习惯于将复杂问题概念化，导致我们发生认知偏差和行为偏差。

二十　现实之学

不管学习能力如何，人们对中庸通常能无师自通，原因很简单，因为它源于现实。

古人倡导的中庸，除了理论探究外，更多的是源于生活经验、源于国家所经历的危机，它能给我们带来特别的益处。

社会存在广阔的中庸舞台。无论现代社会，抑或远古时代，随处可见中庸修身齐家治国平天下，成为合理行为的一根标杆。

中庸和现实失去联系时，很难证明其自身的意义。

只有联系现实，才能激发出我们身上与生俱来的、本质而内在的中庸力量，这种力量将使我们立于不败之地。

中庸源于现实，是一门经验之学，但是要不断地学习。

受情感驱动，中庸很难驾驭。只有通过学习，才能把中庸放到它应放的地方，并且得到它在这个地方的明确性。假如我们能以明确性的方式向人们讲清中庸，人们就会以明确性的态度来运用中庸。

作为现实之学的中庸哲学，要不断地从现实中学习、从经验中学习。

第五节 宇宙

一 宇宙

宇宙，永恒变化和运动的无限体系。

我们对宇宙的认识是逐步推进的。

古代中国人把宇宙看作是天地。古希腊人把宇宙理解为整体。

宇宙是一个体系，是各种物体相互联系的总体，由无数不同的天体系统构成，空间、时间无限。

我们对宇宙空间的观测随着科学技术的提高而扩展，从太阳系到银河系，再到河外星系，直至观测尺度约为 150 亿光年的总星系。现代天文学就是以目前观测到的这个范围作为研究的对象。

天文学上的宇宙概念和哲学上的宇宙概念有区别。

前者指总星系，即具体有形的宇宙、能观测到的宇宙，是天体物理学研究的对象。有限宇宙论、宇宙开端说，都是对总星系提出的具体理论。

后者指哲学宇宙、大宇宙，它没有开端也没有结束，是对各种具体宇宙形态的抽象，是哲学定义上的所有一切的总的原因和最终的根源。

宇宙可以被认识，又不能完全被认识。宇宙是无限的，在我们所知的宇宙外，还有第二宇宙、第三宇宙，还有反宇宙、暗宇宙，有无数个宇宙，每个宇宙都有各自的形态。我们对宇宙的认识是一个无限的过程。

宇宙浩瀚无边，活力四射，我们永远看不到它的全貌。

宇宙不告诉我们，它从哪里来，将到哪里去，永不停息地运动和变化，运动、变化构成了宇宙的所有。

二 大爆炸

1946年，美国物理学家乔治·伽莫夫(George Gamow)，把核物理学和宇宙膨胀理论结合起来，提出了"宇宙大爆炸"假说。

根据这一假说，宇宙开始是一团高温、高密度的原始物质，原始物质内充满了辐射能量和基本粒子，辐射能量和基本粒子发生核聚变反应，引起爆炸，同时向外膨胀，辐射温度和物质密度急剧下降，反应停止，其间所产生的各种元素就形成了今天宇宙中的各种物质。

广义相对论认为，宇宙诞生前，原始物质存在于一个密度无限大的"点"中，这个"点"被称为"奇点"，奇点膨胀直至发生大爆炸，形成了宇宙。

我们认为，即使这个假说成立，原始物质和奇点是宇宙的初始状态。有了这个初始状态，才有可能诞生了现在的宇宙。

数学演算证明了大爆炸奇点的存在，但是在奇点出现前和奇点发生期间的种种情况，广义相对论没有解释。

宇宙大爆炸前，并非什么也没有，只是另一种形态的宇宙的存在。

三 局部假说

宇宙大爆炸理论只能解释具体星球的起源，是宇宙的一种局部假说。

宇宙是无限的，它没有开端。任何关于宇宙起源的理论，都无法跨越无限这个“坎”。

用宇宙大爆炸理论来解释整个宇宙起源，在哲学上难以成立。

宇宙大爆炸前，原始物质里已经存在的辐射能量和基本粒子是否也是一种宇宙的存在呢？假如是的，宇宙其实已经存在了；假如不是，它是从哪里来的呢？它有没有开端呢？这涉及到宇宙是无限的还是有限的问题。任何关于宇宙起源的假说都会碰到这个问题。这个问题我们难以回答。

现代天文观测发现，目前河外星系正以很高的速度远离银河系而去。一些宇宙学家据此来说明宇宙膨胀以及宇宙大爆炸的存在。

按照成双成对和向中回归原理，宇宙在膨胀中还存在收缩现象。

宇宙大爆炸理论，至今仍是一个有待证明的假说。这一假说，只是对有限宇宙的一种描述，这个有限宇宙是无限宇宙的一部分。

从有限的宇宙膨胀、宇宙大爆炸推导出整个宇宙有限、时间上有开端，这在逻辑上并非严谨的。

宇宙是无限的，它的无限性我们无法想象，我们对宇宙的所有假设都只是局部假说。

四 平行宇宙

20世纪50年代，美国物理学家休·埃弗雷特（Hugh Everett）提出了平行宇宙假说。

根据这一假说，在我们的宇宙外，可能还存在着其他宇宙，这些宇宙反映了宇宙的可能状态。那个世界有自己的物理常数，可能发生我们认为极不可能发生的事情。

平行宇宙可以说明，一个事物不同的过程是存在于不同的平行宇宙中的。

有人认为，梦可以穿越平行宇宙。人在睡眠状态中，一部分的意识留守于本体，另一部分的意识可以穿越到平行宇宙。它们之间的穿越是通过量子形态实现的。

在平行宇宙的假说上，科学家又提出了多重宇宙假说，认为多重宇宙可以同时存在，你的身体在一个宇宙里死亡后，另一个宇宙会吸收你的意识，然后继续存在。当下发生的事情，在对等的多重宇宙中同时存在。

平行宇宙、多重宇宙等假说，需要新的认知体系才能理解它。

这些假说至今尚未被证实，假如未来证实了平行宇宙、多重宇宙的存在，那也不能说明人类已经认识了宇宙整体，证实的仍然是局部宇宙。

对宇宙各种假说的最终解释应该是哲学性的。

五 有限认识

不仅宇宙是无限的，而且宇宙中的任何事物都是无限的。

我们能认识宇宙中的一些具体事物，但是不得不承认，我们认识的只是其中的一小部分，连一片树叶、一粒尘埃、一滴水珠都无法认识它们的全部，因为它们是无限的。

事物是无限和有限的统一。

无限和有限是事物的两端并且统一于中，中的存在使无限和有限实现了统一，使无限这个概念抵达了我们无法想象的无限境地。

凡是我们看得见、摸得着、感觉得到、想象得到的都是有限的。无限是看不见、摸不着、感觉不到、想象不到的。正因为看不见、摸不着、感觉不到、想象不到，所以它才是无限的，是不能被我们认识的。凡是被我们认识的都是有限的。

无限不会以我们现有的认知体系的形式显示出来，我们即使深入到事物的深层次，看到的仍然是它的有限性。

我们只能认识有限，无法认识无限。任何涉及无限，我们都将表现出无能为力。不管今后人类的科技如何发展，都无法改变。

世界上没有完美理论和绝对真理。凡是碰到无限性问题，任何完美理论和绝对真理都会显得不完美和相对。

人类对无限没有终极目标。

六 宇宙起源

我们对宇宙起源提出的各种假说都只是对部分星球起源的假说，而不是对整个宇宙起源的假说。

部分星球有起源，整个宇宙没有起源，这似乎和我们的认识相悖，可是宇宙就是如此构成的。

站在无限宇宙的视角，地球以及人类太过渺小了。在一个有着无数星座、无数亿光年的宇宙中，地球只是一颗尘埃。不仅地球是一颗尘埃，整个太阳系以及整个银河系都是一颗尘埃。

我们无法认识宇宙整体，只能认识其中的一小部分，窥视和体验其中的一小部分。

我们对宇宙的认识还不如盲人摸象。象有形、有限、具体。宇宙无形、无限、抽象。在宇宙面前，我们没有骄傲的资本。

宇宙中不存在终极事物，一切都是暂时的，除了运动和变化过程外，什么都不存在。

达尔文进化论对宇宙没有意义。宇宙不是进化来的，宇宙是无限的，它没有开始，也没有结束。宇宙唯一呈现的是它的无限性。

奥妙无穷的宇宙超乎我们的想象。

七 第一推动

万物的存在和运动的根源在哪里呢?

古希腊哲学家亚里士多德(Aristotle)认为,整个宇宙所有事物都在变动,但是变动之物皆为他物所动,这个他物一直往前追溯,最后一定找出第一推动者。

第一推动者是否存在呢?

当问题无解时,只有站在比问题更高的层次上去求索,才能找到答案。

回答宇宙有没有第一推动者时,须站在比它更高的层次上去求索。

哪些层次比它更高呢?那就是无限。

从无限的视角去看第一推动者时,它就变成有限了。

宇宙没有真正意义上的"第一推动者",宇宙没有起源,也没有终结,宇宙是无限的。

亚里士多德在论述宇宙起源时,把宇宙看成是有限的,其实宇宙是无限的。在解决宇宙无限性问题上,他提出了第一推动者,试图解决这一问题,但是第一推动者的提出,还是无法解决宇宙起源问题,并且陷入了一种悖论。

宇宙自身存在的悖论,我们是无法解开它的,只有把它存放在哲学的世界里,我们才能理解它。

八 人在宇宙

人的丰富性和宇宙的无限性紧密相连。

我们生命中的各种特质都来自于宇宙。

人是探究动物。人探究世界的本性是宇宙给予的。人在探究世界的过程中，哪怕取得了一丁点成就，都会有莫大的喜悦。这种喜悦之情也是宇宙给予的。

我们想象到的、梦见到的，宇宙中都存在。我们的想象力和梦见力，以及想象的内容和梦见的内容，都是宇宙给予的。世界上数十亿人口，没有两个人的想象和梦境是相同的。我们的想象和梦见展示了宇宙和人类古老的历史和奥秘。

我们来自于宇宙，我们拥有宇宙血统。我们体内的碳原子和氧原子在地球形成前已经存在。这些物质可能来自于恒星内部，它们在高温、高压下形成。我们只是宇宙中巨大链条的组成部分。

对宇宙而言，事物都是重叠存在的，灾祸重叠着重生，没有灾祸，何来重生呢？

对我们而言，我们所看到或者所经历的只是事物的某些层面，比如灾祸就是灾祸。

宇宙在给予我们的灾祸时，又给予了我们避免灾祸的能力。

宇宙给予你好的，也给予你坏的；给予你聪慧，也给予你愚钝；关上门，打开窗，宇宙中都有定数，只是我们无法全然窥见而已。

宇宙是无限的，而人生是有限的。用有限的人生去探究无限的世界，人生才精彩纷呈。这就是宇宙的性格。

九 时空对应

时间和空间相互对应,彼此不能分离。

时间表现为物质运动的延续性和过程。空间表现为物质的广延性和伸张性。物质有了空间就会运动,运动需要时间来完成。不同的物质运动有不同的时间相伴。

没有在时空外存在的物质。从宇宙天体星系到基本粒子,尽管它们运动的持续性有长短,广延性各不相同,但都是在一定的时空中运行的。

时间看不见,摸不着,只要物质存在,时间就存在。

有怎样的物质,就有怎样的时间。宇宙存在反物质,也存在反时间;物质可以膨胀,时间也可以膨胀。

整个宇宙,时间没有统一的度量。我们现在运用的时间计量概念,是建立在地球运行速度基础上的。

十 时空连续

时空是一个无限连续的整体，每一个有限的范围所包含着的连续的因素都是无限的。

没有一个时空可以离开昨天和明天，离开此物和彼物的关系。

我们遭遇到任何事物，都应认识到，这绝非只是单纯的事物，它必然和其他事物牵连在一起。昨天牵连着今天，今天牵连着明天。

看不清昨天，注定看不清今天和明天。看不清此物，注定看不清彼物。

你可能不赞成某些政策，但是政策的连续性比政策本身更重要，变来变去是最糟糕的。即使我们在大量否定或者摒弃过去基础上产生的新观念，也是对过去的合理继承。

时空既有连续性的一面，又有间断性的一面。时空的间断性，表现为运动过程中的阶段，处于相对静止状态，有范围限制。我们只能经历或者看到时空间断的一面。

一个事物即使探索到了自身的规律，也不能跳过应有的阶段，只能缩短或者延长它。

十一 时间回流

我们认为，时间只有一维性，只能往前，不能往后；只能流逝，不能回流。这是时间的绝对特征。

时间真是这样的吗？

按照成双成对原理，事物都是成双成对的存在，时间也应该具有这样的特征，它不仅能向前流逝，也能向后回流。

假如事物运动的过程能回流，时间也能回流，过去可能变成未来。

时间回流可能有多种形态，有些形态超乎我们的想象。

在我们的精神世界里，我们常常感受到时间的多维，它既能向前，也能向后，还能驰骋横向左右，不是处于一维的线性过程中。

我们在许多方面尚未找到时间回流的方法，但是在自然科学和社会科学领域，已经在间接地使用这一方法。考古学、历史学、物理学、化学、生物学、医学、经济学等学科，都是建立在时间回流上的。没有时间回流，许多学科便无法建立。

有人依据时间回流猜想，以反向工程方式学习成功者的成功策略，让自己坐上时光机，收集当时的信息，然后体悟、揣摩成功者的决策为何与众不同，从而找到成功的方法。

假如将来真的找到了时间回流方法，我们中的一些人可能“返老还童”，或者重返那个逝去的时代，人生将变得更加有趣。

十二 二律背反

二律背反，表示不能兼容的矛盾。

在相互联系的两种力量之间存在的相互排斥的现象。不仅大自然和人类社会中存在着两种力量之间此消彼长、相反相成、相背相反的二律背反，在认知领域也存在着各自依据普遍原则建立起来的两个命题之间的矛盾冲突。

德国哲学家伊曼努尔·康德(Immanuel Kant)认为，当理性企图对本体有所认识时，必然陷入二律背反：世界在时间上和空间上是有限的，世界在时间上和空间上是无限的。(《纯粹理性批判》)

康德把二律背反视为源于人类理性追求无条件的东西的自然倾向，因而是不可避免的，从而揭示了理性的内在矛盾的必然性。

纯粹理性的二律背反的发现，使康德哲学深入到了对理性的批判，发现了以往形而上学陷入困境的根源，具有积极作用。

二律背反的存在，说明宇宙中普遍存在的各种悖论现象的正常性。

我们认为二律背反的，其实是宇宙万物运行的常态。世界就是由各种悖论构成的，对此我们无须悲观。正因为二律背反的存在，使我们的认识充满了无限乐趣，我们的生存充满了无限意义。

二律背反反映了中庸哲学的成双成对原理。

第六节 物质世界

一 暗物质

现代宇宙学证实，星系盘分布着大量恒星、气体、尘埃云以及暗物质。

暗物质和我们已知的物质不同，即使用精密仪器也探测不到，只能根据引力效应来感知它的存在。

群星灿烂的星系，从表面上来看，似乎有万有引力在维持着繁忙而有序的状态，其实星系自身的这点引力远远不足以维持星系的有序运行。星系之所以能维持现有的秩序，是因为星系中存在着大量的暗物质。

宇宙中 90%以上的物质都是看不见的暗物质，但是要找到暗物质，还需要时间。

我们相信眼见为实，只相信我们所看到的，这一点限制了我们的思维。在我们所看到的物质后面，还存在着大量的暗物质，这些暗物质我们是看不到的。

暗物质具有不同的形态，其中可能有精神粒子、精神能量、精神波、精神弦等，需要超乎现有想象力的认知体系才能认识它。

看不到的不是不存在，我们要脱离传统视角，去解读那些不可思议的现象。

二 反物质

反物质，由反粒子组成的物质。

一切粒子皆有对应的反粒子。

电子的反粒子是正电子，中子的反粒子是反中子，质子的反粒子是反质子，中微子的反粒子是反中微子。正、负电子只能成双成对生成，不能单独生成。

正粒子和反粒子相碰，可以转化为光子或者介子，同时放出巨大能量。这个过程称为正反粒子对湮没，其反过程也存在。正、负电子对湮没可以转化为光子，光子在一定条件下也可以转化为正、负电子对。相应地，由反质子和正电子组成的原子是反氢原子，它和氢原子碰到一起，也会发生湮没。

反物质的发现，证明了物质形态的多样性以及宇宙万物都是成双成对生成的。

三 反宇宙

根据反物质存在的事实,有人提出了反宇宙假说。

根据这一假说,在我们已知的宇宙外或者在宇宙的某些部分,可能存在着反宇宙。反宇宙的物理常数和我们现在所认识的宇宙可能相反。

按照成双成对原理,在宇宙外存在一个对应的反宇宙。没有反宇宙,宇宙本身不可能诞生,也不可能发生变化和运动。宇宙的诞生、变化和运动,都是在和反宇宙互动中发生的。我们对反宇宙几乎没有认识。

丁肇中从 1995 年起致力于搜寻反宇宙。

一些科学家把反宇宙仅仅视为由反物质构成的宇宙,这种认识可能是不全面的。

反物质、暗物质都是物质,都是宇宙的一部分,它们并没有离开现行的宇宙,它们可能是由其他形态的反宇宙推动形成的。

反宇宙可能包含着比现行宇宙更加丰富的宇宙形态,可能涉及宇宙的起源。我们知道宇宙无边无际、无始无终,没有起源,这是一个悖论。宇宙和反宇宙充满了悖论。

反宇宙远远超乎我们的想象。我们可以认识现行宇宙的存在,但是无法认识反宇宙的存在。

反宇宙虽然没有被我们所认识,但是我们可以猜测它的存在。它不仅存在,而且一直影响着宇宙和我们的生活。

四 基本粒子

基本粒子，比原子核更小的物质粒子。

基本粒子无限可分。世界上只有可分粒子，或者更小粒子，没有最小粒子，或者不可分粒子。

20世纪30年代发现的基本粒子只有电子、质子、中子和光子，目前发现的已经有30余种，连同共振态粒子已经达到了300余种，以后可能会发现更多的基本粒子。

每一种基本粒子都有确定的质量、电荷、自旋以及平均寿命。

基本粒子除了万有引力作用和电磁相互作用外，还有弱相互作用和强相互作用。传递这四种相互作用的媒介分别称为引力子、光子、中间矢量玻色子和π介子。

基本粒子可以相互转化，正负电子对可以转化为两个或者三个光子。基本粒子既具有粒子性，又具有波动性，是波粒二象性的统一体。

基本粒子内部都有复杂的结构。

科学家在基本粒子内部建立了坂田模型、夸克模型、层子模型。这些模型反映了基本粒子的内部结构。

五 变粒子

基本粒子都是变粒子，除了少数几个还没有发现自动衰变外，大多数不稳定，经历了一定的平均寿命后就转化为别种粒子。

变粒子内部都有相应的反粒子，由此推动了变粒子内部的运动和变化。

变粒子不需要外力的推动，本身就处于不断的变化中。

变粒子内部都有极其复杂的变化结构，有着无穷的变化规则。

变粒子组成变元素，变元素组成变量，变量组成万物，由此构成了事物变化的无限链条。

宇宙中所有事物的变化，都是由内部变粒子引发的。

变粒子、变元素、变量，是宇宙万物变化的总源泉。

六 夸克

夸克，比基本粒子更小的或者更基本的单元粒子。

最初的夸克分成三种：上夸克、下夸克、奇夸克以及相对应的反夸克。这些夸克具有可观测的量子数。

20 世纪 60 年代美国物理学家默里·盖尔曼（Murray Gell-Mann）和乔治·茨威格（George Zweig）提出了夸克模型。

按照夸克模型，介子由一对夸克和反夸克组成，重子由三个夸克组成，反重子由三个反夸克组成。

后来连续发现了共振态粒子，用三夸克模型解释复杂的粒子已经不够。随着新粒子的发现，又增加了粲夸克、底夸克、顶夸克以及相对应的反夸克。

根据推测，可能还存在自由夸克，不过至今没有被找到。

夸克模型否定了基本粒子无结构和电荷 e 是最小单位等观点，说明了基本粒子还可以再分，还有更基础的构成。

七 夸克幽禁

在夸克模型里,科学家发现了夸克幽禁现象。

实验表明夸克的存在,多数科学家也接受了基本粒子由夸克组成的设想,但是在实验中,无论用多大能量的加速器和高能宇宙线轰击强子(复合粒子),却从来没有从基本粒子中打出夸克,没有发现自由夸克的独立存在。

对于这个结果,除了假设夸克很重,目前人类可达到的能量还不足以把它们从强子中分出外,一些科学家设想,夸克是由某种异乎寻常的强力的结合而被紧紧地胶合在一起,以致永远被幽禁起来。正反夸克只能胶合在一起,不能单独存在。

针对夸克幽禁现象,有人认为这是对物质无限可分思想的挑战。我们认为,夸克幽禁只是暂时性的现象,随着科技的发展,这一现象必然被打破。

八 弦论

弦论，理论物理学的一个分支学科。

弦论认为，物质基本单元不是占据空间单独一点的电子、光子、中微子和夸克之类的点状粒子，而是更小的线状的弦，像似小提琴上的弦。

弦表现震荡模式，或者共振频率，这是弦和粒子类型的主要区别。

弦包括有端点的开弦和圈状的闭弦。

弦论的三个公理：

(1) 基本粒子的本质是一根弦，弦的不同震动产生不同的粒子。闭弦震动产生引力，开弦震动产生粒子。

(2) 宇宙中存在着比四维时空更多的时空维数。

(3) 基本粒子之间存在着超对称，即所有的基本粒子都有超对称伴侣，没有一个是单身的。

弦论至今没有被证实，也不是物理学上的最后理论。

九 高维世界

宇宙由三维空间和一维时间组成的相对论观点，随着物理学发展可能被打破。

美国科学家莉莎·蓝道尔(Lisa Randall)在最新的一项核裂变实验中，偶然发现了一颗微粒神秘地消失了，经反复寻找，最后仍然没有找到其踪影。

它会跑到哪里去呢?

蓝道尔大胆地提出了一个假设：在我们的世界里，可能存在着一个人类看不到的五维以上的时空维度。

为了证实自己的想法，蓝道尔将用世界上最大的强子对撞机继续重复实验，假如粒子消失现象再次在实验中出现，那么就有理由推测，这些粒子可能进入了高维世界里。

高维世界只是一个猜测，至今没有被证实。

十 无目的性

人的行为都是有目的的，整个世界是否也有目的呢？

古罗马时期和中世纪的神学家认为，宇宙受永恒的神的规律的支配，整个大自然和宇宙都听从神的摆布。神不仅安排了大自然和人，而且也为人的生存和活动安排了一切。

近代科学兴起后，一些科学家也没有脱离目的论。德国哲学家戈特弗里德·威廉·莱布尼茨（Gottfried Wilhelm Leibniz）提出单子发展前定和谐说，承认上帝存在。

现代科学难以证明神和上帝的存在以及宇宙和人类社会运行是神和上帝安排的。

根据我们的理解，宇宙和人类社会运行是受宇宙变量的影响，是由宇宙变量多重作用的结果。宇宙变量是无限的，由此构成了宇宙的无限性，构成了宇宙变化形态、变化趋势、变化种类的无限性。作为有限存在的神和上帝，根本无法驾驭无限的宇宙变量。

在无限的宇宙变量中包含了精神世界的部分，而精神世界只是无限宇宙的一部分，它能影响或者部分决定宇宙运行，但是不能决定整个宇宙运行。

宇宙没有造物主，生存没有终极目的，只有不断的创造和毁灭。

整个宇宙是无目的性的存在。

十一 合目的性

整个宇宙的无目的性，并不否定个体目的性的存在。

个体目的性和整个宇宙无目的性之间，存在着一个合目的性的中间地带。

在这个中间地带，生物世界表现为生物有机体对环境的适应；人类社会表现为人类通过有目的的活动自觉地改造环境，使环境按照人类的意图发生改变，成为人类的宜居世界。

科学发展进一步提升了人类改造环境的能力，人类自身合目的性的范围进一步拓展。

个体合目的性不是绝对的，它只是在相对有限的范围内发生。个体在生存和发展的过程中，同时还存在着大量不能实现合目的性的一面。

个体和环境之间，环境占主导地位。个体只有适应环境，才能实现自己的合目的性。破坏环境、对抗环境，根本无法实现自己的合目的性，反而会招致环境的报复。

十二　有序

有序，系统要素之间的运动处于相对和谐的状态，具有一定的稳定结构和组织功能。

一个远离平衡态的开放系统可以从无序走向有序，也可以从有序走向无序。有序、无序在一定的条件下会发生转化。

有序、无序是事物的两种表现形态。事物时而表现出有序，时而又表现出无序，都是正常的。

有人认为，混乱只能来自于混乱，暴力只能来自于暴力，而系统的行为证明，混乱和暴力可能来自于某种秩序。

秩序的过度和无序的过度都是非常态，都要加以避免。

为了秩序而追求秩序时，秩序的野蛮就出现了。

为了阻止某种秩序的过度或者无序的过度，事先设想某种可以用来防止过度的方法，我们就会有了明显的预防，使秩序成为我们需要的那种秩序。

中存在于有序、无序中，一切依据具体情况而定。

十三 不守恒

从无限宇宙的视角上来看，宇宙不存在绝对守恒。

19世纪，德国科学家迈尔（J R Meyer）、英国科学家詹姆斯·普雷斯科特·焦耳（James Prescott Joule）等在实验中发现了能量守恒定律：不同的物质能量，比如机械、电磁、光、化学、生物能量等，在一定条件下可以转化为其他形式，或者从一个物质传递给另一个物质，在转化或者传递过程中，能量数值保持不变。

这一定律反映了能量以及相应的物质运动是不能被创造、被消灭的。能量只能在物质之间传递，或者从一种形态转化为另一种形态。

这一定律只存在于我们所认识的有限世界里，在无限宇宙中这一定律可能不存在。

能量其实是一种变量。

按照我们的理解，守恒表示了边界，是有限概念，而变量和宇宙都是无限概念。有限概念不能限定无限概念。变量的存在通过自身无限的被给予而产生的能量变得不守恒。

宇宙比我们想象的更加复杂。

十四 精神世界

按照成双成对原理推测，在物质世界外还存在着精神世界。

精神世界只限于人的心理活动，这种认识是不全面的，它是和物质世界相对应的一个世界，范围要宽泛得多，可能还包括人的第六感、心灵感应等。

德国哲学家格奥尔格·威廉·弗里德里希·黑格尔(Georg Wilhelm Friedrich Hegel)的绝对精神只是对精神世界的一种描述。

物质的产生都伴随着精神，两者不可分离，即使一块石子、一棵小草、一只小猫都有与其相伴的精神世界。

精神世界和物质世界相伴而行，有怎样的物质世界，就有怎样的精神世界。它们之间相互作用、相互影响，由此构成了世界的运动和变化。

精神世界和物质世界一样，都有其自身的运动方式和存在方式。我们至今对精神世界的认识还相当肤浅，随着认识深入，对它的认识会越来越丰富。

希望、意志、勇气以及想象、梦幻、虚拟、空灵等，都是精神世界的形态。精神世界充满了这些形态，它们在时间中展开，在多维空间中游离、聚散。未来的人类将更多地在精神世界中创造生活、寻找幸福。

文学没有精神世界的支撑，很难成为真正的文学，仅仅描述表象的文学是肤浅的。

一个国家、一支军队、一个企业，甚至是一个作为个体的人，都需要精神支撑。没有精神，即使表面上风光无限，或者一时成功，只是一个好看的花架子，很难行稳致远。

现代医学证实，正向的心理暗示能提升人的免疫系统，增加身体的活力，使心跳韵律更加均匀，甚至一些疾病都会有所缓解。这些都是人的精神世界在起作用。

精神世界无比浩大，蕴藏着无限的智慧和潜能。

十五 有对

有对，中国哲学史上的矛盾概念，由宋朝时期的张载、程颢、朱熹等人提出。

万物皆有对。

张载说："有象斯有对，对必反其为。"(《正蒙·太和》)

程颢说："天地万物之理，无独必有对，皆自然而然，非有安排也。"(《河南程氏遗书》卷11)

朱熹在承认有对普遍性的同时，又指出有对的复杂性，"虽说无独必有对，然独中又自有对"。(《朱子语类》卷95)

张载等人虽然提出了有对思想，同时又认为宇宙本原以及精神本体是无对的，从根本上否认了事物的对立和矛盾。

王阳明把无对思想推到了极致，认为主观意识的良知是宇宙的本原，是独一无二的无对的存在。

然而，宋明时期的有对思想并不彻底。

十六 特殊性

每一事物都是特殊的，都有其自身的规定性。世界上没有相同的两物。

一事物只有作为特殊事物时，它才有存在的理由。

事物的特殊性，构成了一事物区别于他事物的内在的本质，是世界上千差万别事物存在的根据，也是我们认识事物的基础。只有认识了特殊性，我们才能区别不同的事物，才能防止片面性。

事物在变化的过程中，不仅它本身是特殊的，而且它包含着的许多方面也各有其特点。这些特点构成了事物独特的运行轨迹。

对具体问题做具体分析，是理论的灵魂。

事物的特殊性，是由不同的变量构成的。不同的变量构成了不同的事物，构成了不同的特殊性。世界上没有两个变量是相同的。

十七 差异度

事物之间的对立其实是一种差异。

世界上没有无差异的事物。事物之间的差异构成了宇宙万物的千姿百态。

差异由中而生，并且统一于中。

有差异的事物在中状态诞生后，就离开了中，开始了自己的生命旅行。在生命旅行中，事物会不断地表现出自己的个性，不断地扩大差异的范围，原来较小的差异就变成了较大的差异，最后这种差异无法调和，就陷入了对抗和冲突。

每个事物的差异程度不同，有的差异度很小，可以忽略不计；有的差异度很大，会造成严重的对抗和冲突。对抗和冲突，是差异度达到极端时的表现。

有差异的事物并非一定陷入对抗和冲突，可以求同存异。在差异度较小，或者在双方共同利益下，不同事物之间可以和平相处。对抗和冲突并非是绝对原则，它反映的只是事物的部分现象。有人把事物之间的差异描绘成对抗和冲突正在固化的场景，并非真实。对这种现象过度强调，很难为现代社会改革带来益处。

假如处处以对抗和冲突的态度来处事，世界就会变得不太平。

对不同事物的差异度，应该有一个清晰的认识。

十八 悖论

悖论，表面上的同一命题或者推论中隐含着的两个对立的结论都能自圆其说。

假如事件 a 发生，就可以推导出非 a，非 a 发生就可以推导出 a，体现了思维的不同层次、意义和表达方式。

世事难遂人愿，你以为是这样的，可能是那样的；你以为是那样的，可能是这样的；你以为成功了，可能正在走向失败。

一切看似正面的用处都有它反面的作用；一切看似有利的事物都有它伤害你的地方。不是所有的好事都会一起到来。在通向胜利的道路上，隐藏着通向失败的路径。世界不是我们想象的那么完美，而是充满了悖论。

悖论在逻辑上是一种严密的演算，它没有最后的结果。

只有拥有清晰的悖论观念，我们才能把握事物变化，才能有效地应对未来。

以悖论观念去做事，是一流的智慧。

悖论源于成双成对原理。

十九 悖论世界

悖论是世界存在的意义，我们应该做出超越它的努力。

只有在承认和维护对方利益的前提下，才能实现自身利益的最大化；只有采取非平均主义的方法，才能发挥更大的人才作用；只有在痛苦中，才能收获更多的快乐；世界上最危险的是不知道危险，最可怕的是惧怕本身；最好的防御就是进攻，过多让步只会带来更多冒犯；大道至简，等等。

世界上只有纯粹，没有悖论，反而难以成就事物。不要试图消灭悖论，消灭悖论就是消灭世界。

我们的生存境遇中充满了悖论，我们总是在悖论中制造情景和价值，不要诅咒悖论，要理解它、适应它。

悖论表现在认识论上，就是我们对世界的认识总是表现出不同的观点；我们提出的理论，都有不同的理论的存在。用纯粹的理论来解释世界是无效的，只能以悖论来解释。

悖论是消灭不了的，要和悖论共存，在共存中给予双方的合适位置，处于可控、可用的状态。

越是这样认识事物，我们就越接近于真相。

思也悖论，行也悖论。

第二章 中庸认识与方法论

第一节

认识论

一 不可知
二 极限
三 价值判断
四 非绝对性
五 认知偏误
六 逃避现实
七 试错法
八 整体谬误
九 全局
十 大河有水
十一 综合
十二 一分为二
十三 先一后二
十四 时空点
十五 一点两点
十六 三分法
十七 平衡态
十八 均值回归
十九 随机性
二十 内随机性
二十一 非线性
二十二 简单原则
二十三 怀疑
二十四 怀疑基因

一 不可知

我们可以认识有限，但是无法认识无限。

在我们认知的世界里，无限没有表现形式，没有我们可以认知的表现形式。无限都是以有限的身份表现，表现出来的都是有限，不会把自己的无限表现出来，无限是表现不出来的。

无限和有限是事物的两面。事物既是无限的，也是有限的；既有表现自己的一面，也有不表现自己的一面。

无法表现自己、无法被穷尽构成了事物的无限性，表现在时空上无穷无尽、无边无际。我们试图认识无限，结果都会碰到限制，这是一种无法突破的限制。

为了突破这种限制，我们总想认识无限，不断地推出诸如上帝、第一推动者、神，来解释无限。其实这些所谓无所不能的事物都是有限的，都不是万能的。

我们提出的任何一个具体的概念，反映的都是有限的事物。

对有限事物的认识是一个过程，就是从比较少的认识到比较多的认识，从比较简单的认识到比较复杂的认识。

知道自己的不知道，是认识的最高境界，可以防止我们滑入决定论的泥沼。

二 极限

变数 x 无限地逼近某个常数 c，则 c 为 x 的极限。

数学上的极限概念，是对数的变化的描述，是从有限到无限的数的表达。只有无穷运算才产生极限。极限总是和一个无限变化的过程相联系。

极限是有限和无限的临界点，这个临界点，有限无法跨越。极限只存在于有限中，无限没有极限。

我们可以不断地接近极限，但是无法跨越极限，这是有限的宿命。

对具体事物而言，极限是一事物和他事物的临界点，过了这个临界点，即越过了极限，一事物就变成了他事物。为了保持现有事物，不能跨越极限，跨越极限是危险的，事物很可能发生彻底性的改变。

个体都会遭遇极限，这会造成个体的直接压力，这些压力迫使他们做出一些短期的或者极端的行为。

不要把自己和他人逼到极限，不要给自己和他人极限施压，这些都是危险的行为。

三 价值判断

我们有两种认知方式，一种是按照事物本来面貌认知事物，事物原来怎样就怎样认知；另一种加入了人的因素，按照人的价值观认知事物。

我们对世界的认知绝大部分都加入了我们的价值观。美丑、善恶、好坏，事物的这些属性原来是没有的，却成为我们认知的重要概念。

我们创造价值概念，其实是为我们服务的。有了这些概念，我们的人生才有了意义和追求。

价值概念和物质世界没有直接关联，一旦过多地沉迷于此，会给我们带来烦恼。我们所有的烦恼都是自找的。

世间万物自生自灭。新事物的产生和旧事物的死亡都是自然发生的，都是自然现象，它们本身是没有价值的，它们的价值是我们赋予的。我们赋予它们价值，其实是赋予我们自身价值。我们有了自身价值，我们才有了价值。任何价值只能体现在人的范围内。

当我们表达价值判断时，我们就中断了对世界的自然理解。

每当我们自以为是、狂妄自大，以为可以主宰自然、破坏自然、无所不能时，上天就发笑。

我们对世界的认知只限于能认知的部分，相当部分是认知不到的，许多认知只是一种价值判断。

过多的价值诉求，容易对世界产生误判。

四 非绝对性

世界上没有绝对事物，也没有绝对理论。

理论都是相对的，包括古今中外的所有科学理论。

一种理论，从一个方面上来看，可能是正确的；从另一方面上来看，可能是不正确的，至少是不全面的。

事物充满了无数变量，蕴藏着自身无限的丰富性，理论无法涵盖它。

人是有限的，人创造的理论也是有限的。以自身的有限不能说明世界的无限。

一切都在改变，真理本身也在改变。一些历史上被认定的真理，今天却不是；今天的真理，明天也可能不是。那些死抱过去真理的人终将被真理埋葬。

一种理论只能反映一个方面或者几个方面的特征，不能反映全貌，应该和其他理论结合起来使用。世界上没有包罗万象、无处不适用的绝对理论。

五 认知偏误

事物都是整体性的，我们看到的只是其中的一小部分，大部分是看不到的。只能认知和描述看到的部分，看不到的部分是无法认知和描述的。它们可能要经过一段时间，才会表现出来。

假如只从负面的局部去认知社会，就会推导出整体性的“推墙”结论，看似有着自身的逻辑，实则以偏概全。

我们对世界的认知不等于世界本身，不仅不同的人对同一事物有不同的认知，即使同一个人在不同的时期，对同一事物也有不同的认知。

我们一直生活在自己的世界里，总是选择性地看到自己想看到的事物，倾向于记住那些可以佐证自己观点的事物，先入为主，以最初的印象锚定后面的认知。

只要认知偏误，即使有美好的意图和理想，所带来的结果也是负面的。

阻碍我们前进的往往不是无知，而是认知偏误，它限制并误导了我们对世界的认知。

懂得对，做才会做对；不懂得对，做才会做错。一个人很难取得认知范围外的成功。

中庸让我们的认知从主观感受向客观现实转变、从偏误向正确方向转变。

六 逃避现实

注重现实的不一定取得成功，但逃避现实一定会导致失败。我们不愿接受逃避现实导致的失败。

逃避现实的人总是心存侥幸，不接受现实发出的警示，以为不接受某种警示就可以避免某种可能性，这是不可能的。

中庸建立在现实上，离开现实，中庸不存在。它只接受现实、发现现实，拒绝非现实的，更不会伪造现实。只有存在的现实才是真实的，才是要被关注的对象。

现实不仅是我们可以看到的或者感觉到的，还有许多是我们看不到的或者感觉不到的，它会以多种方式表现，要我们去领悟和发现。

描述一个不是本来面貌的现实，并不能改变现实本身。现实总是以其本来面貌存在，不会因为我们的愿望、态度和观点而发生改变。只有按照现实本身认识现实，建立符合现实的认知体系，才能推动事物朝正确的方向前进。

每个人对事物的判断多种多样，只从自己的立场出发，或者从僵化的教条出发，尽管自信满满地认为自己是对的，但是会遭到现实的无情否定。

只有建立在现实上的判断，才是可靠的。

七 试错法

科学发展是通过不断地提出猜测、不断地消除猜测中的错误而实现的，它是一个不断地试错、论证的持续的过程。

试错法揭示了科学发展背后的逻辑。

我们至今获得的诸多发明创造都是在运用试错法，经历了不少错误，磕磕绊绊、反反复复的过程中完成的。

成功很少是一次获得的，也很少是在不犯错误的情况下获得的。

人类的有限无法认识世界的无限。在认识世界的过程中，只有不断地通过试错法获得对世界更多的认识。

不仅科学发展需要试错法，社会和个人的发展都需要试错法。

试错法体现了深度实践。

涉及新的社会政策的实施，必须小心谨慎，一步一步走，以小规模的试错来避免大规模的错误。

为了成就自己，去完成一件与众不同、有创意的事业，个人必须接受试错、敢于试错，从试错中摸索规律。假如把所有的错误都排斥在外，就不会有后面的成功。把试错限定在一个可以接受的范围内，不会造成灾难。

害怕试错，比犯错本身更不可取。

在试错中，要降低试错成本。试错成本越低越好。

给自己一个试错的机会、一些容错率。

八 整体谬误

整体是部分中的整体，部分是整体中的部分。整体功能的丧失会导致部分的瓦解。整体一旦形成，会扬弃部分的质，产生在孤立状态中所没有的新质。整体分解为部分，就否定了整体的质。

以为整体具有的属性部分也必然具有，是一种谬误。整体具有的属性，部分并非必然具有。整体中显示的规律，部分并非必然成立。这种谬误是以整体为部分的谬误。

以为部分具有的属性整体也必然具有，也是一种谬误。部分具有的属性，整体并非必然具有。部分中显示的规律，整体并非必然成立。这种谬误是以部分为整体的谬误。

两者都犯了认知上的错误。

在认知事物中，不仅要避免以整体为部分的谬误，也要避免以部分为整体的谬误。把部分放在部分的位置，把整体放在整体的位置，按照事物的本来面貌认知事物。

不同部门出台政策，须统筹考量，防止政策合成后造成整体谬误。

整体谬误是对哲学的扭曲。

九 全局

正确处理全局和局部的关系是哲学的任务之一。

一项决策或者行动都不是单项的，须据量其在全局中的比重。

个人对集体而言是局部，说集体重要，意味着个人不重要，强调个人比集体重要，全局就失去了意义。

避免局部正确全局荒谬的行为。有些行为，存在的理由很充分，逻辑很强大，只要放到全局衡量是荒谬的，那就是荒谬的。

一味追求局部完美，而忽略全局协调性，是不可能抵达完美的。

我们的决策或者行动，不能限于局部，要放置于全局；只有全局正确了，才是正确的。

我们有些人至今还没有从全局意义上认识到这个问题。

十 大河有水

若要寻找水源，应首先寻找大河，然后再寻找小河。

大河有水，小河有水的概率很高。只要找到有水的大河，就很容易找到有水的小河。反之，没有找到有水的大河，即使找到有水的小河，小河水也会干涸的。

虽说大河水是小河水流入的，没有小河水，也就没有了大河水，但是，大河水一旦形成，对小河水就具有重大影响。

大河水和小河水的关系是整体和部分的关系。事物性质由整体决定。整体优化会带来部分优化，整体劣化会带来部分劣化。

水位高了，船位自然被抬高；通俗地说，汤里有肉，青菜、萝卜等蔬菜自然鲜美；大盘涨了，不少个股自然会涨。水位、鲜汤、大盘都是“大河”，船、蔬菜、个股都是“小河”。

十一 综合

综合，把不同部分组合成整体来对待。

整体不是简单的部分之和，具有复杂的整体功能，即使分析了各部分，也很难准确判断整体的发展态势。

事物之间的差别都是综合指标的呈现。

错综复杂的变量，构建了无穷尽的变化集合。试图降低变化复杂性的策略都是徒劳的。从单个上来看，似乎很偶然；从整体上来看，是一种必然。

从个别的、狭隘的视线中得出的经验，扩展到整个世界，作为普遍性的原则使用，难以取得成效。

我们的思维大都被细节主导，过度关注细节会干扰综合判断；综合判断出了错误，对细节层面再用功也无济于事。

人生不是一个简单的经历，而是管理和应对反复出现挑战的过程，表现出种种的复杂性，需要多方面的综合能力，才能不被碎片化的表象迷惑。

个人最重要的能力，可能不在专业上，而在综合能力上。只有当一个人的综合能力超越大多数人时，他才能更好地成就自己的事业。想有所作为，多读些哲学类书籍，有时比专业书籍更有用。

有些人学了很多知识，做事依然不入门；有些人懂了很多道理，人生依然不顺利，都是缺乏综合能力所致。

十二 一分为二

世界上没有绝对的事物，因此要一分为二地看待问题。

事物都是成双成对的，表现为有差异的两端。

每个事物都有对应物，彼此之间相互联系。

一分为二只有在相对意义上才存在，就是说，把属于两端的事物人为地隔离开来，只取其中的一端或者一个方面单独考察，这是为了分析的需要。

一分为二说明两端中的任何一端都是可分的，这种可分性不仅表现在量上，也表现在质上。世界上没有纯粹的事物、绝对的事物。看问题，不仅要看到一，也要看到二。

一分为二不会穷尽，始终能分下去。即使很小的事物，也是可分的。一分为二说明世界的无限性。

古代中国人很早就阐述了这一概念："一分为二，谓天地也。""一分为二，节节如此，以至无穷，皆是一生两尔。"（《黄帝内经·太素》《朱子语类》）

十三 先一后二

一相对于二是整体，而从一分化出来的二是一的部分。

看事物首先看整体，即一。事物的性质由整体决定，整体上好的便是好的，整体上成功的便是成功的；反之，整体上坏的便是坏的，整体上失败的便是失败的。不能简单地运用所谓的一分为二，把坏的说成好的，失败的说成成功的。

整体是相对的，所谓好、坏、成功、失败是相对的，就是说，它们只是在一定的时空里存在，离开了一定的时空，都不是它们原来的样子。

现在存在这样的认知：由于强调一分为二，对具体事物做具体分析，在坏的事物里看到了好的因素，在失败的事物里看到了成功的因素，并且把这些因素放大，从而看不清事物的性质。这是认知上的大错，在决策和行动中必然导向失败。拒绝将坏事美化为好事、失败粉饰为成功的倾向。

一分为二只有在这种情况下才有意义，即对事物有了一个整体性的认识后，或者明确了事物的性质后，为了更好地应对它，才可以运用一分为二，对它再做深入的分析，掌握其更多的变量，找到应对它的有效方法。

一分为二只是一种细分的手段，不能作为目的使用。分析事物的目的是为了整体而非部分。

一分为二的顺序是先一后二，一始终在二的前面，不能颠倒它们的顺序。

十四 时空点

时空点，时间、空间的交叉点。

事物都是在时空点上发生的，空间场合时间流，离开时空点，什么都不存在。假如存在，只有理论上或者虚拟上的意义，没有现实意义。

时空点构成了“个体性质”，它是个体化的基础。

一些网络现象，由于没有时空点支撑，并非完全真实，要我们去辨识。

在时空点上，时间和空间得到了统一，事物的性质得到了肯定，此事物就成为此事物，彼事物就成为彼事物。

一切都是一次，不会再来相同的第二次。某个时空点集聚了该事物发生时的所有变量，随着时空点变化，原来的变量会发生变化，不可能原封不动地再现。

认识时空点很重要，它是判断事物性质依据的基点。离开了时空点，就无法认识事物的本质。

事物没有绝对的对错，只有把它放在时空点上，才能分辨其对错。

对我们而言，时间点比空间点更为重要。做事除了考量空间因素外，更须考量时间因素。时间到了可以先做起来，不必一味等待空间条件。时间点一旦失去，就很难再来。世界上没有绝对的万事俱备。

战略时空点，就是战略机遇期。

十五 一点两点

把事物都看成一点，把一点绝对化，错；把事物都看成两点，把两点绝对化，也错。

世界上没有绝对的一点，也没有绝对的两点。一点中有两点，两点中有一点，关键在于把它们放置于它们应该放置的位置。

把一点放置于一点的位置，把两点放置于两点的位置，不能弄错。把一点放置于两点的位置，或者把两点放置于一点的位置，会犯大错。

一点论和两点论之所以存在混淆状态，在于把它们放错了位置。

现在普遍存在贬低一点、推崇两点的倾向，把两点推高到不恰当的位置。

有人把一点论视作形而上学，把两点论视作辩证法。提出，看问题不要用一点，要用两点，既要看到正面，又要看到反面；既要看到现在，又要看到将来；既要看到共性，又要看到个性。

这些说法并没有错，任何事物确实存在两点，但是，事物都是在一定的时空点上发生的，在某一时空点上，它的性质只有一个，或者是好的，或者是不好的；或者是正面的，或者是反面的。不同的时空点有不同的性质，好的可以变成不好的，正面的可以变成反面的。

十六 三分法

三分法，一种超越两分法的思维方式。

把正反两面统筹起来，将其视为第三面，以此来认识更多的事物面，这是一种正反合一的思维方式。这种思维方式建立在“先一后二”的基础上。

把事物简单地划分成是非对错、真假好坏、非此即彼的两分法，是无法认识复杂世界的。

我们总是先入为主地有了两分法，刻意建立起互斥类别。这种简单的两分法成为我们观察世界的主要方法。

简单的两分法排斥了中间地带的存在，把事物建立在简单的确定性上。现实中的事物都是一部分为正，一部分为反，完全正、完全反的事物并不存在。

简单的两分法使我们对世界的感知变得僵化，把错误又极端的观念强加给了世界，导致了战争、冲突、迫害发生。

简单的两分法带有局限性，应该采取三分法。

三分法思考问题，除了关注事物的两面外，还要关注第三面，从多视角、多侧面思考。唯有如此，才能克服二元对立模式，避免认知偏误，对世界的认知更加全面。

十七 平衡态

两端之间的中间状态和变化前的状态是两种不同的平衡态。

平衡态体现了事物的同一性，非平衡态体现了事物的差异性。当事物出现了新变量，而且新变量达到了一定的规模时，原来的平衡态就会被打破，建立起新的平衡态。协同学和发生认识论揭示了平衡态不仅是运动的形态，也是运动的机制。

平衡态一旦被打破，事物将发生剧烈变化，我们要有足够的智慧去应对。

事物的运动呈现从平衡态到非平衡态，再到平衡态的交替循环。

为了实现平衡态，须经历非平衡态的过程。为了平衡态而平衡事态，往往会掩盖矛盾，可能酝酿更大的矛盾和冲突。

现实中的平衡态很难把握。只有采取事先而不是事后，主动而不是被动，整体而不是局部的方法，才能把握好平衡态。

把握平衡态所付出的代价，要比全力对抗小得多。

十八 均值回归

均值回归，向中间价值的回归。

资本追逐高利润，哪里利润高，资本就追逐到哪里。追逐的人多了，利润就下来了，甚至发生亏损，一部分人就逃出来，剩下的人又将获取高利润。

市场周而复始，呈现出均值回归的现象。

便宜买好货是投资的要诀。10元的物品偶尔跌到5元贱卖，这种不合理的低价不会长期存在。价格需要回归，价值投资者就是寻找这种不合理的低价，然后等待它的回归。

当市场价格严重偏离价值中枢时，要逆向思维，敢于投入，坚持自上而下寻找价值洼地的机会。均值会迟到，但是不会爽约。

在经济、政治、军事、生物等领域，也存在“均值回归”现象。

遗传学上的“均值回归”，体现在父母的极端特征不会完全遗传给下一代，后代的特征会慢慢地向大众的平均值靠拢。

一切极端值都有回归力量，我们很难把所有好事放在一起。

均值回归是向中回归理论的反映。

十九 随机性

事物充满了随机性。

那些机械的、事先规定的模式很难存在。事物最后的结果受随机性影响。

习惯于随机性,想象各种可能性,这不仅是一项有趣的智力游戏,而且会带来意外的收获。

一个随机事件的出现可能是一种偶然,假如出现一连串的随机事件,那就不是简单的偶然,它往往是更大趋势的先行指标。

不同事物有不同的随机性。行星运行的轨迹几乎遵循着铁的必然性,在那里发生变化的随机性很小,但是仍然存在随机性。在量子世界里,随机性随处可见。

不重视随机性,容易被随机性损伤。模式、理论、规则、格言只反映了过去,现实瞬息万变。大数据也不能消灭随机性。

随机性是客观存在的,是消灭不了的,即使最好的理论也只是参考,不是最后的定论。

我们最危险的"敌人",可能是随机性。它总是在我们不经意间出现。

世界充满了随机性,它决定了我们命运的转向。

二十　内随机性

内随机性，一个确定性系统在不受外部干扰下出现的随机性。

这种由确定性系统出现的随机性，和我们平时的直觉不同。

内随机性和受外部干扰产生的外随机性的存在，说明随机事件的复杂性。

认识随机事件，不仅要认识外随机性，也要认识内随机性。只认识一方的随机性，而忽视另一方的随机性，就不能充分估计随机性，在随机性发生时会陷入被动。

我们往往注重外随机性，对外随机性做了充分准备，有多种预案，而不注重内随机性，对内随机性没有预案。堡垒往往从内部攻破。由于出现内随机事件，最后导致了我们失败。

各种内随机事件出现，不由人的意志决定，由多种变量决定。

内随机性理论反映了现实世界中普遍存在的随机现象，是对必然论和宿命论的否定。

二十一 非线性

系统中的一个元素能导致无法衡量的结果，这种系统就是非线性的。

非线性系统在事物变化的过程中，必然会出现稳定性下降的分岔点，一个微小的推力可能引发系统的崩塌，从而改变整个系统。

不能只看到一开始直的那一段，还要看到弯曲的那一段；不能只看到当下的发展趋势，还要看到未来的变化趋势。事物发展到了一定阶段，都会出现饱和度和拐点。

混沌理论、分形理论等非线性研究中出现的分叉、突变、对初始条件的敏感依赖性、长期行为的不可预见性等，是非线性系统的共有特性。

事物之间都是非线性的相互作用。线性只是部分简单的非线性在一定条件下的近似。

非线性反映了变量的无限性。

二十二　简单原则

简单原则，由科学定律的简单性、逻辑的简单性、理论择优的简单性以及思维经济原则等内容构成。

有人问罗丹，为什么你能把一块石头雕刻得如此栩栩如生呢？罗丹告诉他说，美其实早就在生命里了，我只是把多余的部分敲掉。

大自然存在简单性。大自然从来不用任何麻烦的方法去做那些用简单的方法就可以完成的事情。这种想法构成了近代科学最小量原则的基础。

逻辑的简单性，表现为独立概念的简单明晰以及假设和公理数目的减少。

操作的简单性，表现为减少变量、减少中间环节和步骤。

假如有两种途径可以抵达同一个目的地，一种是简单的、直截了当的，一种是复杂的、迂回曲折的，那么就选择前者。这不仅增加了确定性，而且在时间上更加高效。

一步可以做成的，就不要分成二步、三步去做。

凡是有效的方法，往往都以简单的形式表现出来。

面对复杂世界，有时简单更重要；谁简单谁就赢，有的失败恰恰在于操作复杂化。

中庸遵循简单原则，总是选择简单的方法作为自己合适的方法。

二十三 怀疑

怀疑，对现有的事物、观念、理论的质疑。

重要的不是这些话是哪个权威说的，或者出于哪本权威著作，而在于它是否正确。在权威下，我们会本能地失去怀疑理性。

怀疑是我们应对未来的一种探索精神，是我们生存和发展的需要。

未来具有不确定性。现有的观念、理论都是对过去的认知，而过去的认知是难以有效地应对未来的。只有通过怀疑，才能发现新事物以及新事物的规律。

不怀疑十个问题，连一个问题也认识不清。

怀疑是对不确定性的肯定，对确定性的否定。在一个怀疑者眼中，一切都是不确定的，都是怀疑的对象。新科学、新制度都是建立在怀疑上的。没有怀疑，就没有现代科学和现代制度。

当然，怀疑不是绝对的，许多观念、理论都是我们智慧的创造，都有我们要相信的部分。

怀疑和相信是认知的两面，只有需要怀疑的才应该怀疑，需要相信的应该相信，这就是中庸的态度。

二十四　怀疑基因

怀疑是我们与生俱来的属性，早就储存在我们的基因里。

有了怀疑基因，我们才会对一切产生怀疑。

怀疑基因和创新基因一样，都是我们特有的，都是对现有否定的一种内在的驱动力。有了这种驱动力，我们才能创造未来。

怀疑基因使我们拥有怀疑情怀，好奇、好问、探索、冒险成为一种快乐的享受，不只是痛苦的。放弃标准的、千篇一律的、被动填塞见闻的方法，不断激发怀疑基因，应该成为我们的生存之道。

《论语》记载，“子入太庙，每事问。”

古代思想家朱熹、陈献章对中国人的怀疑精神做了充分的肯定：“大疑则大悟，小疑则小悟，不疑则不悟。”“疑者，觉悟之机也。一番觉悟，一番长进。”(《朱子全书》《白沙子全集》)

近代以来中国人的怀疑精神普遍不够；其实，中国人和世界上的其他民族一样，每个人都有怀疑基因，只是没有激发而已。这种状态应该改变。

第二节 求实思维

一 求实思维

求实思维，旨在求得思维结果和现实同一的思维方式。

求实思维没有预设前提，不唯上，不唯书，只唯实，和求同思维相对。

求同思维旨在求得思维结果和某一方面的同一，目标是预设的，比如和传统观点或者权威观点的同一，这是一种单向的思维方式。

求同思维反映了事物的同一性，对于维系人们的思想和行为的统一、维系价值观的统一具有积极作用，否则上层难以指挥下层，但是过分夸大其作用，会导致保守、僵化。求同思维发展到极端，会导致一点论或者教条主义。

求实思维承认事物的复杂性、多样性，依靠严密的逻辑和丰富的想象力来求得思维的结果和现实的同一，是人们发现真理的思维途径。

对他人的理论、经验，我们可以学习、借鉴，但是不能照搬。

思维只有建立在现实上才是可靠的。

求实思维应该成为我们的思维方式。

二 主观性

主观性，以主体自身的需求为基础去看待客体、对待客体。

人性充满了主观性，它伴随着人的主观意识而生。

过多的主观性，使我们做事往往从主观感情、愿望、意志出发，从狭隘的经验或者本本出发，用主观臆测代替对客观事物的具体分析。

主观性推至极端就是主观主义。主观主义可以避免，但是主观性很难避免。

每个人身上都先验地印刻着主观性，它与生俱来。依据经验或者理论，可以减少、削弱主观性，但是难以从根本上消除主观性。

单纯按照主观性做事，结果很难令人满意，对了是错，错了还是错。

为了克服主观性，古人提出“无己”思想：“至人无己，神人无功，圣人无名。”（《庄子·逍遥游》）郭象注：“无己，故顺物，顺物而至矣。”（《庄子注》）

只有排除了个人的主观性，顺应万物，才能达到“至人”的境界。

三 价值观

我们认识世界，首先该做的不是价值判断，而是事实判断，不管好坏、爱憎，须以事实为依据。在事实判断上，塑造自己的价值观。

世界是现实的存在，本身不包含价值，有了人，世界变得有价值了。

无须把价值看作是世界固有的，而是人类在精明地管理这个世界时自己加上去的。

价值的产生，不是对外在事实的陈述，而是人们某种需要的表达，只要符合人们的需要，就是有价值的。由于各人的需要不同，在不同的人群中有不同的价值观。

价值具有社会属性。人们的需要不同于个人的主观欲求，是被社会需要决定的。依据人的主观需要制定的价值不能随心所欲，是有社会标准的。只有符合全人类需要的，才是普世价值。普世价值是存在的，但是目前人们很难找到它的同一形式。

世界秩序的建立，需要合理的价值观。谁赢得人心，谁就能赢得天下。

给社会一个错误的价值观，把不是社会需要的视为有价值的予以推广，反之则视为没有价值的予以丢弃，这会给社会带来危害。

不要给社会一个错误的价值观，应该成为所有价值观的价值观。

四 多点论

在认识领域，除了一点论、两点论外，还有多点论。

多点论看世界，不仅看到一点或者两点，还看到其他的点，看到更多的点；不仅看到别人看到的，还看到别人没看到的。

多点论站在一个全息的视角上来看世界，具有发散思维特征。

多点论反映了事物的整体状态。事物是由多点状态构成的。

变量无限性是多点论存在的基础。

一点论、两点论都不全面，决定事物未来变化的，是无数的变量、无数的点。对此，我们要予以充分的关注。

只在一点、两点上思考是不够的，是无法应对复杂的未来的。我们要多点思考，从更大格局上思考。

多点论应该成为我们的思考方式。

五 比较

事物之间是可以比较的，但比较都是相对的。

事物由变量构成，变量具有相似、相近的一面，这是事物之间比较的基础。由于每个变量不一样，都有自己的特殊性，使得事物之间不能完全比较。

比较有机械类比、类推比较、定性类比、定量类比。

机械类比是简单的类比方法，它将两个或者两类性质根本不同、仅有某些表面相似的对象类比。《墨子》提出"异类不比"。

中医上的"揆度奇恒"采用的是类推比较法：首先确定正常人的指标，然后以此为尺度去衡量、比较其他人，和正常指标相同的为无病，超过或者低于正常指标的为有病。《黄帝内经》以健康人的呼吸来测定病人脉搏迟速的诊断，就是这种方法的运用。现在医院化验单上的化验指标也是采用这种方法。

定性类比主要比较事物性质之间的类似性关系，以及事物之间的因果性关系，具有高概率的洞察力，能给我们带来方向性的选择。

定量类比是定性类比的精确化，通过定量类比可以获得更精确的数据。

比较只是认识事物的一种方法，就认识事物的深度而言，它只反映了事物的表象。

六 假说

假说是依据已有的事实、理论，对事物做出一种猜测性的说明和尝试性的解答，是将认识从已知推向未知、变未知为已知的一种思维方式。

科学假说以科学事实、理论为依据，不是毫无根据的幻想。假说不应和事实相矛盾，假如和事实相矛盾，而且事实本身准确无误，这个假说原则上应该修正。

新的科学事实不断地支持假说，预示着假说对现有理论的突破。科学假说须满足逻辑自洽等条件。

假说预言了新的内容，这些内容并非是正确的，但必须是可检验的，即具有被证实或者证伪的可能性。凡是被证实的假说，都成为真理或者科学原理。

假说可以引导人们进行新的实验和新的观察，有助于发现新的事实。新理论最初往往都是以假说的形式出现的。

七 经验

无论是从过去的成功中学习怎样做，还是从过去的失败中知道不做什么，这些都源于经验。

经验只说明过去，不说明未来。经验都是过去式的，都是对过去的总结和提炼。

一次失败后，人们会过度吸取教训，往往采取和过去相反的策略应对下一次危机，这有可能导致新的问题。这是经验上的矫枉过正。

过去的制胜之道，今天可能成为致败因子。坚持遵循以往成功的、现在已经过时的方法做事，或者以昨天的成功经验作为今天的行动指南，结果不会令人满意。

经验会过期，每一代人都是时代的产物。墨守成规，不关注未来变化，这种思维模式使人落后。

根据历史经验形成的对未来的预期未必真实，尤其是在事物性质发生转折时。没有永远可靠的经验。当形势发生变化时，对过去的经验要清零，放弃输入。只有建立在逻辑上的才是正确的。

最有价值的经验也许是没有经验，一切从现实出发。

真正的经验大都是在挫折中取得的。挫折使人思索、求真、奋斗。一帆风顺不会带来真正的经验，好光景只会带来坏的经验。

不同的人生有不同的经验。只有把各种经验串起来使用，把经验和现实相结合，才能成为有用的经验。这是一切经验的经验。

八 反常

反常，即超出正常范围值或者是过去未曾出现过的现象。

在常规科学中，出现和范式预期相反的或者用范式解题屡屡失败的情况，均视为反常。

常规科学研究是一种在范式支配下的活动。范式提供解题的途径，可以使科学家少走弯路、快出成果。这种收敛式的研究是常规科学进步快的原因之一。

当范式遭遇无法解答的难题，或者某些事实无法解释，就形成了反常。确定反常存在后，人们会致力于对反常区域的扩大探索，调整范式以适应反常的存在并且同化反常，使其转化为预期的现象。

反常在科学发现方面具有重要作用。科学发现往往都始于反常。

古人认为，对事物的恒常状态，以正相御；当事物变化超出常规时，需要顺应改变以往正的控制方法，以奇相御。驾驭事物变化的正、奇方法，各有其位置，即正奇有位。

以奇相御、正奇有位，是古人对待反常的方法。

九 理性

理性，是依据知识和逻辑进行各种活动的意志和能力，从人类的认识、思维和实践活动中发展而来，指引人类的活动。

在求知的过程中，作为抽象能力的理性不可或缺。缺乏理性，单凭经验，不能抽象，不能推论，就无法获得有效的知识。

在不同的时间眺望夜空，人们会看到不同的星象位置，那么，天文学家们是怎么知道行星以椭圆形的轨道绕日运行的呢？夜空不会显示，这是运用理性思考，根据行星在不同时间的不同位置，用一条想象的线加以连接起来，从而画出行星的运行轨迹。这条轨迹不是通过直接经验得到的，而是观察和理性推论相结合的产物。

把零乱的感觉或者经验整理出条理来，必须借助于理性。

中国传统文化比较缺乏理性思维，依靠直觉感知世界，但有时人难免被现象欺骗。

我们容易在现实中寻找同一性，提炼简单的规律，但世界是复杂的，只用简单的条件反射是无法处理复杂事物的。

我们的认知和行为要源于理性。缺乏理性的人像一个梦游者，醒着，却没法正确地认知和行为。

社会运动单靠激情很难成功，有时激情越高，越容易失败。必须依凭理性，不断地提出假设，然后去求证，寻找一个可以演绎的逻辑答案。理性包含了逻辑证明的要素。

即使看对了结果，只要没有找到其中的理性和逻辑，这种结果也不具有持续性。

相信理性、相信逻辑，而不是相信奇迹。

十 归纳问题

经验知识可以通过归纳推论获得，归纳推论是经验论的基本方法。

英国哲学家大卫·休谟(David Hume)发现，这个方法并不可靠，归纳推论存在问题。

单个经验观察不管其数量有多大，即归纳的列举不管达到怎样大的数量，也不足以在逻辑上建立一个蕴涵无限制的全称陈述，或者说普遍规律。

人们观察到一个地方的天鹅是白色的，又观察到另一个地方的天鹅也是白色的，就可以做这样的归纳推论：一切天鹅都是白色的。谨慎一点的人不会如此匆忙地下结论，他还会耐心地观察更多地方的天鹅，比如观察到20个地方的天鹅都是白色的，然后才做类似的归纳推论。这能使他的结论具有逻辑的必然性吗？仍然不能。

即使他的观察后来扩大到更多的地方，也不能使他的归纳推论具有逻辑的必然性，使所得结论成为无限制的普遍真理，使这个陈述必然为真。他不能据此断言说：凡天鹅一定是白色的。他无法保证，今后绝对不会发现其他颜色的天鹅。

天鹅事例是这样，其他所有的经验真理同样如此。

十一　休谟结论

归纳推论，以过去的经验来推导未来，未来却不是过去的经验所能观察到的，谁也无法观察尚未发生的事情。

那么，为何经验论者还在使用归纳推论来推测未来发生的事呢？

因为过去的归纳推论都获得良好的效果，所以他们有理由继续使用归纳推论。

这种论证的方式本身就已经表明其谬误，我们用来证明归纳法的正当理由，本身也是一个归纳推论：我们相信归纳推论，因为归纳推论迄今为止是卓有成效的。

这是在用归纳法来证明归纳法，是一个循环论证，而循环论证是无效的。我们过去观察到的天鹅是白色的，我们现在观察到的天鹅也是白色的，所以我们期待并且愿意相信，在未来观察到的天鹅同样也会是白色的。

归纳推论既无逻辑根据，也无经验根据，经验科学中的每一个范围无限制的普遍规律都缺乏这两者的可靠支持。

这就是休谟得出的结论。

十二 概率理由

面对归纳问题，经验论者处于两难境地。

假如他是一个彻底的经验论者，他就不能承认依据经验前提所做的逻辑推论外的其他结论，他就不能进行归纳推论，须放弃这种预言未来的工具。如此，他只能进行演绎推论，而演绎推论所得的结论是不超出前提的，是包含在前提中的，当然他就不能预言未来。

假如他承认归纳推论，可是归纳推论的结论是不包含在前提中的，尽管前提有经验根据，但是结论不一定有经验根据。这样，他就失去了经验论的立场，放弃了经验论。这意味着彻底的经验论者无法获得预言未来的经验知识。

知识不能预言未来，那算是什么知识呢？知识需要指引人们未来的行动，就须包含可靠的预言。彻底的经验论者否认了得到这种知识的可能性。

归纳推论暴露了它既缺乏逻辑根据、又缺乏经验根据的根本性的缺陷，我们现在仍然继续使用，其最大的理由是概率。

当一种甲现象出现后，人们总是看到乙现象也随之出现，如此关联先后出现了几次、几十次，这时人们就会据此归纳出甲、乙现象之间存在因果关联。

归纳推论的结论不是确定的，只是概率计算范围内演算的结果。

归纳推论所建立的理论、所得到的知识和真理只具有概率的正确性，达不到演绎推论的那种必然性。

十三 因果概率

基于归纳推论只具有概率上的正确性这一事实，对传统因果律必须修正。

传统因果律，反映的是“如果……那么一定……”的关系。

这种因果律意味着一种无例外的普遍关系。经过对归纳法的研究证明，在经验世界范围内，事物变化并不存在无例外的普遍关系，因果律也不例外。

假如说因果律有例外的话，这种例外也是有一定之规的，只是发生在一个有一定范围的百分率之内的。

传统因果律应该被概率因果律替代，它不是“如果……那么一定……”的关系，而是“如果……那么在某一个百分率之内发生”的关系。

十四 频率极限

经验论的概率，是重复事件的相对频率，即作为总量的一个百分率而发生的频率。

统计一个事件的相对频率时，其百分率随着被观察事件的数量的不同而有所不同。随着数量的逐渐增加，百分率的变动渐趋变小。

一项调查，在一千人中得到了一个百分率，在五千人中得到了另一个百分率，增加到一万人时得到了又一个百分率。可以推测，这样继续增加下去，最终会达到一个相对不变的百分率，这个相对不变的百分率叫做频率极限。

我们对一个事物的统计总有一定的范围和限度。一般把最后所得到的百分率看作是频率极限，并且在此基础上建立起对整个事物的假设。

假如以后扩大调查范围，统计结果发现前面的数值不准确，我们就改正，用更准确的数值替代它。只要持续不断地扩大统计范围，我们就能越来越接近于频率极限，直至最后得到它，我们这样做的每一步，都是为了得到更为精确的结果。

十五　假设

古典经验论者认为，一切知识都是可以观察的，然而，他们没看到，能够被观察到的只限于过去和现在，未来是无法观察的。通过过去和现在的经验获得的知识，和须由未来的经验证明的预言性知识是有区别的。

他们认为，预言性知识可以由未来的经验来证明，于是就把预言性知识和已经由过去和现在的经验证明的知识看作是同一类型。

现代经验论者认识到这种混淆的错误。既然预言性知识和已经为经验证实的知识不属于同一类型，那么就要对预言性知识做出不同的解释，应该把未来的知识理解为在本质上是和过去的知识所不同的。

如何看待涉及未来的预言性知识呢？只要我们舍弃未来的知识和过去的知识必须相同的传统观念，将预言性知识看作是假设，一切就不成问题了。

将一切预言性知识都看作是假设，就不再需要追究归纳法必然为真的根据，可以要求的全部只是证明，归纳法可以求得一个好的假设就行了。频率极限已经为我们提供了这样的证明。

当然，一个可能为真的假设也只是一个假设而已。假如把假设视为真实，我们就会扩大假设的功能，即使一个合理的假设，也会给我们带来危害。

十六 可靠性

在我们现有的知识体系中，每种知识的可靠性是不同的。

一类知识是最可靠的，放诸世界而皆准，任何情境下都能保证有效。这类知识只有数学和逻辑，它们必然为真。

三类知识是最不可靠的，或者得自于传闻，或者承继传统，还有出自于想象和猜测。这样的知识犹如浮云飘聚，一吹即散。

比较可靠的是二类知识，它介于一类知识和三类知识之间。这类知识须依靠观察、假设、试验和求证才能成立，须依靠经验加以确证。它们不是必然的，而是或然的。

在这类最终须由经验证实的科学中，各门科学的知识或然率也高低不一，比如物理学和化学或然率较高，经济学和社会学或然率较低。尽管一切经验科学的目标无不向着最大可能的或然率趋进，尽可能接近于必然，但是它们不可能抵达必然。

十七　一类知识

一类知识只包括数学和逻辑，其他经验知识都不是。

经验知识、经验真理，只要它们加以推广，涉及到未来，只能将其看作是假设，尽管我们可以认为它们是目前为止最好的假设，但是它们对未来不是必然为真的。

由于对数学和逻辑必然性知识的痴迷，导致人们一心追求那样的必然性知识。至今这仍然是许多人的认识误区。有人认为，只有数学和逻辑的必然，才是可以接受的知识标准。

在人生领域，谈不上数学和逻辑的必然。假如在那里真的存在这种必然，人生一定是僵死的。人的过去、现在和未来早已安排妥当，只会依照确定的方式运行，人生还有意义吗？

宣扬这类必然学说的人，可能出于功利考虑，或者出于信仰追求，利用人们的这种心理动机，希图将数学和逻辑那种无可置疑的必然性转用到人生和社会的某些主张上来，以使人们对之也产生同样的确定感。这些主张可能不乏确凿的经验根据和严谨的推论力量，但是不可能具有数学和逻辑的必然。

这种追求必然性知识的痴迷心态，足以造成最危险的错误。我们只有从根本上破除这种心态，才能解放思想。

追求必然性知识，和现代科学观念不协调。在经验世界里，在现实人生中，我们无须必然性知识，也能心志坦然地走向未来。

第三节 变化

一 变化

一切处于变化中。

新事物从产生到毁灭，始终在持续更迭，谁也不能逃避这一事实。

变化没有高低、贵贱、好坏之分。变化就是变化，变化伴随着变化。一种变化延续另一种变化。给变化定性，区分有利或者有害，合适或者不合适，都是人的行为，都是根据人的价值观确定的。

事物表现出的特征总是暂时的。有些暂时的现象会持续很长的时间，甚至一代人或者几代人，以至于它们被视为天经地义、永恒不变的真理。

变化呈整体状态，在时空上表现出无限的特征。

一切皆变化而来。没有变化，便没有现在的一切，也不会有我们人类，要感谢变化、拥抱变化。

要么求变，要么灭亡，别无他途。鸡蛋从内打破是重生，从外打破是灭亡。

变化不是失去，也不是得到，在得失之间。许多人以为变化就是失去，千方百计固守已有事物，拒绝放手，不愿尝试新事物，结果将失去更多。

变化由变量推动。无穷的变量推动无穷的变化。变化不能先验地被限定。

变化是宇宙万物的总表现形态，是宇宙运行的总法则。

二 变道

万物从变化中来，又从变化中去，并且将永远变化下去。

如果没有人的因素，变化照样会发生。加入了人的因素，变化变得更趋复杂。

变化超出人的想象，原因就在于变量无限，其中一个变量的变化，会引起连串式的变化。

我们生活在一个变幻莫测的世界里。你我都试图拼命理解这个世界，却在尚未摸清其方向的情况下，带着疑惑，匆匆被世界的洪流裹挟而去。

世界令人敬畏之处就在于，变化常常不以人的预期发生，而以突然的、令人惊讶的方式发生。

没有一劳永逸的方法。变化是自然之道，你无法改变这一点。唯一可以改变的，就是改变自己，让自己去适应变化，根据变化而调整。

变是不变的法则，所有成功者都与时俱“变”。不要一味地用过去的经验去做事。

世界正在翻页，假如我们不够好奇和好学，就会像一只蚂蚁一样被压在过去的一页里。重要的不是世界将发生怎样的变化，而是你将采取怎样的对策来回应这种变化。

那种认为社会上发生的不愉快事情都是不能改变的，所以必须接受。这种消极的观点不会带来进步。

主动谋取变化，用前瞻性眼光看待世界的变化。

三　社会变化

社会秩序和社会关系是社会变化的对象，同时也构成社会变化的主线。

当今社会处于社会秩序和社会关系的双重变化中，单纯重复昨日之法，或者对昨日之法稍加改善，已经难以确保成功。

社会不存在真正的稳定，昨日稳定，可能今日飘摇，幻想一劳永逸地待在舒适区，迟早会失望。

社会变化是必然的，总是沿着既定的变化轨迹并且经过不可避免的必然性所预先规定的各个阶段而已。社会变化已经发生，更多的人还在刻舟求剑。

社会没有可以长期概括的恒久的齐一性，社会规律不变的假设会产生对社会的不适应。不为明天做准备的人不会有未来。

在社会变化时代，越稳定的越脆弱，拥有未来的是不断学习之人、不断求变之人，而非饱读经书之人、求稳之人。

社会变化比我们初看起来具有更多的内涵，比稳定和不变具有更清晰的可能性，我们要接受它。

四 一夜变成

世界会以一夜变成的方式显示，但世界不是一夜变成的。

我们一觉醒来，世界完全变了，这不太可能。

钟表上的时针是缓慢移动的，移动得如此之慢，你几乎感觉不到它的移动。

变化是缓慢的，平时很难察觉，过了一段时间，才发现世界已经不是原来的，这时我们感到震惊。我们要在世界变化前就捕捉到它的变化。

没有常驻不变。有些看似没有变化，其实变化已经发生。重大的变化往往是通过零碎的事物表现出来的。我们对变化的感觉常常慢于它的速度。

变化总是按照其自身的路径发生，不会停顿。

变化使我们所赋予的一切都成为了一种流行。在每个人的眼中，变化形象各不相同。在众多名称中隐藏自己，其实都是同一个。

我们往往只专注自己的人生轨迹，而对周围汇聚而来的变化不闻不问，以至于对周围的变化麻木不仁。

五 不可逆性

变化一旦发生，就不可能回到过去的状态。

变化的这种不可逆性，是由变量的不可逆性决定的。

变化不是由单一变量而是由综合变量引起的，是事物内部、外部、直接、间接等综合变量作用的结果。变量有一个集聚的过程，彼此交叉、彼此影响。一个微小变量的变化可以引起后面巨大的连串式的变化，可以激发许多变量的变化。

我们一旦行动，就会引发连锁变化。要消除这种变化，似乎不太可能，因为要消除的不是一个变量，而是许许多多变量。这是办不到的。收回更不可能。

一个谎言需要一百个谎言去圆它，还不一定圆得上。

人生最痛苦的不是做错了什么，而是明知道错了却没有机会改正。

我们对生态系统和社会系统做出改变，须采取平衡策略，以事后我们想恢复时还能恢复为限。

对变化保持敬畏，慎对自己的行为，给自己留下可以重新选择的余地，不把事情做绝，把路堵死。

现实也存在用可逆过程来处理的对象，但是这些可逆过程只有相对的意义。

密切关注变化的不可逆性，力避一切灾难性变化的发生。

六 多元化

世界越来越呈现出多元化的态势。变量越来越多,一个变量会带来新的变量,新的变量又会带来其他新的变量,呈现出变化的无限性。

新事物的产生都是变量相交而成就的,既是它自身的,也不是它自身的。由于变量无限多样,所以产生了无限多样的新事物。这是多元化法则的逻辑。

人类的诞生是多元化的产物。宇宙在多元化的演变中创造了人类,使人类具有其他物质没有的智力、想象力和创造力。

世界多元化丰富了生命的精彩。假如我们把所有的荒芜地带都变成了耕地和城市,生命会变得贫乏单调。这不仅在生态意义上如此,在美学意义上也如此。

多元化既是生命进化的特征,也是社会进步的特征。有了多元化,我们就可以接受自然界和社会的各种挑战,可以获得更多的生存和发展的机遇,可以成为展示人类智力和意志力的场所。

没有差异,没有新的变量,世界将是死水一潭。我们反对单极化的世界。这条路走不通,无论是政治单极化、经济单极化,还是军事单极化、文化单极化,都是走不通的路。

七 进化退化

进化退化，是事物变化的两种表现形式。

英国生物学家达尔文（Charles Robert Darwin）强调生物进化理论，认为生物通过生存斗争和自然选择，实现由低级到高级、由简单到复杂、由种类较少到种类繁多的进化过程。（《物种起源》）

达尔文的进化论揭示了生物变化的特征，在科学史上具有重要地位，科学同时还证实，生物除了进化现象外，还存在大量退化现象。

进化、退化相辅相成、对立统一。一方面，双方相互对立，表现物质系统演化的两个相反的方向；另一方面，双方相互包容，同存共生。生物很少有完全的进化、退化现象，或者表现为同步变化，或者表现为同一过程的两个阶段。

进化和退化都是自然变化，彼此之间没有高低贵贱之分。人为地推崇进化而贬低退化，是反自然的。大自然中的变化都是中性的，都是一种客观发生的过程，每一种生物在大自然中都有位置。

宇宙本身并没有价值观。

八 布朗运动

悬浮在液态或者气体中的微粒做无规则的运动，物理学称之为布朗运动。

假设布朗运动是宇宙运行的法则，那么事物运动就不具有单一的方向性，也不具有单一的进步性，大自然会以一种永不停息的、没有意义的布朗运动形式，从一种模式，不辨方向、没有目的地摇晃到下一种。

上述假设可能是正确的，那些认为事物从低级到高级的论点不完全科学。

美国科学史家托马斯·库恩（Thomas Samuel Kuhn）认为，现在的世界和白垩纪出现的哺乳动物和彗星撞击地球时恐龙灭绝一样，没有什么是必然发生的。没有理由假定，我们现在做的一定会比过去好。我们的工作（生活）除了成为历史，将变得什么也不是。（《科学革命的结构》）

我们一边在进步，一边在退步。以现有的观点来看，人类过去数万年所经历的变化具有进步的性质，其中科学技术起了至关重要的作用，但不能就此断定，人类将永远处于进步状态，科学技术将永远推动人类的进步。

人类的体质，尤其是生殖系统正在发生退化。虽然人的寿命在延长，但是不能遏制这种退化。先进的科学技术对人类的负面影响正在扩大。人类的未来很难确定。

中庸的重要性在于给人类的未来设定了一个框架，在这个框架内，确定人类生存和发展的合理空间，人类不至于偏离正常值太远。

九 结构

结构，整体中各部分的排列组合。

事物的结构决定事物的运行模式。不同的结构决定不同的运行模式。

根据最小阻力原则，在事物的现有结构中，我们可以发现事物的运行模式。反之，在不知道结构的情况下，可以通过研究事物的运行模式，追根溯源，找到事物的结构，可以从现有的蛛丝马迹中找到事物的结构。

一方从合作转向对抗，或者从一种政策转向另一种政策，这种转变的原因，外界可能并不清晰，其实是它的结构发生了改变。

世界上一些我们认为反常的事物，其实都有其自身的逻辑，蕴含着一些我们不知道的结构，这些结构决定了事物的运行模式。

不知道事物的结构，就无法判断出事物的运行模式，只有深入其里，知道了事物的结构，才能判断出事物的行为模式。

要改变事物的运行模式，就要创造条件改变事物的结构。没有改变结构前，要有效地改变运行模式几乎不可能。河水总是沿着河道流，在不改变河道前，是无法改变河水流向的，只有改变了河道，才能改变河水的流向。社会变化也如此，只有改变了社会的结构，社会才能发生改变。

有序的结构造就了有序的运行模式。东拼西凑无法搭建一个有序的世界。

看不清结构的变化，再“完美”的方案都是无效的。

十 独化说

中国自古以来就是个世俗化的国家。在一个地域如此广袤的国度,宗教不占重要位置,这在世界上十分罕见,而这种现象源于中国人自身的宇宙观。

东汉时期的王充反对“天地故生人”“天地故生物”的目的论,认为人和万物都是在自然环境中生成的,否认神造万物的目的论。(《论衡》)

西晋时期的郭象认为,事物变化是不假外力,自己发生的。事物的产生和变化,既没有外力的推动,也没有内在的根据。若要寻找根源,则推上去永无穷尽,无所结果,最后必然得出事物是自己产生和自己运动的独化之理。

郭象说:“故造物者无主而物各自造。物各自造而无所待,此天地之正也。”(《庄子注》)

独化说否定造物主的存在,把中国人的信仰引向了事物本身,引向了自身做事的能力,具有一定的积极作用。

十一 自然物

自然物比人造物具有更悠久的历史和更持久的适应性。

自然物有一个自然生成的过程，是由自然元素经过动态的群体选择而自发生成的，经历了漫长的生长期，其渊源可以追溯至万年、亿年前，内部都有复杂和精致的结构，很难复制。

人造物的时间相对较短，有的突然产生，缺少时间沉淀，相比于自然物而言，显得“简单”和“粗糙”，而且可以大批复制。

自然物有自然生成的环境。每种动物周围都有一个食物链，有一个生态系统，和周围事物联系紧密。

自然物有自然的定位、自然的功能，有其产生、生长、死亡的过程。即使死亡后也不会消失，会作为周围事物的养料融入其中，成为其他事物的一部分，继续留存于自然中。

自然物具有自我修复、自我净化、自我完善的功能。

十二 人造物

人造物的产生比自然物简单得多，周围不需要一个生态系统，可以随意按照人的意愿产生。

有些人造物和周围环境并不协调，在其丧失功能时，就成了一堆无用之物、一堆垃圾，很难和周围环境发生有机的联系。

人造物无法逃避自我衰退的命运：装潢豪华的房间长期不打扫，就难以入住；先进的机器长期不保养，就难以使用。

随着科技发展，人类会不断地制造出各种人造物，但是任何人造物都不可能比自然物有机、环保和协调。

智能机器是目前最高级的人造物。随着人工智能的“进化”，未来可能出现人和机器的“合并”。今天放在我们口袋里的手机，明天可能进入我们的血液和大脑里，把我们连接到云端，将引领我们完成现在无法完成的工作。即便如此，智能机器的人造物特征也没有改变，这项看似完美的技术将带来无法预测的后果。

有些人造物可能会造成人和自然关系的破坏，给人类带来意想不到的问题。

十三 野人

传说中神农架有野人。

当代也有学者认为，神农架有野人，并且积极投身其间，多方寻觅野人的踪迹。

神农架真的有野人吗?

这个争论好久的问题，用自然物法则可以推断出，神农架大概率无野人。

自然物法则认为，一个自然物的产生和发展是一个自然生成的过程，它周围有一个适合它的生态系统，有自己的种群、自己的食物链，和周围事物互动紧密。假如没有这些条件，一个自然物种就不可能凭空跃出。

神农架大概率无野人，就是因为在它的周围似乎没有一个适合它的生态系统，也没有发现野人和周围其他生物互动痕迹，更没有一个野人种群的存在。假如这些条件具备了，我们就可以推断野人的存在。

用自然物法则还可以推断，传说中喜马拉雅山区的雪怪、英国尼斯湖中的水怪，假如有一个适合它们的生态系统，传说就有可能被证实。

十四 预测

谁也没有预测未来的水晶球。

许多变化常和预测相反，它看不透、预先不能确定，我们只能在它产生后适应它。

根据线性思维来推导未来，认为过去和现在都发生的，未来还会发生。

在不是同等的变量下，用过去的记录来预测未来，并不靠谱。

有些看上去简单的事物，其实很复杂。未来不可控的因素太多，我们能确定的只是其中的一小部分，大部分难以确定。只有当我们有了敬畏感，才知道真正可控的是什么，也许就是顺其自然。

最好的预测只是预测，只具有将来实现的可能性，不是现实性。

预测本身会影响被预测事件。预测了一件事件，可以推进这件事件的发生，也可以阻止这件事件的发生。

预测可以作为一个变量，和其他变量一起共同作用于被预测事件。

十五　事前聪明

事前聪明，事情发生前就预见到并且做好应对的准备。

预防最终没有发生的灾害的预警成本，小于在灾害即将到来时仍然断言一切正常、毫无准备的成本。

好的理论能实现或者部分实现事前聪明，而不只是事后聪明。

许多理论在解释过去发生的事时头头是道，事后归因谬误，看似有完备的逻辑，并不意味着这种解释是正确的；有些看似正确，其实并非如此。理论有事后聪明的特征，事先的预测完全不准，事后却大肆解释、证明。

经济学家预测市场常常犯错，而且每天还在不停地预测。按照经济学家的预测来决定经济行为，将会输得很惨。决定市场的变量很多，其中有经济和政治因素，也有大量的非理性因素。预测市场非常困难。

未来是难以预测的，但过程是可以推导的。

对各种预测，不能只看它的结果，还要看它的预测依据和逻辑推导过程。只要具有充足的预测依据和逻辑推导过程，就能实现或者部分实现事前聪明。

十六 预测概率

预测有一个概率的问题。

未来是各种变量共同作用的结果。我们之所以无法准确预测地震，是因为无法搜集到地震时的所有变量；无法预测自己的死亡时间，是因为无法搜集到自己死亡时的所有变量。任何一项预测都不具有百分之百的可靠性。

有些人并未搜集到所有变量，却能准确地做出预测，有概率原因，带有侥幸的成分。

一个事物的未来被精确地预测到了，也不能证明我们有精确的预测能力。我们至多只能粗略地预测某个结果，不能精确地预测事物发展过程中的所有细节。

一些微观、局部、结构简单的事物，我们能做出比较准确的预测，而一些宏观、全局、结构复杂的事物，则难以做出准确的预测。

预测本质上是一种带有概率的猜谜游戏，再高明的专家所做的预测也无法保证它百分之百能实现。

只有未雨绸缪，做好长期应对各种可能性的准备，我们才能胸有成竹地走向未来。

十七 犯错

我们对预测没有必然的把握，但是还得做预测。

我们是依据预测而行动的，关键要懂得预测是会犯错的，预测者的权威是靠不住的，有时越是权威，带来的负面影响就越大。

历史上那些乌托邦式的预言，曾经冲着人性的弱点大行其道，造成乌托邦一时间的巨大声势，似乎预言即将实现。这只说明了人们对乌托邦愿望的兴奋。

1929 年，美国经济学家曾预言，股市将有一个光辉的前景，可是就在这一年的 10 月份，美国股市跌到了多年以来的最低点，成千上万的投资者倾家荡产。

面对复杂的世界，我们所知有限，我们必须谦虚一点，尝试着往前走。

1957 年，兰德公司创办人兰德被问及到 2000 年世界将会怎样，他回答道："只有一件事情能肯定，那就是今年出生的婴儿到那年将是 43 岁。"

"投资靠的不是预测，而是决策。"这句话不仅适用于投资领域，也适用于其他领域。我们不能把预测的功能拔得过高。

社会上很多事情都难以预测，我们不要过度痴迷于预测，要接受未知的状态，这有助于我们认识真相。

对预测保持清醒的认识，不仅避免了落空后带来的失望，也避免了社会资源的巨大浪费和无谓的牺牲。

十八 变局

任何局都是变局。一旦入局，就不可避免变化。

表面的歌舞升平下可能隐藏着战略变局，切不可以因为眼下无事而失去警觉。

变局的时代已经开始，只不过身在局中的人不知晓而已。他们还想用一张旧票登上今日的高铁，那肯定是不行的。

到了不得不变时才变，是远远不够的。要有预变之策、先变之略。现实永远比我们想象的多变。某事看上去没变，那是处于变化的潜伏期，不能掉以轻心。

须有整体变化观，提前预见多种情况，随时分析和应对各种变局。

世事难料，眼前总有太多猜不透的谜、看不懂的局。谁能以最快的速度认清变局，谁就能掌握主动权。

错误地将变局中的某些方面视作整个变局，会造成重大的失误。

只有在中庸模型里，才能发现隐藏的危机，才能认清变局。

入局不变，任何局都是死局。

十九 破局

破局，冲破自然、社会、他者或自我所设置的障碍。

狭义的局是圈套，广义的局是变化圈。

人生最重要的能力是破局能力，而不是陷在局里的回旋能力。拥有破局能力是个体发展的需要。不能破局，无法进入一个更大的平台，个体难以有大的发展。

认识自己，知道自己的长处和短处，以自己擅长的方式破局，不以自己的短处突围，否则一定失败。

路径依赖让我们待在舒适区里讨生活，很难有所作为。只有跳出舒适区，主动学习、谋变，才能破局。大多数人一生无法破局，因为跳不出舒适区，被局所困。

我们总是为自己的行为设限，总是在自己熟悉的环境里循环。只有解放思想、打开局限、提升维度，才能破局。

无局不能破。战略、战术应该作为一种破局之策而存在，顺应局势变化而变化。刻舟求剑，将失去破局能力，只能导致一再被动。

识破变局、击透变局，做一个游刃有余的破局棋手。

二十 渐进策略

远见者渐进、稳进。

问题可以被平滑处理。持续不断地采取一些微小的举措，这些举措单个来看不足以引人注目，然而所有的举措加在一起，就会发生整体性的变化。

通过本身不会招致强烈反应的措施来推动主张，按照总体战略来改变局势，是巧妙的，因为它难以应对，其目的不是开启对抗，而是制造既成事实。这是一种小步慢走、渐进到位的策略。推动一件事物，使用强制有力的手段，往往适得其反。

使一项不可接受的措施被接受，只能循序渐进推进。有些变化一步到位，必定引发对抗。在变化中使人感觉不到变化，这种变化才是高级变化。这便是渐进策略的意义。

渐进策略是实现变革的一项有效策略，只有在渐进策略无法达到目的时，才可以考虑其他策略。

渐进策略有助于社会秩序的连续，震动小，不会遭遇激烈的抵抗，能接纳多数社会成员的参与，实现平稳过渡。

实施渐进策略，要有一个大战略。只有在大战略下，才能有计划、有步骤地推进，否则难以奏效。

二十一 时变

时间改变一切，一切变化都在时间过程中发生。

有些人在时间中睡着了，以为全世界都进入了梦乡，却不知，一觉醒来，世界发生了巨变。

时间带来了新变量，绘制了一幅具有无限可能的变化蓝图。

微观世界中的变化发生于极短的时间，宏观世界和社会形态中的变化需要较长的时间。生物物种变异因素的积累则以千年、万年计算。没有一定的时间积累，变化不可能发生。

时间是变化的流程。时间越长，变化就越大。过去不是未来的可靠指标。

时间是变化的抛物线。事物不会停留在某一个时点上，随着时间的变化而移动。在足球比赛中，运动员总是奔向球将要去的地方。

一个事物即使外部没有变化，随着时间变化，内部也会发生变化。

世界上的事物从来不是一个简单的完成之物、一个简单的既定之物，而是一个持续不断的变化之物。

第四节 混沌

一　不确定性
二　无定式
三　模糊性
四　确定性
五　找确定性
六　混沌系统
七　初始条件
八　初始变量
九　中间点
十　拉弗曲线
十一　关系
十二　关系获益
十三　观念
十四　合理性
十五　同一性
十六　整合
十七　变通
十八　冒险
十九　对冲

一 不确定性

我们认为这事不会发生，实际上却发生了。这就是不确定性。

为了防止被砸而绕开梯子，却被车子撞到。这种意外后果定律发生在更大的背景下，经常会带来戏剧性的结果。这一定律在世界上频频发生并且影响我们的生活，反映了世界不确定性的一面。

人生之路犹如迷宫，充满了迷惘、彷徨以及种种的不确定性，没有人告诉你出路在哪里，只能自己去寻找。

当下的确定性无法决定未来的确定性。一切皆在变化、演绎中。你了解今天，很难了解明天。过去的方法，未来可能失效。

行动前需要确定性是很自然的，现实却是：那些不知道更多而快速行动的人抓住了机会。

最佳机会不会以鲜明的方式显示。行动前想知道更多的人反而失去了机会。在所有事实清楚后再行动的人很难成功。这是一种不确定性的智慧。

在法律领域，不确定性具有极大的威慑作用，对那些社会影响恶劣、民愤极大、危害国家巨大利益的罪犯，不管他们以怎样的形式出现，都应受到法律的制裁，只有这样，才能杜绝犯罪分子钻法律的空子，才能维护国家和人民的利益，才能终止某些人的犯罪行为。

世界充满了不确定性，正是这种不确定性才使人生有了意义。它为我们增加了人生的历程，为我们提供了新的平台。假如人生中都是预先设定好的程序，那么生活也就失去了意义。

被早早确定的人生不精彩，也不快乐。

二 无定式

无定式，通俗来讲即不按照常理出牌。

世界上没有常理牌路。初学围棋，老师教你围棋定式。比赛时千万不能按照定式下棋。棋面千变万化，只能按照变化了的棋面出招。固守定式反而受到束缚。

高手无定式。一些没有固定模式的创新者，只要依据环境的变化而变化自己，就能取得较好的成绩。

仗无定式，水无常形。事物很少有预设的定式路线，从一个站点出发，然后奔向预设的站点，这种简单模式不是宇宙的性格。

事物本身内在地存在着各种不确定性，没有纯粹的一方。

只能用无定式解释世界。那些自称拥有绝对真理的人，在实践中并未获得支持。

法无定法，唯其时物也。

三 模糊性

世界的不确定性，造成我们认识的模糊性。

机会已经来了，只有少数人抓住机会，大部分人还在等待。他们等待机会发出更清晰的信号，可是机会溜走了。

事物处于不确定性的状态，多数人是看不清方向的，那些敢于冒险的人反而会成功。

只有在极少的情况下，可以明显地看出事物的发展趋势，多数时间里模糊不清。

教科书都有标准答案，没有模糊性，学生只会寻找标准答案。这种教学模式难以激发学生的创造力。

世界本身没有标准答案，一切都是不确定的。我们可以从模糊性中去思索、假设、发现，获取创造性思维以及逻辑判断力。

两个并不含糊的词汇碰撞在一起，可能引发冲突。它源于现实的复杂性，总是隐含着，也表现出与生俱来的特征。模糊性有淡化边界、弱化矛盾的功能。假如种种矛盾得以充分显现，就会诱发更多的暴力和灾难。

科学发现都是从模糊到清晰，再到新的模糊的过程。

在求知的征途上，不必处处寻找确定性，模糊性恰恰反映了世界真实性的一面。

四 确定性

事物既有不确定性的一面，也有确定性的一面。这是事物的两面。

世界无限性构成了事物的不确定性，世界有限性构成了事物的确定性。世界是无限性和有限性的统一，也是不确定性和确定性的统一。

假如事物只有不确定性，没有确定性，人类的知识就毫无价值，理论就没有科学性。人类的知识、理论都是建立在确定性上的。正因为事物有确定性的一面，人类的知识才有价值，理论才有科学性。

事物的不确定性源于无限变量。无限变量对事物的作用是无限的。这种无限性，我们无法把握，这就构成了事物的不确定性。

由于存在近变量、显变量，存在变量交集、变量集聚、变量群，这些变量在一定的时空内是有限的，所以事物就呈现出一定的确定性。只要认识了这些有限变量，我们就能预测事物。这种预测是具有一定的确定性成分的。

五 找确定性

"唯一可以确定的事情就是根本不存在所谓的确定性。"

这句话揭示了事物普遍存在的不确定性。

把这句话绝对化,肯定是错的。

检验一句话是否正确,看它在什么背景下说的。在需要强调不确定性时说这句话是对的,在需要确定性时说这句话是错的。

假如人们对自己的行为信心满满,过分相信自己的判断,认为自己胜券在握,于是孤注一掷,没有考虑足够的风险,那是非常危险的,一旦发生黑天鹅事件,就会遭遇致命打击。这时强调这句话非常及时:"让人们去充分关注那些能反映不可避免的意外事件的主要指标,很有必要。"

假如情况正相反,人们对自己的行为没有信心,过分谨小慎微,不敢越雷池一步,不敢冒险,不敢作为,这时说这句话的效果肯定不好,应该增添另一句话:"唯一可以确定的事情就是人们普遍认为不确定性的地方肯定存在确定性。"

你不确定未来会发生什么,你会恐惧;你确定未来会发生什么,就会消除恐惧。

须对复杂问题做具体分析,从诸多不确定性中提炼出确定性,由此构建自己的逻辑支点。

我们的工作就是不断地寻找这种确定性。只有找到了这种确定性,我们才能正确地行动。

需要不确定性时拥抱不确定性,需要确定性时拥抱确定性。这就是中庸的态度。

六 混沌系统

混沌系统，依赖初始条件的内在变化系统。

混沌是事物的初始状态，体现出一种无规则的运动或者无序状态。

在一个混沌系统，初始状态下的微小差异，会随着新变量的加入而无限扩大。

一个危机的出现，是由初始的危机变量引发的。随着时间推移，这些变量会逐渐积攒能量，变得错综复杂，最后导致系统的全面失控。

在初始阶段，危机还没有定型，存在多种变化的可能性，决策者可以对危机局面发挥一定的控制和影响力。一旦超过某个升级点，决策者将束手无策。

危机刚刚露头时，只要审时度势，采取恰当的策略，就能消除危机。

在社会管理上，只要措施到位，就可以在可控的混沌系统里实现自己的目标。

七 初始条件

初始条件,初始时刻的运动须满足的初始状态。

初始条件对结果非常敏感。

初始迭代值的微小差异使得迭代一定次数后的结果无法说清楚了。初始值的信息经过若干次迭代消耗殆尽,结果和初始值没有关系了。系统的这种性质被称为系统敏感初始条件。

没有被我们注意到的某些非常小的事物(原因),日后可能产生重要的结果。我们可能认为,这种结果是由偶然性引起的,其实有一定的必然性。

开始很重要。只要一开始就稍稍倾向于某一方面,随着时间推移,这种倾向就会越来越明显,越来越按照当初所选的方向强化自身。

只要符合初始条件,起初一个小小的差异,最后演变成巨大的差异。差之毫厘,谬以千里。

对初始条件需要我们特别地回应和关注。

八 初始变量

人生充满了偶然性，用长远的眼光来看，初始变量在人生中的作用巨大，远远超乎我们的想象。

初始变量会集聚新变量，新变量又会集聚更多的新变量，经过长时间演变，最终导致巨大差异。这是变量乘法效应在起作用。

选择初始变量很重要。选择不同的初始变量，导致不同的结果。人生有几个关键时期的选择，专业、职业、朋友、配偶、生育、城市等，都是初始变量，这几个初始变量构成了人生的不同历程。

有些初始变量眼下尚未成为问题，但在未来可能会成为问题，对此须尽早关注，妥善处置，等待事发后再去处置就迟延了。

问题尚处于量变起点时就去化解，这比问题进入量变终点，即将发生质变时再去化解，不仅代价更小而且更容易成功。首次做坏事，就让他痛，后面的坏事可能不会再发生。最初时刻止损，损失是最小的。到了终了才思考初始变量，很多结果已经无力改变了。

一个习惯性的枷锁，开始时轻得难以察觉，后来却重得无法摆脱。

一旦选错了初始变量，即使之后花 10 倍的代价，也难以挽回损失。

不管做什么，不要发生自己不希望看到的结局，初始选择很重要。

上工治未病，不治已病。不能等生了大病再去治疗。一分预防胜似十分治疗。

对初始变量要施加自己最大的影响力。把自己塑造成初始变量的最佳组合者。

九 中间点

中间点，两个事物之间或者一个事物正反两方面之间的居中点。

中间点有着神奇的功能，它联系着两端。事物运动受中间点掣肘，在中间点牵引下，两端相通。

把自己定位在两端之间的中间点，对自己最有利。

在一条高速公路上建一家服务站，最佳地点是这条路的中间点。

寻找中间点是中庸的要求。只有找到了中间点，才能丈量极端，才能知晓哪些是极端，哪些是中庸，才能对事物合理排序、不偏不倚。

我们的出发点可能由文化决定，我们所走的路可能受个人偏好影响，但是这个中间点始终存在。

中间点没有固定位置，处于不断的变化中。事物围绕中间点展开，随着中间点的移动而移动。中间点起着承上启下的作用，是事物稳定的标志，而极点是不稳定的。

中间点常常被掩盖起来，须通过逻辑推理等方法才能找到它。

我们需要中间点。由于中间点缺失，我们陷入了无序和不稳定的状态。只有从中间点出发，我们才能抵达理想的目的地。

十 拉弗曲线

美国经济学家阿瑟·拉弗(Arthur Betz Laffer)认为,税率一旦超过某个点,个人和企业难以承受,人们的工作动机就会减弱,转而寻找逃避赋税的办法,生产以节税为动机,而不再以多产为目标,政府课税增加反而减少所得收益。在到达税率的顶点前,税率越高收益越多;过了顶点,税率越高收益反而递减。

描述这一过程的曲线被称为拉弗曲线,它的形状看起来像一座山峰。

拉弗只提出了一条曲线,并没有提出最佳税率指数。到目前为止,还没有人提出对经济影响最小的中性税率。

中性税率就是赋税上的中间点。这个点,理论上存在,现实中很难把握。

中间点难以用具体的方式或者数字来表述,它随着环境的变化而变化,没有固定的标准。

中国人用中庸解决了这个问题,提出了适可而止,西方人提出了黄金分割线。这只是一种父兄式的告诫,远非逻辑证明。

十一 关系

一切处于关系中，没有无关系的事物。

一些看似毫无关系的事物，背后都有其复杂的关系。

事物之间的关系推动事物之间的变化，有怎样的关系，就有怎样的变化。

不同事物之间形成不同的关系，其中一个关系变化了，另一个关系也随之变化。

我们把不同的事物放在不同的关系中，给予不同的关注和区别，从中找出它们之间的某种联系。

事物没有前定的本质，事物的本质是由它和周围环境、具体情境下的各种关系决定的。

关系种类很多，有物物关系、人际关系、天人关系、对立关系、同一关系、因果关系等。

只有厘清了各种关系以及关系背后的逻辑，才能厘清各种事物。

十二 关系获益

建立合作关系的只有双方不断地获益，交往才能继续下去。

他们不是我们最信赖的伙伴，依然是我们最重要的伙伴，因为我们可以从这种关系中获益。商场如此，情场如此，朋友之间也如此。

婚姻就是一种获益关系，只有彼此获益，婚姻才能稳定。

关系获益其实是变量获益。我们不断地寻找自己的有益关系，就是在寻找自己的有益变量。只有实现了关系获益，才能实现变量获益，有益变量才会长久地存在，才能实现自身利益最大化的生命目的。

人和人之间通过关系联系起来，关系通过变量实现。双方都以对方的变量作为自己的变量而存在。

聪明人总是让对方获益，只有对方获益了，双方关系才能继续下去。一些人“聪明”过度，在交往中只贪图自己获益而不顾及对方获益，最终走向反面。

只有做出有益于他人的行为，我们才能得到自己想要的那种交互利益。

由关系获益产生的交互利益可能无法同时出现，有的处于不确定的状态，双方的回馈存在时间上的落差，但是在整体上，这种由因果导致的关系获益仍然存在。

建立某种牢固而持久的关系，先寻找双方利益的交汇点，然后把这种利益从物质层次上升到精神层次。精神层次是一种高层次的需求。

我们不应将他人、他物作为客体的集合加以滥用，应作为主体的团聚，作为自身的一部分加以爱惜。

关系获益不仅体现在个人层次上，也体现在集体和国家层次上。

十三 观念

我们不是生活在纯粹的自然状态下，而是生活在观念世界中。有怎样的观念，就有怎样的状态。

真正让我们喜欢或者厌恶的事物可能不是事物本身，而是我们的观念。

我们头脑中的许多观念，原来以为是自己的，其实并非如此，都是主流社会潜移默化传授的。自己觉得独立的想法，可能是社会上正在流行的思潮。

对自己固有的观念，运用中庸和逻辑去梳理，看哪些是合理的，哪些是不合理的，保留合理的，摒弃不合理的。

一些看似合情合理却背离实际的观念会带来危害。通过追踪实际结果来解读观念。许多错误观念正以正确的外观在流行。

我们都在品尝自己的观念结果。观念改变了，一切都将改变。一观念到天上，一观念到地下。我们的观念在哪里，我们的事业就在哪里。只有在观念上将一件事悟透，才能做好这件事。

成功的最大障碍通常是观念之锁，而不是事实之锁。破除固有的观念，可以见到不同的世界。给人正确的观念比给人金钱、能力重要。

不同的观念由不同的思维方式决定。只有改变思维方式，才能改变观念。

十四 合理性

事物运动都是自然发生的过程,不存在合理性的问题。

合理性是人的概念,体现了人的价值判断。

对人有利的皆被人视为合理的,具有合理性;对人有害的则被人视为不合理的,具有不合理性。对前者大力提倡,对后者坚决反对。这是人性的理想诉求。人的行为按照合理性展开。

理论研究的目的是寻求合理性,造福人类。理论不能只停留在对现象的解释上,而且要揭示事物存在的各种条件,分析这些条件的合理性,并且探究如何改变这些条件,以满足人类合理需求,实现人类建立合理社会的目的。

对人类社会的合理性分析,不能简单地运用自然主义法则,把存在的都视为合理的。人类有权利按照人类的价值判断,把存在的划分为合理的或者不合理的。

这种划分不应该由个体主导,应该以全体人民的福祉为基础,否则会招致人民反对。

我们有权利为了合理性而实现自身生命的繁荣。

自然主义的谬误,在于试图用自然主义法则替代具有规范意义的价值判断。价值判断体现了人类认识和改造世界的合理途径,体现了人类对未来社会的合理追求。

在人类社会中推行自然主义,其实就是否定人类合理性的存在、否定人类用合理性来认识和改造世界的权利,把人类社会重新拉回到原始状态,实行由力量结构决定的野蛮的丛林法则。

十五 同一性

同一性，两端之间的不可分割性、对立面之间的连接性或者两种事物同样的性质。

同一性由“中”而生，“中”是同一性的根据。

和同一性相对的是差异性、对立性。事物有了差异、对立，彼此之间分离、对抗才有可能。

同一性和差异性、对立性构成了事物的整体性质。

世界上没有“分歧终端器”。由于事物之间存在同一性，分歧只源于不同的利益或者观念，只要顾及双方的利益或者改变观念，彼此之间就能获得最大的公约数。

人为地突出矛盾、对抗并不明智，不应鼓励、提倡，这会带来危害。有些激烈的矛盾、对抗并不存在，许多是人为的，是由人的偏激情绪导致的。有的理论为这种错误概念和行为辩护，是极为有害的。

最佳行为状态是融合、合作，而不是矛盾、对抗。矛盾、对抗只是所有行为中的一部分，不是绝对的，两个极端之间都有同一性，其中一个受损，必然影响到另一个。任何损害他人、他物的行为，最终必定损害到自己。

十六 整合

整合，把不同事物组合为有序的整体。

事物有了同一性，事物之间的整合便有了可能。

已经形成的系统或者未形成的系统的各部分形成新的系统，都要经过整合。整合的过程就是变量重组的过程。

通过整合，系统能提高自身的组织化水平，可以实现某种结果或者达到某种有序的状态。

整合的意义在于将零散的要素组合在一起，形成有价值、有效率的整体。把不同价值的事物整合起来，使本来无意义的事物获得了意义，使一些单个看来无效果或者效果不大的事物获得超值效果。

无论是治理国家还是过好个人的一生，成功者都是一个整合者。

重要的是整合各方的力量，以形成对自己有用的、最大的合力。

我们现在要做的，可能不是开辟新的路线，而是对现有资源的整合。

十七　变通

变通，对规则做非原则性的改变。

事从不变原则不可取，这会陷入停止思考，导致选择范围变窄。

规则让人享受行为的连贯，让大家共同遵守，其优势不在于它是我们所渴望的，而在于它的固定。固定的往往滞后于变化，随着环境的变化而显得落后，最终将被迫改变。

在中庸模型里，规则可以改变。中庸谋求的是变通、适应。中庸不会固守规则、死守规则，会在遵守规则、服从规则的基础上，根据环境的变化，对规则做出非原则性的改变。

把规则不当规则会导致失败，把规则太当规则也会导致失败。

当进则进，当退则退；当上则上，当下则下。当进时不进、当上时不上，只会错失良机。

变通不是盲动、乱动，而是一种有序的、节制的改变。

对规则的变通，要顾及方方面面、前前后后的利益。面对一次可能改变自己命运的机会，多数人不会想到规则意识，中庸是想到的。中庸决不会贸然改变规则。当改变规则可能给他人或者社会带来灾难，尽管眼前利益巨大，也决不会改变规则。

对规则的变通须和原则结合起来。原则是根本性的规则，是不能变通的。原则维系着我们的根本利益。一旦违背了原则，所有的变通都将带来灾难。

变通之道是适应之道、生命之道。

十八 冒险

冒险，不顾危险地进行某种活动。

在中庸看来，冒险就是采取极端手段做事。中庸不会鼓励冒险手段来达到目的。只有在运用了各种常规手段仍然无效后，才可以尝试性地采取冒险手段。

中庸不主张对规则过度改变，对规则过度改变具有风险，是一种冒险。冒险不是活法。

只知原则不知变通，那不是中，而是固执；只知变通不知原则，那也不是中，而是冒险。中须把原则和变通结合起来。

在判断过度、不及、适中时，须考虑行为者主体当时的实际情况，不轻易寻找绝对标准，不趋于极端。

中庸不是不冷不热的平庸行为，不是没有原则的“骑墙派”，更不是冒险。它追求自身利益的最大化，有自己独立的思想。真正做到中庸其实是很难的。

十九 对冲

对冲，以追求确定、摆脱侥幸、实现安全边际的一种反向操作方法。

对冲是对风险的冲刷，只有具备了对冲才可冒险。没有对冲，冒险可能带来巨大的风险。

对冲不是完全规避风险。风险是无法规避的。没有风险就没有超额收益。规避一切风险，结果一定是随大流式的平庸。

在冒险的时候，须有对冲思维和对冲策略。这样可以规避不想承受的风险，留下可以承受的风险，把风险降到最低。

对冲是对极端的一种阻隔，通过反向操作，不至于极端走得太远。

最早运用对冲策略的是金融界。为了减少投资风险，同时做两笔行情相关、方向相反、数量相当、盈亏相抵的交易。

对冲体现了全局思维，是对全局的一种把握，把局部行为上升为全局行为。

第五节

量变和质变

一　量变
二　转折点
三　界限
四　大量作用
五　质变
六　新质
七　新态
八　度
九　用度
十　中间状态
十一　蛋鸡同生
十二　边缘
十三　置身边缘
十四　淘汰
十五　两端同源
十六　可变中庸
十七　自我定位
十八　正态分布

一 量变

量变，量的增加或者减少不会引起质的变化，事物仍然在原来的轨道上运行，和质变相对。

量是事物固有的规定性，体现一事物所占空间的大小、存在的时间、运动的快慢、发展的速度、排列的次序等。

事物变化都从量变开始，没有量变就没有质变。

量变、质变相互渗透，表现出复杂的相互关系。

总的量变过程中存在部分质变，质变过程中也存在部分量变。

事物质变前，总体上处于量变阶段，但是在部分区域或者阶段性的时点上可能出现部分质变。

部分质变促进总的量变，并且为质变创造条件。

二 转折点

一般情况下的量变和临近转折点的量变，是两种不同的量变。

前者是事物自身存在的延续和渐进变化，量增或者量减不会引起质的稳定性的破坏，事物的质仍保持着稳定的状态。

后者是事物骤变前的变化，量增或者量减会引起质的稳定性的破坏，会发生一事物向其他事物的转化，从而产生质变。

临近转折点的量变，即引起质变的量变，是压垮骆驼的最后一根稻草。

物体重心稳定时，外力轻轻一推，是改变不了它的移动方向的；重心不稳时，外力轻轻一推，就可以改变它的移动方向。

将较小的重量不断地加在已经保持平衡的物体上，这些小量最终会打破平衡，使物体倾倒崩塌。

最终击倒你的，不一定是一记重拳，而是处在转折点上的一指。

在社会领域，少数人的不当行为超越了某个转折点，就会对社会造成严重后果。

决定一个人成就的，大都也在转折点上。成功者都在转折点上寻找机会。

事物处于顶点或者低谷时，预示着将出现一个转折点。

转折点既是事物前阶段量变的结束，又是新阶段量变的开端，起着承上启下的作用。只有掌握了转折点，才能掌握事物变化的契机。

三 界限

事物在界限内是自己的，越过界限，一事物就转化为他事物。即使坚硬的钢铁，达到一定的温度会熔化。

只要越过界限，事态就会发生急剧变化，进入到完全不同的状态。

关注界限，不能逾越给我们带来破坏作用的界限。把事态控制在“滚烫但不沸腾”的状态。

打擦边球可以适当用力，但是谨防用力过度，避免球出界。只有在界限内活动，才能安心地去做自己的事。没有界限感的关系会非常可怕。

有些界限是清晰的，有些是模糊的，但是依然存在界限的功能。

不要开放自己过多的界限，不要吸纳过多的共生关系，否则会不断消耗自己的能量。做人做事，界限必须明晰。只有明晰了界限，才不会做出逾越界限的事。

西方国家的文明规则只在他们界内有效，界外自然失效，表现出双重标准。我们有些人却放弃了界限，甚至以崇拜的心态走向世界，是很危险的。

人类的活动始终存在着不能逾越的界限，比如发动核战争等，一旦逾越，就会遭致灭顶之灾。要心怀敬畏，行有所止。

四 大量作用

人们一般重质而轻量，把质放在量的前面。

量的重要性有时远远大于质的重要性。没有一定的量，许多事物不可能存在，也无从发展壮大。

只有在一定规模的数量下，才能诱发自然选择，实现定向突变，新事物才有概率发生。

对事物起重要作用的是大量。只有大量才能对事物起重要作用，甚至是决定性作用。小量作用小，可以忽略不计。一个种群的存在，必须有一定量的支持，否则不成种群。大量是保证种群生存所必需的。

大量一旦形成，对周围事物就会产生巨大影响。周围小量只能跟随大量而行。大量只有稳步前行，小量才能顺势而行。

在投资领域，量的大小直接决定投资的成败。牛市里投入小量资金，赚不到多少钱，只有投入大把资金，才能赢得盆满钵盈。反之，熊市里投入大把资金，利用杠杆炒股，损失一定很大，甚至是灭顶之灾。

走在正确的路上并非我们想象的那么重要，重要的是走在正确的路上，要有足够的体量。这应该成为投资者或者想改变命运者的经典之语。

历史上的伟人都是走在正确的路上，敢于全身心投入、拼上性命的搏击之人。

五 质变

质变，事物根本性质的变化，从一种质态向另一种质态的飞跃，亦称突变。

新变量达到一定的程度，就会发生质变。

不同变量发生冲突，无法调和，最后双方的力量对比发生了根本性变化，原来处于被支配地位的非主要变量上升为主要变量，一事物就转化为他事物了。

在质变过程中，新质首先在旧质的部分范围内出现，然后在数量上迅速扩张，直至占领全局，完成质变。

质变中量的扩张由个别到部分，再到全体，它同量变、量变过程中的部分质变不同。质变中量的扩张是在质变过程中发生的，这种量的扩张的每一步都产生新质。

质变具有重要作用。只有经过质变，旧事物才会灭亡，新事物才会诞生。

六 新质

新质，新事物产生的基质，以新变量的形式出现。

只有新质才能带领事物突破，实现事物质变。

新事物的产生都是由于出现了新变量。只有出现了新变量，才能产生新事物。新变量是在旧变量基础上产生的。我们看到的新事物突然产生，是因为我们不了解新变量；只有研究了新变量，才能了解新事物产生的过程。

社会历史的重复只是表象，真正的重复是不可能的，需观察社会的新元素。

物质世界的更新只是对物质元素新的排列和组合，人类社会的更新还糅合了精神、文化、制度等因素，是一种内在的、更高层次的更新。

出现新质，实现质变或者突破，无论对国家还是对个人，都相当重要。事物只有出现了新质，实现了质变或者突破，才会进步，才会发展。

有些质的飞跃在客观上已经完成，我们可能还不知道。

成功学上的一万小时定律应有新质的补充。没有新质，长时间的反复练习并非必然导向成功。

七 新态

新态，对新事物的态度。

事物发生了变化，尤其是新质的变化，中庸如何处置呢?

首先，既跟进又保持距离。当事物出现新的变化时，事物原来的范围扩大了，原来的两端发生了改变，这时中庸会调整、扩大自己的范围；同时又和新事物保持一定的距离，仔细观察它，看它走向何处，未来会发生哪些变化。在不同事物之间，中庸含义不同，没有固定标准，随事物的变化而变化。

其次，协调矛盾。新事物的出现会和旧事物发生矛盾，中庸会协调它们之间的矛盾，让双方向自己靠拢，或者推导旧事物向新事物靠拢。此时，新事物发展越来越快，直径范围不断扩大，迫使中庸位置不断上移，旧事物距离中庸愈发遥远，旧事物有向中庸靠近的需要。假如旧事物不变化，就会加速灭亡，成为新事物的随葬品。

新事物出现之初，中庸不会贸然支持。当发现这种新变化不会成为一种趋势，只是一种时髦，不会替代原来的事物，中庸就会把它拉拽回来，让事物恢复常态。

八 度

度，事物变化的程度、数量。

在一定程度下或者在一定数量下，事物能保持自己质的稳定性，反之事物的性质就会发生改变，它的界限就是度。

事物都有自己的度。事物变化在一个度内，量的增减不会改变原来的质。超过了这个度，量变就会引起质变，破坏原来的度而建立新的度。度的两端的数量的极限称为极端，是一定质所能容纳的量的活动范围的上限和下限。

把握度具有重要意义。只有行为过度了，它才成为一个问题。有些行为的对错往往取决于程度，并非本质上是错的，或者绝对是错的。

事物两端的共同性有各种形式，须从度的视角考量，并且参与其中，不以非此即彼的简单的方式考量。

美德被施之过度会产生罪恶。过度美德和过度罪恶一样能毁掉一个民族。

凡是过度的事物，不管是好意还是恶意，都是不妥当的。

九 用度

用度，对度的运用。

中庸是用度的哲学，表现为做事的力度、节奏和范围。

做事既要有力度，又要有节奏，快了不行，慢了也不行，要恰到好处，同时也要有范围。只有掌握了度，才能进退自如。

现实中的度很难把握。

两个极端之间存在矫枉过正，就算明白了这一点，我们也不会承认，因为这对我们不利，对方可能会出来指责我们已经超过了那个度。人们总是把一些所谓正面的价值观作为标签贴在各类事物上，作为我们的做事方向。

真理和谬误、美和丑之间往往只有一步之隔。

用度在经济学上表现为边际选择。经济问题通常不是非此即彼，而是“多一点”还是“少一点”的比较，是对边际成本和收益的权衡。

在一些领域，要想成功，须将事情做到极致，而在另一些领域可能正相反。

对度的拿捏可能是最重要的。认为极致可以替代多方面的融合，可以无限拔高某个方面，那是危险的。

十 中间状态

有两种中间状态，一种是事物诞生前的中间状态，另一种是事物诞生后两个极端之间的中间状态。

前一种中间状态是事物诞生的摇篮，是事物诞生时的初始状态，具有净化和提升事物的功能。

事物的生成是由非存在到存在，或者由某种质到另一种质的过程。事物在自身中都包含了存在和非存在。事物的生成是存在，也是非存在的现实。非存在向存在转化，就是事物的生成。此时的中间状态是事物存在和非存在融合时的状态。

后一种中间状态是事物运动的中间区域，事物以这个区域为中心，在两端之间做周期性的运动。此时的中间状态是稳定的，反之则是不稳定的。

一些国家在走向富裕的过程中，由于没有处理好收入分配问题，贫者愈贫，富者愈富，中间缺乏一个稳定的中产阶层，由此引发了社会的不稳定。

在一个组织里，组织者只有平衡每个人的利益，不过多地偏向于某些人，保持中间状态，组织才能趋于稳定。

十一　蛋鸡同生

先有蛋还是先有鸡呢?

按照物由中生、中生两端原理,蛋和鸡应该同时出现。

在蛋、鸡出现前,首先有了蛋、鸡的中间状态,即非蛋非鸡的状态,随着中的孕育,蛋、鸡的性状逐渐显现,出现了蛋、鸡的初始形态。后来经过长时间的演变,最后才出现了现在的蛋、鸡的形态。

英国科学家约翰·布鲁克菲尔德认为,第一只鸡应该来自于某只蛋,这只蛋则是另外一种禽类基因变异后,产生了鸡的DNA结构的产物。

基因变异只有在混沌、模糊、随机状态中产生,这种状态就是中状态。

蛋由中生、蛋中有鸡说明蛋鸡同生原理。

世界上对立的两端都是这样产生的。凡是对立的事物,最初阶段都是你中有我、我中有你。中是两端的母体。

中内涵丰富,是对立两端的连接点。表面上截然相反的两端,实际上都具有某种共同点。

我们无须解决谁先谁后的问题,不管怎样,自相矛盾和模糊性之间的关系如同生意场上的搭档,没有其中的一个,另一个也不会存在;考虑了其中的一个,同时也得考虑另一个。我们要关注的是对现实的理解,这种理解在我们谈论它的样式时常常以模糊性显现。

十二 边缘

事物在中间状态诞生后，以中为原点，向两端移动，趋向边缘。

边缘表现为极端，它有强、弱之别。

一般说的边缘是指弱边缘，即处于落后、危险的边缘。处于弱边缘的个体，各种不利的变量向其移动，一些不利的因素会突然闪现，个体处于孤立无援的境地，就像被逼到墙角，随时会被墙撞到。

边缘也是一种旁置，即不断地把老化、陈旧、落后的事物推到了旁边，使之成为次要的事物，失去其对整体的影响力。

由边缘导致的贫困、落后具有很强的代际传递性，要通过变革来改变。

不变化将沦为边缘人或者边缘国家，从而面临远离社会或者世界中心地带的危险。

中庸主张变化，最怕被边缘化、被旁置，最怕走向极端。一成不变不是它的性格。

中庸会推动事物从边缘向中心地带的转移。

十三　置身边缘

事物最活跃的部分大都在边缘，变化往往从边缘开始。

阻止你拿大牌的，不是你拿了小牌，而是拿了中牌。拿了小牌，你可能扔了重选，拿了中牌，你很难做出重选的决定。有才华的人拿到一副还不赖的牌，并非是好事。

有些人身处边缘，往往出于无奈。当我们处于舞台中心或者次中心时，应该有意识地把自己置身边缘、感受边缘。这对我们有益处。

处于舞台中心，囿于自身的位置，往往看不到真相。只有置身边缘，站在远离中心的边缘位置，才能细细地观察各种人和事，才能看到真相。微服私访可以看到更多的真相。

处于舞台中心，鲜花簇拥，易生懒惰、骄傲，只有置身边缘，才能激发自己的斗志和生命力。

无论是狼群在身边徘徊时的搏斗，还是背水一战、破釜沉舟都是置身边缘的求生举动。

只有置身边缘，才能看清世界、看清自我。

十四 淘汰

中庸使个体避免边缘，处于边缘是相当危险的。

甲、乙两人去深山玩，遇到一头熊。甲弯腰把鞋带系好，做好逃跑的准备。

乙说："你这样是没用的，你不可能跑得比熊快。"

甲说："我不需要跑得比熊快，我只要跑得比你快就行了。"

乙最后被淘汰。在熊、甲、乙三者的博弈中，乙处于边缘，最弱势，最后只能被淘汰。

处于边缘的个体会被社会无情地淘汰，失去生存空间。

淘汰是残酷的，当你淘汰了比你更弱的个体后，接下来你也将被淘汰。甲的行为并不可取。只有保护弱者，和弱者共同抗衡强者，自己才能获得最后的生存空间。

中庸一直关注两端，既要防止自身被边缘化，也要全力保护弱者。每个人都有沦为弱者的可能，即使强者也有沦为弱者的可能，保护弱者就是保护自己。

十五 两端同源

两端源于中,中生两端,中是两端的母体。

由中而生的两端包含诸多共同因素,它们相互依存、贯通、发展。

没有一端是多余的,一端对另一端起着替代者和互补者的作用。把他人视为敌人而消灭之,其实也限制了自己的发展;他人被消灭后,自己也失去了存在的理由。

当今世界国和国之间的矛盾异常突出,而且呈愈演愈烈之态,毫无和解的可能。摆脱宿怨,必须认识到我们的敌人是我们的同类,和我们有着共同的利益,只有对方发展了,我们才能发展,对方和我们休戚与共。个人、企业、国家的命运最终都离不开这种和合律动。

中庸倡导的执两用中、扣其两端的执中理念,最终能化解人类之间的矛盾。

中庸赞美两端之间的中道,在对两端的洞察和理解中达到了一种和谐的境界。

那种主张"在同类的毁灭中寻找自己最大快乐"的价值观,是对哲学和人类命运共同体的扭曲。

十六 可变中庸

中庸寻求两端之间的中间位置，视中间位置为最佳位置，不偏不倚，不左不右。中间位置就是中庸位置。

中庸位置是变化的。当两端变化时，中庸位置也要随之变化，否则会被边缘化，将处于极端位置。这是中庸要极力避免的，这就是可变中庸。

与此对应的是不变中庸，即原来的两端没有变化，中庸位置也不变化。不变中庸是相对的，没有绝对不变的中庸。

中庸作为一种理性行为和选择最佳策略的模糊方法始终处于不断的变化中。

十七　自我定位

在两端之间设置一条曲线，自我定位于曲线上的某一个点。

自我定位是个体找到本我的关键。

看到很多机会，其中哪个机会属于自己呢？这是机会定位；发现很多目标，其中哪个目标适合自己呢？这是目标定位。此外，还有专业定位、就业定位、能力定位、婚姻定位等。

有了自我定位，大致就能预测自己未来的走向，就能在两端之间运筹帷幄。

正确的自我定位并非在一个极端或者另一个极端，而是两个极端之间的中间状态。

自我定位不是固定不变的。事物会沿着两端之间的曲线，朝向这一端或者那一端移动。两端变化会影响自己的定位。

自我定位和时空有关，在不同的时空里有不同的定位，不能超越时空去做事。

自我定位一旦出错，必然会受到多方面的“修理”。

自我定位要和行动相结合，否则没有意义。

十八 正态分布

两端移动方式以及分布有不同的形态，有的平缓，有的剧烈。以数学术语划分，表现为正态分布和非正态分布。

正态分布具有集中性、对称性、均匀变动性等特征。

两端移动速度缓慢渐进，其高峰位于中间的均线位置，左右大致对称，并且逐渐均匀下降，表现为量变，有明显的规律可循。

非正态分布具有非集中性、非对称性、非均匀变动性等特征。

两端移动方式常常以极端的形式完成，以突然爆发的形式出现，大大偏离了中间值，出现了更高的峰值和极端态，尾部更“丰满”，造成的破坏力更大，甚至超乎我们的想象。这在自然界表现于地震、台风、火山爆发，在社会领域表现于战争、政变、股市崩盘。

第六节

两端

一 极端

把能力放在运用我们的智慧上，而不是走极端上。

走到极端都不是好事，它会缓慢而稳步地被边缘化。

极端行为难以长期维持，而且要付出高昂的代价。

一种理论表现为极端，正是因为它要反对的也是一种极端，就像钟摆一样老是摆来摆去，而且摆动的幅度越大就越受人关注。不要把极端当作深刻。

个体处于顶峰状态，其实就是处于极端状态，表现出的往往都是极端，还会诱发更多次生极端。应该收起荣誉，谨慎地寻找自己的不足之处，继续向他人学习，创造新的业绩。

不要成为这样的人：到达顶峰时变得自大和极端。

现实中我们会遭遇各种极端，使我们不能按照原来的方式做事，由于不知道如何应对，因而采取了同样的极端行为。极端对极端是一种更危险的行为。

极端也许是一场重生，更像一场豪赌，即使付出了一生的辛劳，也无法掌控自己的命运。

走进中庸，在两端之间不偏不倚，就能避免极端。避免极端比有了极端再去消除要容易得多。

最危险的是对两个极端一无所知，不知不觉地站在极端的位置上。

二 极端原因

事物走向极端，是内变量本身的需要。事物只有充分地走向极端，才能充分地表现自己，才能完成自身的丰富性。

事物走向极端，外变量也发挥了重要作用。这和外变量集聚的方式有关。

外变量以相近、相同的变量集聚在一起的方式完成集聚的过程，并且实现变量集聚最大化。一些远变量成为近变量、隐变量成为显变量、可能变量成为现实变量。

外变量集聚后，外变量之间、内变量和外变量之间会相互作用，完成“发酵”过程，实现变量性质最大化，从而推动事物走向极端。与之对应的外变量也在集聚中，并且与之发生对抗，使极端不至于走得太远。

内变量是极端的内因，外变量是极端的外因。极端程度取决于内变量和外变量的相互作用。

任何事物都会走向极端，极端也是一种常见的现象。

三 回归常态

事物发展轨迹像一条抛物线，一旦到达顶点（极端），就会走下坡路。

人生在到达了辉煌后，很快就会归于平淡，这毫无意外之处。人生涉及从一个极端到另一个极端之间的全部范围。

极端回归常态是一种必然。不要把自己的成功表现为一个极端，要同时看到另一个极端，看到两个极端的全部。

许多人习惯于极端化，爱之欲其生，恨之欲其死。这不是好的心态。极端做法不仅会失去朋友，而且会招致更多的敌人。

我们似乎没有能力处理好长期问题，为了眼前的利益，喜欢把事物往极端方向移动，一大批对人类有害的事物长期处于极端状态，但是这种状态不会延续很长时间。

极端者以为自己距离成功只有一步之遥，最终发现自己还不够成熟。

极端是被社会诅咒的行为，你想活得长久，请明智地远离它。

任何极端都会回归常态，这是一条规律。

四 过分不足

过分和不足很难界定，过分中有不足，不足中有过分。

人类行为结果显示的很奇怪：它长期的过分是由短期的不足引起的，它短期的不足在长期看来又是过分的。过分和不足穿插在不同的时间刻度上。

有些表现得过分的事物获得了很大的成功，有些表现得不足的事物也获得了很大的成功，而那些表现得不偏不倚、四平八稳的事物却没有成功。这些现象的存在，不是对中庸的否定，恰恰说明运用中庸的复杂性。

在中庸看来，那些获得成功而表现得过分或者不足的事物都是中庸的，而那些表现得不偏不倚、四平八稳而没有成功的事物却是反中庸的。事物在没有表现前，中庸是看不到的，只有在表现完后，才知道哪些是中庸的，哪些是反中庸的。

只有在退潮时，才知道谁在裸泳；只有在刺破泡沫时，才知道哪些是泡沫。

很多事情，当时觉得荒谬，事后去看，却有道理。反之亦然。这里存在不确定性，体现了事物的复杂性。

过分和不足、理性和非理性、常态和非常态经常转化，用一个尺度去丈量，就显得非常混乱，甚至完全无法鉴别。好的事物走了极端都会自毁。绝对正确就是不正确。你要反对一个事物，只有把它推至极端才能奏效。

五 预示变化

事物总是在出现极端后才发生了变化。

事物一旦出现极端迹象，就预示着事物即将发生变化。

事物被推到极端，一些原来有利的因素可能变得不利，一些过去能做的事情可能不能做了。反之亦然。

有时极端像一个充满敌意的魔鬼，执意要把一切颠倒过来；有时极端会以一种反常的面貌出现，要我们去观察和捕捉。

不要在神仙打架时露头，这是危险将至的预警标志。

天欲其亡，必先令其狂。

事物一旦出现极端，哪怕是一些轻微的极端，都是上天给人的提示，不要因为自大或者疏忽而不问不管，最后酿成重大灾难。

每一起严重的事故，事先都有很多次轻微的事故或者未遂事故的预兆。

对任何极端现象，我们都要足够重视，都应视为一种普适性的警告。

事物极端程度和事物变化程度成正比，事物越极端，变化将越大。

六 边缘革命

人们会比较快速地去解决那些突然发生的、令人震惊的问题，而不是那些渐进变化的、平常的问题。原因是前者以极端的形式出现，一旦出现，即刻引起人们的关注，同时予以最大化的阻止。

危机只有到了最困难的阶段，才会倒逼出解决方法。

极端状态容易发生边缘革命。

中华民族有一个特点，一旦遭遇外侮，就会迸射出自强之光。中国在接近谷底时获得了重生。正如一个人面临绝境，才会坚强起来。一个民族也一样，断了退路，才有出路。

出现边缘革命，有三方面的原因：

一是事物本身有这方面的需要，离开极端，向中间靠拢，是一种回归行为；二是多数个体在极端下受损，为了自保，对抗极端是其唯一的出路；三是外部环境不会长久地容忍极端的存在，会容纳边缘革命。

改变极端容易成功，有其内在的逻辑性。发生在体制边缘上的改革，不仅不会危及体制内多数个体的利益，甚至会改善体制内的条件，对体制提供重要的支持，不会受到现有体制的阻碍和反对。它是一种双赢行为，一种高超的政治智慧和政治艺术。

当常规手段无法改变事物时，采取一些极端手段，有可能取得意外的效果。

七 遏制领先

社会转型时期，原来最成功的国家要保留其领先地位将是困难的，原来不成功的国家可能更适应其变化，并且在转型中逐渐处于领先地位。

这是美国加利福尼亚大学历史教授勒芬·斯塔夫罗斯·斯塔夫里阿诺斯(Leften Stavrianos)提出的遏制领先法则的主要内容。(《全球通史》)

遏制领先法则体现了中庸原理。

中庸认为，领先国家处于极端位置，凡是极端的都不能长久，都会被中间点拉回，除非出现新质，改变了国家的性质，国家才能走向另一个新高地。

领先国家除了存在优越感、骄傲、高福利外，还因为处于领先位置而受到其他国家的掣肘，延缓了它的发展速度。

新兴国家不存在这些问题，具有勤奋、谨慎、追赶意识等，由于比较弱小，一般也不会受到其他国家的掣肘，这给它创造了良好的外部环境。

遏制领先法则不是绝对的，只有在一定的条件下才会起作用。

八 极端价值

极端是我们活动范围的双向边缘，它让我们获得启示、灵感，激发斗志。

和谐、平衡、中庸，希望最后的结果是这样的，而开始时，不妨走一点极端，历史总是在极端中展开、在极端中呈现精彩。

也许你厌恶极端，以为没有极端我们会更好，事实可能并非如此。

每个行业都有领先者。只在原来赛道里跑步，你就是一位追随者，很难超越领先者。只有从更大的格局，找到新的赛道，才能超越领先者。

超越领先者须突破原来的临界点。许多人看不到这一点，依然在传统赛道里追赶，尽管费力不少，结果仍然不理想。

中庸包括极端。为了实现一些目标，有时须打破常规，做一些普通人难以理解、匪夷所思的事。常规方式只能得到常规结果，要取得非常成就，只有采取非常规的方式。

中庸不是永远处于我们设定的位置，有时为了拉回一种极端，会以另一种极端的方式表现：矫枉过正、以毒攻毒、以战止战，实现迅速化解极端的目的。另一种极端的方式，也是中庸的方式。

极端有时和伟大相连，只要符合时代趋势，极端就进入了伟大境地，它会使你变得伟大起来。

人不轻狂枉少年。人的一生总会伴随着极端，它会绽放出瞬间的华彩，但最终一定是会回归常态的。

九 适应极端

我们在一种环境里待久了，就会适应这种环境，即使极端环境也不例外。

社会朝某个方向不适当地走向极端，很少是设计的结果，至少在起初并非如此。事情往往由疏忽所致，或者由激情所致，或者由不当的政策所致。只要不是显而易见的灾难降临，人们就会逐渐适应这种极端。

一定程度的两极化可能是健康的，极端的两极化却是危险的。

追求极端有隐患。也许我们在极端中免于束缚，感受到了刺激和快感，但是我们很快就会失去认识其他事物的能力，失去和中间地带接触的机会，不仅难以认识常态，还会模糊极端本身。

不要深陷极端。被极端牵制前，就远离它。一旦被极端掌控，就很难脱身，灾难会接踵而来。集体中的个体容易做出极端和疯狂的行为，一切过火的行为都被赋予了合理性。

没有参照物，我们将失去辨识极端能力，很难辨识哪些是极端，很难找到他人所定义的常态。只有清晰地辨识极端和常态之间的区别，才能推动极端的回归。

改变极端的方法是让民众认识极端。只有民众认识了极端，极端的存在才不会持久。

十 回拉

事物总是在两端之间移动，有时移动到这端，有时移动到那端。

任何一端的移动都会受到另一端的回拉。从来不会单朝一个方向移动很久。

回拉体现了事物之间的转化以及两端的运行态势。

采取极端方式的一方将付出更大的代价，它很难得到周围变量的认同。

股价围绕价值上下波动，稳定的时候很少，多数时间不是上蹿，就是下跳，不腾挪出点空间、不闹出点动静就没完。市场由此产生波动。波动产生峰谷浪尖。周而复始。

我们总是向一个极端斗争而追求另一个极端。我们战胜了一个极端，另一个极端会变得不可忍受了。只有从两个极端中抽身出来，探索两个极端之间的中间状态，才能实现平衡，摆脱极端带来的困境。

中庸的不偏不倚不是外部加给它的，而是在复杂环境里显示出的一种优化原则。

回拉一般不是自身引发的，而是外力推动的。自己身处极端，根本不知道这是极端，反而把极端看成了常态。

每一种异质的、复杂的活动中都存在极端。由于相反力量的作用，极端一般不会走得很远，都会留下宽裕的变动空间。一方鼓励的，必定被另一方所禁止。

回拉是蓄势过程，为突变创造条件。

十一 公平

公平和效率是国家经济发展和社会进步的两大指标。

国家要发展、要进步，必须关注这两大指标。它们此消彼长，处于两端中。

同时均匀关注这两大指标较为困难。一些国家往往先关注其中的一个指标，比如效率，等到经济有所发展，而后再关注社会公平。

中国的情况也如此。改革开放之初，首先提出的口号是“效率优先，兼顾公平”。当改革进行了 20 年，经济有了很大的发展后，开始强调要“更加注重社会公平”。这是对效率优先政策取向的修正，使政策基点向公平方面移动。

社会总是在效率和公平之间来回移动，有时效率方面多一点，有时公平方面多一点，目标都是为了实现社会的进步和国家的强大。

效率优先或者公平优先无法带来社会的进步和国家的强大，这时的效率和公平就不是我们所需要的，应该做出调整。

十二　守拙

守拙，个体保持长盛不衰的策略之一。

凡是极端的都会被拉回。表现得越极端，周围阻力就越大，各种变量都对其不利，很难有所作为。

如何改变这一状况呢？

老子提出守拙智慧：大直若屈，大巧若拙，大辩若讷。（《道德经》）

强者守拙，表现的不是软弱，而是自信。保持和环境的协调，成为强者的保护伞，其实力不会受到丝毫削弱。

明者毋掩其弱。对手高估了你的劣势而低估了你的优势，是对自己最好的保护。

有人提出，如今我们在经济和军事上已经取得了很大的成就，在外交上应该放弃原来的韬光养晦，应该主动进攻、有所作为。这种思想很危险，它会给我们带来战略上的错误。我们在弱势下要韬光养晦，在优势下更要韬光养晦，况且我们现在很多方面仍然落后于发达国家。

韬光养晦就是守拙。

韬光养晦和有所作为并不矛盾。韬光养晦是一种战略性的策略和手段，它的目的是有所作为。要有所作为，必须韬光养晦。

没有永远的王者。觉得自己很厉害的人，都是因为眼界太小。

抱朴守拙，涉世之道也。

十三 摊牌

世界上没有百分之百的胜战、胜牌。

每次战争、牌局，最后的结局都是不确定的，不能把全部赌注压在最后的决战上，对一个家庭、一个国家而言，更是如此。一旦失败，就是灭顶之灾，遭殃的不仅是自己，还要搭上家人、国人的命运。任何赌上整体命运的决战都应该被制止。

手握多张好牌可以慢慢打，需要时出一张，而把其余好牌攥在手上。高手只有摸清了对手的底牌，才出牌；顶级高手即使摸清了对手的底牌，也不会出掉手中的所有好牌。

世事变幻莫测，对手的牌也在变化中。今天没好牌，不代表明天没好牌。牌局背后深藏无数变量。任何时候高手都有压轴牌。

不急于一次性地把好牌出完，不使用全部力气打击对手，是高明的策略。只有拙劣的战略家才会孤注一掷，把全部家当统统压在一件事情上。当出完所有的好牌，自己的命运已经操在他人手上。一旦他人好牌盖过自己，自己面临的将是满盘皆输。只有笑到最后，才是赢家。

台面下的远远多于台面上的。现在确有一手好牌，还是要谨慎出牌，切忌图一时之快。

可以争取最好的可能性，但是不能“押宝”在最好的可能性上。

避免最后摊牌、最后决战局面的出现，将使我们拥有二次重来能力，包括资金、人力、信心和机会。

对一个战略家而言，出现最后摊牌的局面，是非常危险的。

十四 扬弃

扬弃，一事物对他事物的抛弃、保留、发扬和提高的过程，具有否定和肯定的双重意义。

最早使用扬弃的是康德，给扬弃定义的是黑格尔。

黑格尔认为，在事物的发展过程中，每一阶段对于前一阶段来说都是一种否定，但不是单纯的否定或者完全的抛弃，而是否定中包含着肯定，从而使发展过程体现出对旧质既有抛弃又有保存的性质。(《逻辑学》)

马克思主义哲学认为，扬弃是指新事物对旧事物的否定。这种否定不是简单地抛弃，而是克服、抛弃旧事物中消极的部分，保留和继承对新事物有积极意义的部分。

扬弃揭示了事物两端变化的方向和途径，丰富和完善了中庸哲学。

中庸哲学揭示了新事物产生的过程以及新事物的运动状态，但是没有明确揭示新旧事物之间的关系，以及新旧事物之间是如何演变的，扬弃却说明了新旧事物之间的关系，以及新旧事物之间是如何演变的，它们之间既有否定又有肯定的双重内容，比较完整地揭示了事物的变化过程。

新事物的产生既是中庸的过程，也是扬弃的过程。

十五 过程

过程，事物发展所经过的程序、阶段。

事物都是在过程中存在、在过程中变化。离开过程，什么也没有。

古希腊哲学家赫拉克利特(Herakleitus)说："这个世界对一切存在物都是同一的，它不是任何神所创造的，也不是任何人所创造的；它过去、现在和未来永远是一团永恒的活火，在一定的分寸上燃烧，在一定的分寸上熄灭。"(《著作残篇》)

黑格尔在评价这一思想时说："把自然当着过程来阐明，这就是赫拉克利特的真理，这就是真正的概念。"(《哲学史讲演录》)

事物只有通过过程才能被理解。一个人的本质，只有当他的经历展示了他自己时才能被理解。一个国家、一个企业也如此。

世界是过程的集合体。

十六 享受过程

生命活在过程中，没有过程就没有生命。

生命存在的意义以及精彩之处在于过程。人活着不是为了终点，而是品尝人生百味的过程。享受生命就是享受生命中的过程。

有人看见花的凋零而不愿意种花，虽然没有了这个结果，但是没有了这个开始、没有了这个过程。

人生的每一过程都是独一无二的，都是一份独特的经历。世界不会给人生以完全相同的过程。过程的流逝就是生命的流逝。在结果没有到来前，尽情地享受过程。无论过程中发生什么，都以乐观的心态去面对。

人生是一个丰富的体验过程，而不是单向度的对目标的追求。

感谢生命中的每一个发生。依据过程认识世界。凡是过程，无论好坏，都是风景。世界上很少有比过程更加值得珍惜的事物。

十七 人生历练

没能撂倒你的磨难，会使你变得更加强大。

人生不是一场随便，而是一场历练，一场生命过程中的历练。有怎样的历练，构成怎样的人生。

人生没有等来的辉煌，只有拼来的精彩。离开历练，不会有精彩的人生。

我们来到这个世界上是来历练自己的，并不只是为了赚钱、享受。以历练定人生比财富定人生要精彩得多。

一株小草在干旱地上生长，比在肥沃地上生长需要更多的忍耐力；划着木船在大海里乘风破浪，比万吨巨轮乘风破浪需要更多的勇气；落后仍在奔跑的运动员，更令人佩服。

没有完美的人生，只有历练的人生。

尽管历练比我们想象的艰难，我们也要这种历练。它让我们充满了活力。

以足够的忍耐力、勇气和奔跑来历练自己。人总是在历练中成长的。

十八 结果

结果,事物发展所达到的最后的状态,事物最后的结局。

在享受过程中,同时要关注结果。

结果很重要。结果是个体存在的最终目的和衡量标准。个体存在的功能由结果决定,而不是由过程决定的。

过程可能很痛苦,结果可能很美好。为了一个美好的结果,可能会经历一些痛苦的过程。走好每一个过程,实现美好的结果。

个体实现的目标主要是结果,而不是过程。没有结果,个体没有存在的必要。历史留下的是结果,过程很难留下。过程稍纵即逝,结果永恒永存。结果作为变量留存于世。

对他人而言,关注的往往是结果而非过程。过程只能由当事方来感受。他人只看结果,自己独撑过程。板子没有打在你的身上,你很难感受到他人的疼痛。没有亲身经历过的很难感同身受。

对社会而言,结果比过程重要,不仅是短期结果,还要观察其长期结果。做最坏的打算,谋求长期有利的结果,实现结果的最优化。

结果在过程的追逐中,同时起到了激励作用。有了结果导向,会不断地激励我们努力奋斗,去攀登一个一个高峰。

了解了过程和结果之间的关系,也就了解了生命的内容、意义以及存在的价值。

十九 程序

程序，做事的流程、步骤。

程序在组织架构里占有重要位置。

只有程序到位了，办事才会变得简单、有序。现在公民去政府机关办事比过去方便，知道哪些部门办哪些事情，要多长时间等待，就是因为政府公开了办事程序。

程序是一种管理方式，能发挥高效作用。要充分重视它的作用，不断地将我们的工作从无序推向有序、从有序推向有效、从有效推向高效。

程序也是一种管理细节，看上去并不显眼，有时却决定事情的成败，这就是我们说的细节决定成败。

程序不是万能的，具有滞后的一面，它不会变通。当程序阻碍了我们的长期规划或者重大政策调整时，就要对程序做出调整。过度的程序会带来低效率的危害。

二十 程序合理

程序和结果存在某种关联。只要程序合理，结果合理的可能性就比较大。实现合理的结果，可以从合理的程序入手。程序不合理，取得合理的结果就比较难。

判断一项决策质量，首先看它的决策程序。只有决策程序合理，决策结果合理的可能性才比较大。摒弃程序不合理的决策。

一味关注结果，就会使我们失去对程序合理的关注。

评价决策的方式会影响决策的方式。程序不合理的决策长期来看危害尤大。

由于偶然因素，某些程序不合理的决策可能带来某种结果合理，但是这种结果合理没有持续性；某些程序合理的决策也可能带来某种结果不合理，这种结果不合理只是暂时的，同样没有持续性，而且很快会发现这种不合理。合理的程序具有自身的纠错机制。

允许“合理的不合理”，绝不为“不合理的合理”诱惑。以不合理的程序获利，惩罚会随时而来。

程序合理是正确决策、行动的制度保障，它带来的结果合理具有延续性、推广性。

我们常常在某些未知领域的边缘上行动，都带有一定的盲目性。我们会以表面的合理来弥补所做的事情和事情本身要求之间的差距。没有程序合理，最终不能弥补这种差距。

中庸把程序和结果结合起来，以合理的程序来获取合理的结果，或者以合理的结果来寻找合理的程序。

既重视程序也重视结果，在需要程序时重视程序，在需要结果时重视结果，把程序放置于程序的位置，把结果放置于结果的位置。这就是中庸的态度。

二十一 初始原因

结果由原因引起，其中初始原因起了关键作用。

泉水干涸了，鱼为了生存，彼此用嘴里的湿气来喂食对方，以延续生命。庄子认为，与其在死亡边缘上这样相互护持，还不如大家安安定定地回到江湖上去，互不相识来得好。（《庄子·大宗师》）

我们赞美相濡以沫的情感，但是在某种情况下，它不是一个美丽的行为，可能蕴藏着巨大的风险。初看这种论点有点奇怪，但是它的逻辑在里面。适时的抽身、放手恰恰是出于对方的利益考量。

通往墓地的道路郁郁葱葱，而且铺满了鲜花，只有看到墓碑的那一刻，我们才恍然大悟。

开头很美好，不意味着结局也很美好。

初始原因由初始变量构成。初始变量不同，出现开头很美好、结局很糟糕的现象，也就不奇怪了。

根据事物发生的初始状况，可以类推事物的未来趋势。

多数人总是聚焦在最终结果上的差异，不少人为此愤愤不平，感叹命运不公。假如细细分析造成这种差异的原因，就没有多少人会惊奇。

世界不缺乏荒诞，不代表看不懂的都是荒诞的，只是我们没有发现它的初始原因。

这可能不是一个孤例，而是一个初始原因，预示着一种新现象的开始。

二十二 周期

古今中外的历史都逃不开周期。

不同的周期对应着不同的驱动变量。驱动变量是整体性的,单独变量无法推动周期运动。我们无法厘清单变量对周期的作用,应从整体变量上认识周期运动。

事物发展都有自己的周期,当它到达顶点时,就会衰落。一个周期就结束了,将开启另一个新的周期。

事物不可能朝一个方向永远发展下去,树不会长到天上去。偏离中心点太远,就要回归。回归是一种自然趋势,有时表现得缓慢,有时突然逆转。逆转很可能在瞬间发生。赢时退场,才是最后的赢家。

延长自己的发展进程,不失为一种好的选择。

人生不一定要急着赶路,有时停下来,慢慢欣赏沿路风景,也是一种美妙的人生。让青春永驻,美颜永存。加速发展会加速衰老、死亡的进程。一个 20 岁的年轻人,最大愿望是永葆 20 岁的青春,而不是快速地朝 60 岁行进。

人类社会的发展也如此。

二十三 胜在周期

认识周期有两条共识：一是事物运动都是有周期的；二是顺着周期做事能获取最大的机会。

注意周期的轮动规律，不同事物的峰顶会依次到达。谁能发现那片知秋的落叶，谁就能成为赢家。

只有理解透了周期，才能跳出周期布的局，胜算更大。

周期是强大的。每一次人们认为，这次肯定不一样，结果表明，这次仍然和上次发生的一样。周期的力量远远超乎我们的想象。

树立顺周期而行的观念，这是“道法自然”。不必过多关注政策、情绪带来的短期影响。我在春天等你。冬天之后必然迎来春天。

周期有大周期、小周期、上行周期、下行周期等。

不同的周期做不同的事，不能颠倒周期做事，更不能做反周期的事。

不同的周期有不同的特征，有些特征很难把握，这给我们带来了认识上和行动上的困难。

二十四 循环

周期不一定是循环，周期理论不同于循环理论。

循环论认为，事物变化只有量变，没有质变，只是不断地循环往复，简单地周而复始。

战国时期的邹衍提出五德终始说：五行中的木、火、土、金、水所代表的五种德性处于“终始”状态，即处于周而复始的循环运转状态。（《史记》）

赫拉克利特认为，火变为万物，万物又复归于火。（《著作残篇》）

这些观点都带有循环论的倾向。

中庸认为，事物以中为原点，两端做周期性的来回移动。当事物出现新质，事物就要突破原来的极点或者箱顶，新事物就产生了，原来的周期就会被打破，出现新的周期，事物就进入新一轮的周期运行。

事物在周期运行中，虽然存在周而复始的循环，但不是平面上的简单的圆圈和过去的重复，而是局部特征的重复，是在新的、更高层面上的重复，是从简单到复杂的运动，是一种类似圆圈的、不重合的循环。

历史会重演，但每一次重演背后的原因很少是一样的。假如看不清这一点，用简单的类比法推论，就会得出错误的结论。

二十五　趋势

一切充满变数，一味等待事情发生才去应对，会陷于被动。值得关注的不是现状，而是趋势。

趋势一旦形成，将很难逆转，有时还会加速推进。

这种趋势刚刚开始，未来将进一步凸显。

趋势比现状更重要。成功不仅是努力的结果，更是被大趋势推动的。

趋势并不呈现单一方向，有多种趋势和多种前景。一些力量推动一种趋势，另一些力量推动另一种趋势。趋势没有明朗前，存在多种趋势。

趋势是变量集聚的结果，在中国文化里叫“脉”。一个清晰的趋势在混沌中产生，从灰色中脱颖而出。

趋势转变前，总会出现一些回头浪，对趋势做最后的告别。

找出真正的趋势，而不是一个随后回归原状的周期变化。

趋势转变点很难把握。趋势在将起未起时，意义更大。太早看到了意义不大，太晚看到了会错失机会。最怕趋势将至，还浑然不知。

站在哪里也许并不重要，重要的是朝哪个方向走。只要方向对头，就不怕路远。犯趋势性错误，没有人补偿你。涨潮时不捡贝壳，否则会被潮水吞没。力避逆趋势行为。

战略研究包含趋势，把握趋势事半功倍，可以使我们从容地做正确的事。和趋势为敌，不会有未来。只有顺应趋势，才能赢得未来。

很少有人能制造趋势的转向。

第七节 变量

一　变量

变量，一定数量的可变元素的集合。

可变元素是构成变量的基本单元。

世界上没有单一变元素构成的物质，任何物质都是可变元素以集聚的方式完成的存在，都是以一定的数量的存在。可变元素、变量，两者反映的是同一对象，它们拥有广阔而纵横的复数景象。

这里的变量是实体概念，不同于数学上的变量概念。

数学上的变量又称为变数，是反映事物运动变化状态的数量概念，与其对应的是常量概念。

法国哲学家勒内·笛卡尔(René Descartes)在17世纪就引入了数学上的变量概念，称其为未知的和未定的量。变量使数学由常量数学进入了变量数学即高等数学的阶段。(《方法谈》)

这一点是我们必须知晓的。

二 变量世界

世界是自在存在的，没有谁刻意把它弄成现在的模样，全是变量作用的结果。

《周易》六十四卦中的任何一卦，只要变动卦中的一爻，此卦即变为彼卦。这里的爻可以看成是变量。

变量是世界变化的源头，有了变量，世界才会发生变化。

我们没有创造世界，也没有创造自己。我们是由变量创造的，不是我们想成为什么就能成为什么，而是变量让你成为什么。

变量把我们从过去带到了现在，并且延伸到将来。它克服了时空的有限性，转化为变化的无限性，为世界提供了永恒的背景。

我们都是变量的集合，被变量管理着。每一次变量变化都会收获不同的经历。每一种结果都是由变量推动的。

世界是变量世界，按照变量规律运行。

有人认为世界上有一股神秘的力量，冥冥之中的神赋予了我们的生命和万物。其实，世界上没有神秘的力量，唯一存在的就是冷酷无情地推动着世界万物变化的各种变量。

世界不以人的意志运行，也不以上帝的意志运行，而以变量运行。不同变量组合决定了不同事物的运行轨迹。

变量推动着变化，它是变化所遵从的必然性。

过去觉得不对的看法，现在可能是对的；现在看来对的看法，未来可能是错的；全赖当时不同的变量。

每一个变量都妙不可言，每一个变量相遇都妙不可言，变量构成了无限丰富的世界。

三　宇宙变量

任何变量都来自于宇宙，都是宇宙变量。

我们生命中的各种特质都来自于宇宙变量。宇宙变量把我们送到了我们现在居住的星球，也会通过宇宙变量把我们引向另一个星球，我们始终在宇宙变量下完成自己的生命旅行。

宇宙变量决定我们从哪里来，也决定我们到哪里去。

宇宙变量无时不在、无处不在。

没有宇宙变量，便没有宇宙。宇宙变量是宇宙运动、变化的总根源。

有些宇宙变量我们看得见、摸得着、感觉得到；有些宇宙变量我们看不见、摸不着、感觉不到。

中、无、混沌里面有宇宙变量，不可能一无所有，否则不可能发生物由中生、无中生有的现象。

世界上没有绝对的真空，真空里面充斥着宇宙变量。随着科技发展，真空里面的宇宙变量我们是能逐渐探测到的。

四 变量无限

宇宙是无限的，宇宙变量也是无限的。

无限的宇宙运动由无限的宇宙变量推动。离开了无限的宇宙变量，宇宙不可能演变得如此精彩。

宇宙变量的无限性构成了宇宙的无限性。任何可能存在的事物，宇宙中都存在。可能性即现实性。不要为事态的无限变化而惆怅。

人类具有无限的创造力。这种创造力是宇宙赋予的。宇宙变量的无限性铸造了人类创造力的无限性。假如宇宙变量不是无限的，人类的创造力也不会是无限的。人类无限的创造力是无限宇宙的一个缩影。

宇宙变量的无限性比我们所有的想象力还要丰富。我们所有能想到的在宇宙中都存在。

任何事物都没有零起点，也没有最后的终点。它们都是宇宙变量的产物，最后也归于宇宙。

无限宇宙变量的存在，使我们的生命变得神秘起来。初始变量可以追溯到很遥远的时代，这个初始变量也只有相对意义。

五 可能性

一种变量一种可能性，多种变量多种可能性，无限变量无限可能性。

只要存在可能性的变量，这种可能性就比我们认为的要大得多。

随着不同变量集合，可能性会转化为现实性。变化就是由可能性转化为现实性的过程。

人生充满了可能性。我们有权利去追求自己的可能性。

选择怎样的变量，就有怎样的可能性。

不要把诸多可能性凝固为单一的必然性，接受和开放各种可能性。

我们所有的想法，都有实现的可能性。世界包含了所有的可能性，事物演化就是把各种可能性展示出来。

世界上没有不可能的事情，那些认为不可能的，不是不可能，只是我们认为不可能而已。我们拥有无限的可能性，这是生命存在的意义。不要在通往可能性的道路上自我设限。

有些可能性要等待很久，才能成为现实。

不要拿我们不知道的当作不存在，一切皆有可能。世界为我们保留了各种可能性，并且将这些可能性融入了我们塑造的行为和思想中。

在可能性的时代里，会发生各种可能性的事件，这是世界的伟大之处。

六 规模

事物的复杂度和规模有关。

规模小的事物，变量少；规模大的事物，变量多。变量之间相互缠绕、集聚，一个变量带出一串变量。变量越多，事物越复杂。

一个三人小组，结构比较简单；人数扩大数倍，结构就变得复杂；加入更多的人后，复杂度将剧增，管理就越困难，就越难控制。这是尺度效应在起作用。一个看似简单的规模扩大，其造成的困难程度远远超出我们的想象。经济系统、交通系统等规模的扩大，都会使这些系统的复杂度出现飞跃。

规模显示了变量的厚度，它是成就事物性质的一个重要维度。

关注事物，除了关注事物的性质外，还要关注事物的规模。在其他条件相等的情况下，事物之间不同的规模会带来不同的结果。

我们常常采取以点带面、以小到大的思维方式。这种思维方式不能反映事物的整体状态。点和面、小和大，对不同的事物而言，可能具有不同的操作方式。

七 乘法效应

我们的生命具有某种自己没有意识到的价值。

人类创造了历史，却不明白自己创造了历史。

我们作为一个变量，在世界上存在，并且影响了其他人。由于我们的存在，世界上延续和诞生了其他人的生命，改变了其他人的命运，甚至改变了历史。我们不自觉地扮演了自己没有意识到的各种遗传的、生态的以及进化史上的角色。

我们不能自己产生自己，须珍视产生我们的变量。有了这些变量，我们才会出现。

一件事物是否发生，和它是否应该发生没有关系。事物发生都是水到渠成的，都是在变量推动下发生的。

一个变量产生后，会伴随一系列新变量的产生。新变量又会产生新变量。变量产生以及变量变化往往不受人控制。一张骨牌虽小，拿掉它而不损害整个结构几乎不可能，这会引发多米诺骨牌效应。

宇宙凝聚着无限的变量。在无限变量的推动下，宇宙自己也无法控制自己，一切跟着变量走。

变量不管是处于对抗状态，还是缓和状态，始终在互动中，只要一方有所变化，另一方必然做出回应。

我们的变化会影响周围的变化，周围的变化也会影响我们的变化。我们在和外界交往中，都是作为对方的一个变量而存在的。我们根据对方变量的变化，做出相应的调整。

问题通过变量产生，也通过变量解决。在解决问题的过程中，又会产生大量新问题。

变量生变量具有乘法效应。

八 外差效应

一个新变量的出现，不仅会影响自己，也会影响其他事物，这种影响会持续存在。这就是变量的外差效应。

很多事件，初看是局部性事件，由于外差效应，局部性事件就可能酿成全局性事件，甚至改变整个局面。

一个新变量，不管它是什么，一旦进入人类社会，它就在其中获得一种新质。它不再是一个单纯之物，而变成社会的一个新元素。由于外差效应，它自身变得非常复杂，它产生的影响将是广泛和深远的。

在互联网时代，信息作为变量比事实本身传播的速度更快、影响更大。那边下点雨，这边可能已经乱套了。

社会中的个人只是作为一个事件的一个点而存在的，一个事件也只是作为其他事件的一个方面而存在的，我们不能就一个人或者一个事件的本身来判断其对错，须考量其外差效应。

你隔岸观火，火势会向你蔓延；你对恶保持沉默，恶最终会伤害到你。

社会上发生的事件是所有人的事件，不只是当事人的事件。对一个人的不公就是对所有人的不公。

发生在此时此地的事件不会止于此时此地。一个事件发生后，要关注其周边的影响以及未来的影响。我们生活在一个由无限变量交集的社会里。

九 变量集聚

变化可以在瞬间发生，但是前期酝酿需要时间。

前期酝酿是变量的集聚期，显得平静，它是变化的前奏。

重大变化发生前，博弈双方都在集聚有利于自己的变量，看似平静，其实暗中较量不断。

危机来临前，危机变量在悄悄集聚。只有危机变量集聚到一定程度，危机才会爆发。我们看到的危机常常是突然爆发的，其实之前都有一个酝酿期。

零星变量不起作用。单个利好或者利空容易被市场忽略，难以产生整体效应，只有利好叠加，才能产生整体效应。

多个不可预测的灾难性事件恰巧汇聚到一起，就会发生破坏力巨大的“完美风暴”。“完美风暴”由变量集聚推动，单一事件或者少数变量不足以引发“完美风暴”。

事情要发生，它就要发生；不让它发生，它也要发生，因为它集聚了该事情发生的所有变量。许多事情，不要期待它会突然间完成。

采摘不熟的果实，果实肯定不好吃。

在变量集聚期，我们可以有所作为，可以推动变量集聚，但是非常复杂，有些变量很遥远，我们找不到它；有些变量甚至是我们的敌对方，主动出击反而弄巧成拙。等待有时是最佳策略。

十 变量群

变量集聚后，必然出现变量群。

变量群具有比较完整的体系、比较强大的力量。

变量群在生物学上表现为种群。

相近、相同的变量通过集聚的方式形成变量群。没有变量集聚就没有变量群。

物以类聚，人以群分。人才向高处集聚，河水朝低处集聚。哪些变量集聚形成哪些变量群。医生群体、教育群体、音乐群体、军人群体，都是由相近、相同的变量集聚后形成的变量群。

为何中国一线城市的房价易涨难跌呢？就是因为全国人才和资金向这些城市集聚。

凡是有的还要加倍给他叫他多余、没有的连他所有的也要夺过来的"马太效应"，反映的就是变量集聚现象。在变量群里，会放大事物的功能。

贫国上升到富国、弱国上升到强国，不能说不可能，但是其难度要比富国更富、比强国更强难。原因就在这里。

变量群犹如一个有着强大向心力的漩涡，不断地把周围相近、相同的变量吸引过来，最后形成一个极其丰富的时空存在。

十一 走得远

要想走得快，就一个人走；要想走得远，就和大家一起走。

一个人一个变量，众人组成变量群，变量群使事物走得更远。

单一个体势单力薄，很难发挥作用，只有在变量群里，才能发挥更大的作用。

变量群为个人的发展创造了条件，个人只有在变量群里，才能实现自身利益的最大化。个人要发展，必须寻找自己的变量群，或者创造自己的变量群。

变量群在事物变化过程中有着重要的作用。它是新事物成长的土壤。新事物的成长都是在变量群里完成的。没有变量群，新事物很难成长。单一变量无法抗衡周围变量，很难成就新事物。

有害的变量群会给社会带来危害。人性的贪婪和残暴集聚在一起，就会出现群体的非理性，制造出更大的非理性。

相近、相同的变量按照自身的气场、气数错落有致地集聚，从而构建了一个庞大的变量群，使事物走得更远，使事物原来的属性更加固化。

十二 功能

变量群一旦形成，就会产生协同作用，通过协同完成自己的使命，体现自己的功能。变量群会带领事物走向极端。

不同的变量群有着不同的使命和功能。这是变量群存在的意义。

关注变量群，尤其是新兴变量群。社会上的破坏力量或者建设力量都存在于新兴变量群里。极端事物由极端变量群来推动的。不了解新兴变量群，我们将处于被动境地。祸不单行，一而再、再而三的危机爆发，最坏的情况集中发生等，都是由变量群引发的。

形成变量群有两个原因：一是相近、相同的变量相互吸引、彼此融合。这种吸引、融合力储存在内部结构里；二是事物发展的需要。变量只有完成一定的集聚形成变量群，事物才能发挥出更大的功能。这是世界多元化的选择。

在有利的环境中做事容易成功。有利的环境就是有利的变量群。我们只有处在有利的变量群里，才能更好地成就自己的事业。

十三　近变量

变量之间作用的强弱和变量之间的距离有关联。

距离近的作用强，距离远的作用弱。近朱者赤，近墨者黑。距离决定功能的大小。

和怎样的人在一起，结交怎样的朋友，你就会受怎样的影响。你的言行举止、思想、习惯就会向他们靠近。同样，你也会影响他们。你和他们之间作为彼此的近变量相互影响。

结交心胸宽广的人，你的心胸会变得宽广；结交富有者，你也可能会变得富有；结交读书人，你也会变成读书人。

甚至居住在哪个社区，周围有怎样的邻居，每天浏览怎样的网站，阅读怎样的书籍，听怎样的新闻等，这些都作为近变量影响你、改变你，把你塑造成怎样的一个人。

一个人的成功往往来自于他最近的人的影响，一个人的失败也如此。

改变和提升自己，首先改变和提升自己的近变量。只有改变和提升了自己的近变量，自己才能得到更好的改变和提升。

近变量是一个相对概念，家人、朋友、同学、恋人、同事、同胞等都可以作为我们的近变量。

十四 贵人相助

在我们的人生中，发现和感恩于我们的贵人，非常重要，这对我们的成长相当有益。

贵人的一句话、一次行动都会使我们受益无穷，甚至影响我们的一生。这就是我们说的贵人相助。

真正的贵人也许不是直接给我们的利益，而是鼓励我们、指引我们、提升我们的人。

每个人都会遇到贵人，尤其是一些成功者，遇到贵人的机会就更多了。

贵人相助是我们成长的需要。贵人帮助我们成长。

我们的家人、朋友、同学、伴侣、老师，都是我们的贵人。没有这些贵人，我们无法成长。所谓贵人，就是有益于我们的变量。

有了贵人和发现贵人是两码事。有的人经历坎坷，总在逆境中，看似没有贵人相助，其实不是，只是没有发现而已。自以为是，听不得别人的意见，就会和贵人擦肩而过。

贵人不在高处，就在我们的身边。

在我们的近变量中，处处有贵人，时时有贵人，只是缺少发现的眼光。只有拥有一颗感恩的心，才能发现身边更多的贵人。

十五 变量保护

最大限度地保护有利于我们的近变量，是我们生存和发展的需要。

亲人、朋友、同胞都是我们的近变量，对我们具有至关重要的作用，我们的成功、快乐、幸福，乃至健康、寿命都与之息息相关。一旦失去了他们，我们的生活可能由此发生改变。平时他们表现得平淡无奇，容易被人忽略。

近变量发生变化的概率非常高，所以要倍加珍惜、保护。

不要由于自己疏忽大意而发生近变量的变化。一旦变化了，就永远变化了。之后，自己花再大的力量也无力追回。即使追回，也不是原来的了，就像敲碎的玻璃无法复原一样。

不要把好脾气留给外人，把坏脾气留给亲人。

对亲人我们收获了善意和福报，却忘记了给予他们对等的礼遇。

最大限度地保护自己的亲人、朋友、同胞，善待他们，呵护他们，不让他们受到不该受到的伤害。

重要的不是我们失去了什么，而是我们剩下了什么。

十六 关键变量

关键变量，对事物起决定作用的变量。

找到了关键变量，就找到了事物的根本，尤其是“战略拼图”中的关键变量。

每个变量权重不一样。数据质量不好，数据数量毫无意义。找了许多变量，而没有找到关键变量，研究不会有成效。

假如能找到关键变量，那么对事物的判断和行动将具有更多的确定性。问题在于我们不知道关键变量在哪里。

寻找关键变量，要运用逻辑的方法，通过假设和论证。

关键变量和非关键变量可以转化。此时为关键变量，彼时可能成为非关键变量。

每个变量都有自己的位置和影响力。变量之间不是从属关系，而是对等关系。

世界上没有多余的变量，每个变量都独一无二。不要抛弃变量。你抛弃了变量，变量也会抛弃你。加入新变量，事物可能会有新的变化。新变量可能成为关键变量。

十七 宇宙网

宇宙网，由宇宙变量组成的宇宙网络系统。

在宇宙网里，星球和星球之间彼此相连，即使是遥远的星球和更遥远的星球之间通过物质、能量以及暗物质、暗能量彼此影响。

我们栖息其间的小小地球和宇宙中所有的星球相连。它们会影响我们的感觉和思维，甚至我们的血液循环、睡眠、饮食。

事物的运动和变化受宇宙网影响，而且宇宙网中的变量随时在发生变化。变量无穷大时，变量输入结果完全不可预知。一个微小的事物，其蕴藏的变量都是无穷大的。

事物的变化之所以常常出人意料，就是因为一个遥远的变量，或者一个我们不知道的变量发生了变化而影响到它。

明天究竟发生什么，上天也不知道。

十八 互联网

1969 年 10 月 29 日 22 点 30 分，美国斯坦福大学和洛杉矶加州大学的电脑连接起来了，标志着互联网的诞生。

早期互联网由美国政府投资，只限于极小部分的研究机构、学校和政府部门使用，不允许商业行为。20 世纪 90 年代初，商业网络开始兴起，一家商业站点发送信息到另一家商业站点而不经过政府网络中枢成为了现实。

现在互联网已经普及。我们可以在互联网上聊天、玩游戏、看新闻、查找资料、发布信息、购物、找工作、学习，等等。每天有数十亿人在使用互联网。

有了互联网，大大加快了世界上各种变量之间的联系，许多隐性变量变成了显性变量、间接变量变成了直接变量，甚至一些遥远变量变成了近变量。

互联网是人间网络系统，是人创造的为人服务的，和宇宙网有区别。

宇宙网是自然的，是按照自然法则运行的；互联网是人为的，是按照人的规则运行的。假如没有自我约束机制，一旦过度发展或者无序发展，有可能损害人和自然的关系，给我们带来意想不到的后果。

十九 变量交集

变量交集产生了更多的变量、更多的功能。如果没有变量交集，万物将如死水一潭。

世界上没有不交集的变量。事物总是在自身变量和他变量的交集中运行。已经发生的事情以变量交集的方式影响现在和未来的事情。

每个变量都影响深远。个体生命离去时，总会在世界上留下点东西。留下的东西会以变量交集的方式向四周传播。

我们行为的结果难以预料，就是因为影响最后结果的各种变量交集难以预料。所有不可预料的事情都和变量交集有关。

社会上发生的每一场危机，其成本都将被外部化，即通俗所说的"由社会买单"，就是因为变量之间会发生交集，有害变量也会广泛地渗透到其他变量中去。面对他人的灾难，我们不能幸灾乐祸，要抱怜悯之心，伸出援助之手。帮助他人，就是帮助自己，否则他人的灾难会和我们交集，从而损害我们的利益。

我们每个人都融合在变量交集的世界里，即使他看起来多么微不足道，都会深深地影响着这个世界。

有益的变量交集带来有益的结果，有害变量交集带来有害的结果。不是每一种变量都是可以交集的，阻隔有害的变量交集，而增加有益的变量交集。

二十 中介变量

中介变量,在两个变量之间起居间联系的变量。

a、b、c 三个变量,变量 a 和变量 b 本身不发生联系,由于变量 c 的媒介作用,使 a、b 两个变量处于关系状态。变量 c 即为中介变量。

变量之间的联系是通过中介变量实现的。

经过中介变量发生联系的变量称为间接变量。

间接变量揭示了变量之间的普遍联系。任何事物都拥有无限的间接变量,使事物呈现了无限的可能性。间接变量和直接变量相比较,显得迂回曲折。

由于中介变量存在,不同变量之间可以发生转化。

我们一般只看到了显变量、近变量、直接变量对事物的影响,而看不到其他变量的影响,这是不全面的。

二十一　隐变量

隐变量，无法用现有手段测定的变量或者未知的变量。

世界上绝大多数变量是隐变量，暗物质、暗能量、精神世界等都是隐变量。隐变量的存在给我们认识世界带来了难度，要依靠科学的手段去发现。

根据隐变量存在的事实，人们发明了隐形技术。

隐形技术是一种低可探测技术，利用高科技手段，隐蔽和伪装阵地、武器装备，是传统伪装技术的应用和延伸，使伪装技术由防御走向了进攻，由消极被动变成了积极主动。

在隐形技术的基础上，人们又发明了反隐形技术。

隐变量反映了世界无限性的一面。

二十二 新变量

任何变量都有产生新变量的可能。新变量就是由这种可能性变成现实性。事物始终处于新变量不断产生的过程中。

把对方当作敌人来对待，它更有可能成为敌人；相信冲突必然会发生，它可能成为发生冲突的原因。预期也是一种新变量，这种新变量会影响双方之间的关系，从而引发冲突的真实发生。

新变量可以是近变量，也可以是远变量；可以是显变量，也可以是隐变量。新变量一旦成为近变量，就会对事物产生直接影响。

由于变量的乘法效应，新变量一旦产生就会和其他变量发生联系，又会产生其他的新变量，以至无穷。

新变量在和其他变量的组合中，会通过网络系统持续地影响我们，我们也会参与到新变量的组合中，从而对我们发生各种不同的影响。

由我们主导的新变量是善的，就会对我们产生善的影响，反之就会对我们产生恶的影响。

孔子感悟到了这一点，所以孔子说："己所不欲，勿施于人。"

新变量具有难以估计和不可控的力量。引入新变量要非常小心。

二十三 祸从口出

说话是一个新变量。我们一旦开口说话,它就作为一个新变量的存在,会和其他变量发生作用,产生出许多意外的结果。当我们说了不该说的话,灾祸可能由此出现。

病从口入也是这个原理。

我们一旦吃了不该吃的食物,这些食物就会作为一个新变量进入到我们的胃里,我们的胃就会不舒服,就会生病。我们平时说话和饮食都要小心,不能随心所欲。

新变量具有因果性特征。

有些事情可以做,但是不能说;有些事情可以说,但是不能做。做和说都是新变量。当作的变量成熟时,就可以做;当说的变量成熟时,就可以说,否则会带来麻烦。

由我们主导或者引发的新变量,应该持慎之又慎的态度。

二十四 变量转化

变量之间的转化随时在发生。

近变量可以转化为远变量，直接变量可以转化为间接变量，关键变量可以转化为非关键变量，强变量可以转化为弱变量。

我们平时说有缘分，就是指远变量转化为了近变量，间接变量转化为了直接变量。反之，近变量远离了原来的位置，转化为了远变量，这种现象我们又称为没缘分。

缘起则聚，缘尽则散。

有时我们周围的一个近变量看似消失了，其实没有消失，只是从一个近变量转化为了远变量。

许多变量属于储备变量。在事物的变化过程中，这些变量基本上不起作用。只有在适当的时候，储备变量才被激发出来，完成变量之间的转化，成为现实变量。

变量之间的转化，不是简单、机械式的，而是一种复杂的互动过程。

第八节 变量共振

一 变量永恒

变量永恒，因为宇宙永恒。

作为变量，我们将永存，我们不会随着肉身的消亡而消亡。我们身上的密码、物质和精神，作为变量永存于宇宙中。

每个人行为的发生都是作为一个变量留存于世，其中没有一次行为是多余的、无足轻重的、无所影响的。每一次的行为，都会在无限的环节中留下痕迹，为下一次的行为做好准备。

一件事情的发生，当时或许不那么引人注目，被人忽略，但是很可能在日后事情的演变中起关键作用，就是因为它留存于世的变量在起作用。

我们走的每一步都算数，一切似乎都不会过去。

许多年过去了，那些陈年往事很难遗忘，它会慢慢“爬”上来。

每一场灾难，都会留下永远的痕迹。

试图用极端手段消灭变量，不仅愚蠢，而且根本无法实现。

变量能转化，但是无法被消灭。变量是消灭不了的，并且将一直影响着我们。

一些人总有这样的幻想：他们可以依靠变革的力量，彻底地同过去一刀两断。现实总是令他们大失所望。

二　借木桶

从前，有个人向朋友借了一只木桶。

三天后，木桶如期归还，和之前一样，主人用它来盛水。可是问题来了，水里面有一股酒味，原来借走木桶的人是个酒商，他用木桶盛了两天烧酒，还回来的木桶无论装什么，都会散发出一股烧酒味。

一年以来，主人想尽办法，洗它、蒸它、晾它都无济于事，最后只得把木桶弃之不用。

这是《克雷洛夫寓言》里的一个故事。

故事形象地说明事物之间的联系会产生深远的影响，一件事和另一件事发生联系后，彼此之间都会留下痕迹，很难消除干净。

对他人施加行为要慎重，尤其在侵犯他人核心利益或者采取极端行为时更要慎之又慎，否则会给他人留下长期阴影，很长时间内不会消除。

事物之间的联系比我们想象的要紧密得多。

三 慎独

不欺暗室，在独处或者别人看不见的地方做到慎言慎行、光明磊落。

这是古人倡导的行为守则。

为何要慎独呢？因为变量存在。

一个人在独处或者周围没有熟人的地方，往往会忘乎所以，常常做出不该做的事情，看似天不知、地不知、人不知，其实已留下了变量。这些变量不会轻易消失，一直留存于世，会从原来的隐变量变成显变量。“东窗事发”说的就是这种现象。若要人不知，除非己莫为。自己做了事，却不让别人知道，这是不可能的。

慎独不仅体现了一个人的境界，也是对自我的一种保护。

秉持“没有人看见就等于没有”的理念是短视的。

四 引力波

2015 年 9 月 14 日，美国专业探测器观测到了一个年代久远的引力波事件。

这次观测到的引力波事件，发生于距离地球十几亿光年外的一个遥远的星系中，两个分别为 36 和 29 倍太阳质量的黑洞，并合为 62 倍太阳质量黑洞时所产生的“巨响”。双黑洞并合最后时刻所辐射的引力波的峰值强度，比整个可观测宇宙的电磁辐射强度还要高出 10 倍以上。

引力波的发现证实：即使在距离地球十几亿光年外的一个遥远星系中发生巨变所产生的变量也能被我们接收到。这些变量经过十几亿光年在太空中的漫长旅行也不会消失。

只要有高科技装备，我们就能捕捉到日常生活以及宇宙中过去所发生的种种事情。过去发生的一切都会留下痕迹，这些痕迹会作为变量永存于世。

五 现实变量

黑格尔把现有事物在发展过程中表现为必然性的事物，即作为合乎规律的存在，称为现实，和虽然存在但是已经失去必然性的事物相对。

把黑格尔的现实概念引入到变量领域，对变量的理解会更加丰满。所谓现实变量，就是代表未来趋势的变量。

一切事物充满了变量，组成了现实变量关系网络。

一个事物在它尚未出现时，只是作为一种可能变量而存在于事物中；各种可能变量在不断磨合中，只有那些代表未来趋势的变量才成为了新事物，由可能性变为现实性。

不同变量反映了不同的变化趋势，只要那些具有合乎发展的必然性的变量，在其他变量的支持下，迟早会成为现实变量。反之，一个现存的变量，只要它丧失了继续存在的必然性，丧失了众多变量的支持，就会变为非现实变量，而被新的具有生命力的现实变量所替代。

我们只有掌握了现实变量，才能把握未来。

中国古代人相信"上天"会干预历史，站在公正的一边，最终能消灭邪恶。这是朴素的想法。"上天"不干预历史，干预历史的是现实变量。

历史没有我们所理解的"上天"这个变量，只有我们每个人的变量，人的变量相互作用创造了历史。我们每个人都作为一个现实变量创造了历史。每个人对历史都做出了贡献。

正确认识变量，不仅要清醒地估计变量的全部复杂性，而且要认识它们的未来趋势。

六 现实性

可能性转化为现实性，需要相应变量的支持。只有在相应变量的支持下，可能性才能转化为现实性。

由于不同变量的联系，每个事物存在多种可能性。这些可能性只有获得相应变量的支持，才能转化为现实性。

首先寻找可能性，然后寻找支持变量，最后才能实现可能性。不去寻找可能性，大谈不可能性，是一种消极的态度。世界上没有什么是不可能的，一切皆有可能。

当然，不能把可能性当成现实性。事物在没有成为现实前，一切只是可能状态，这里还存在其他的可能性。

为了现实性，我们要大胆地接受各种可能性，也要果断地放弃其他的可能性。

世界是无限的，变量也是无限的，世界的可能性也是无限的。世界的无限性表现为可能世界的无限性。我们看到的是一个现实的世界、一个有限的世界，而看不到一个可能的世界、一个无限的世界。

可能世界和无限世界可以转化，可能世界可以转化为现实世界，无限世界可以转化为有限世界。当可能世界转化为现实世界、无限世界转化为有限世界时，它就可以被我们认识。

七 现实概率

现实概率,可能性成为现实的概率。

任何可能性都有现实概率。

假如有两种方式去做某件事情,其中一种方式将导致灾难,那么必定有人会选择这种方式。事情有变坏的可能性,不管这种可能性多小,它总会发生。

世界上什么事情都可能发生。世界上没有不可能发生的事情。有人断言某事不可能发生,结果竟然发生了。我们不能像鸵鸟一样,把头伸到沙子里,对可能发生的事情或者危险视而不见。

人生是有限的,其可能性却能延伸至无限。我们最大的可能性就是无限选择的可能性,这是人类的伟大之处,也是人类的危险之处。

堆起火柴比点燃火柴更危险。堆起火柴使燃火事件的发生成为了一种可能,这种可能将导致燃火事件的发生。即使一些可能性很小的事物,都有现实概率。我们不能因为可能性很小而忽略它。

相信现实概率,因为它确实是现实的。对那些危害我们的可能性须有敬畏之心和预防准备。

从现实概率去思考,我们将会减少未来的灾难。

八 素位而行

按照现在所处的位置去做事，只做分内的事，不做分外的事；只做符合自己身份的事，不做违背自己身份的事。处于学生的位置，做学生该做的事；处于教师的位置，做教师该做的事；处于官员的位置，做官员该做的事。

这是古人倡导的“素其位而行”的境界。

最好的做事模式不是做自己想做的事，而是做自己该做的事。

回到现实本身，按照事物的本来面貌去做事，是中庸追求的行为目标。

有些人太想实现自己的理想，尽管理想很美好，由于脱离现实，最后导致了失败。

我们只是在讲述一个现实，一个哲学上的现实，一个不见得在道义上完全认同的现实，但它是我们的出发点。

我们只有按照现实而非主观意愿制定自己的行动路线，做到素位而行，才能随遇而安、行稳致远，无往而不胜。

有些行为确实有道理，但是一些至关重要的事实没有被考虑到，现实总是提供相反的例证。任何一种存在，在下一个瞬间都是过去。把现实作为既定的事实接受下来。计算现实，和现实磋商。

认清现实，只剩下现实本身的面貌，而不是评判现实的观点。

九 变量协同

万物都有自己的变量，都有自己的变量定位。

不同事物之间的变量只要相互协同，就能产生和谐。

人的心脏、血液输出变量和肝、脾、肺、肾等接受变量只要相互协同，体内能量输出和输入就能实现和谐，身体就能健康。

我们诗意地栖居在地球上，只有和地球的变量相互协同，和大自然的变量相互协同，我们才能实现和地球和大自然的和谐。

珍惜那个和你变量协同的人。否则，两人即使发生了交集，也不可能走近。

我们做事顺遂，都是和周围变量相互协同产生的现象，国家、企业亦然。

生病是身体内变量紊乱引起的，事业失败也如此。

不要引入和我们变量不协同的人和事，否则会破坏我们的变量，造成我们的变量紊乱。只有选择和自己变量协同的人在一起，人生才会变得简单和快乐。

小变量不要和大变量反着，要顺势而为，顺着大变量调整自己。

中庸寻求事物之间的和谐，由变量之间相互协同产生的和谐。它力图比较确定性地把大系统的运行引上和谐之路，实现更大系统的和谐。

十　变量推动

宇宙运行漫无目的，是各种变量推动的结果。

事物看似按照某种"意志"发展，呈现规律性的特征，从低级到高级，其实是漫无目的的。我们看到的规律性，只是人类知识梳理的结果。

宇宙中没有主宰一切的事物，没有超越一切的事物，没有至高无上的事物，没有"造物主"，一切跟着变量走。

未来变量的不确定性，决定了未来的不确定性。

你苦苦追求一件事物，最后还是失之交臂，请不要过于难过，说明你的变量还没有抵达。事物都是由变量推动、变量集聚完成的。所有能被他人抢走的，都不是真正属于你的，我们毋须过多留恋。

事情不成功，是由于成功变量没有抵达，但是我们会得到教训。教训也是一种变量，而且是一种宝贵的变量，它将推动我们走向未来的成功。

我们做了某事，必然会引起其他事物的变化，其他事物的变化反过来又会影响我们的变化，推动着我们不断地变化。我们会身不由己地被外界推着走，难以完全掌控自己的命运。

变化已经发生，但变化未必朝参与者所希望的方向发生。

在变量推动下，许多事物的发生我们是难以阻止的。

所有人都是时代变量下的存在。

不要以为一些事情不会降临到我们身上，不要以为我们总是幸运的那一个，危险总是出现在距离我们最近的地方。生命中的偶然，其实都是变量推动的结果。

十一 变量组合

变量就像拼魔方，不同的变量会组合成不同的事物。

世界上千奇百怪的事物，都是由不同的变量组合而成的。

什么变量组合成什么事物。变量是“圆”的，而且有“温度”。变量之间具有“亲近感”，彼此感应。一个变量可以和 n 个变量组合而成 n 个事物。n 是个无穷数，每个变量都可以延伸至一个无限的世界，由此构成了世界的无限性和无穷变化。

没有什么意外是偶然的，意外的背后都是不同的变量组合。

资源是有限的，只要有效地配置资源，就能带来超额收益。配置就是变量组合。

混合物来自于更多的变量组合。更多的变量组合产生出更多的变化。

变元素构成变量组合的内容，变量组合的方式构成变量组合的形式。每个变元素都不一样，每种变量组合方式都不一样，由此构成了事物的特殊性。

依据系统内各个变量的位置，在时间、顺序和功能等方面有序连接，是变量组合的有效方式。

有序组合各方力量的组合方式，可以解决更多的问题。只组合自身的力量或者少数人的力量的组合方式，往往难以解决一些棘手问题。

变量组合至关重要，组合有序，事物就呈现出美好的一面。

魔幻般的变量组合，构建了一幅有无穷变化、无限可能性、无限时空、无限物质、无限精神的精彩绝伦的宇宙运行图景。

十二 个体变迁

个体变迁，个体命运的变化。

变量组合反映了各种变量关系，主导了个体变迁。

不同的变量组合，主导个体朝不同的方向变迁：合适的组合朝合适的方向变迁，不合适的组合朝不合适的方向变迁。

把自己的知识、才华、权利、财富组合在不合适的地方，或者侵犯了国家和社会利益的组合，肯定会影响自身的发展。

中庸模型可以指导个体变迁。它把个体变量和周围变量纳入中庸框架内，根据不同变量的性质、功能有序组合，及时地推动有利于个体的变化，引导个体朝合适的方向变迁。

个体在时代变量下注定微小，只有和时代变量组合在一起，才能实现个体生命的繁荣。

十三 共生

共生，两个不同事物之间相互有益的关系。

生物界共生现象明显，不同种类的生物共同生活在一起，相辅相成，彼此共生。一方的存在可以作为另一方存在的基础，一方的消失可以导致另一方的消失，彼此组成共生态。

按照共生理论，生命并不像达尔文主义所假定的那样，是消极被动地适应环境，而是主动地形成和改造环境。生命有机体彼此之间的融合共生，是地球上所发生的进化过程中最重要的创新来源。

共生反映了变量组合的性质。任何变量组合，从一个大的范围上来看，都不是无序彼此无关的，而是一个有序彼此相关的共生过程。一个变量的产生会推动另一个变量的产生，另一个变量又会推动其他变量的产生，由此构建了完整的变量共生态。

共生是人类之间、大自然之间以及人和大自然之间所形成的一种相互依存、和谐、统一的命运共同体。

共生只是个体存在的一种状态，和共生相对的是共毁。

十四 环境

个体只有通过和环境互动,才能保持自身的平衡。

有些事情,现在不做,以后也不会去做。做和不做不全然由自己决定,很大部分由环境决定。没有环境,想做也做不了。非不为也,实不能也。当做事的环境出现时,要及时去做;一旦环境消失,事情就做不成。时机相当重要。有些环境稍纵即逝,再度重现的可能性很小。

不同的时空点有不同的环境。

在其他地方看起来务实合理的事情,放到这里就不是。在其他人看起来轻而易举的事情,放到自己身上就不是。

过去难以想象的,现在变成了理所当然的事情而频频发生。一个问题的解决有赖于其他问题的解决。对方出什么牌,我们也出什么牌。对方的牌路变了,我们的牌路也要随之变化。这是现实中的应变之道,其中起作用的是环境。

不能把眼界局限于自身,要扩大眼界,放在和自身有关的各种环境上。环境是我们制定政策的依据。不熟悉环境,我们会迷路。

处境、境况、境遇、情境等,实际上都是环境的各种表征。我们不能脱离环境行动,并不意味着我们是宿命的、无所作为的。我们可以从现有的环境出发,在环境和自身之间找到一条适合于自己的道路。

不要把在特定环境下的游戏规则当作普遍性的规则使用,并且认为这种游戏会永远玩下去。依据环境变化而变化自己的行为。

十五 小变量

曾经小众的它，如今成为潮流的趋势。

有些变量看似微小，常常被我们忽略，其实蕴藏着未来的大变化，可能在某一时刻爆发。小变量是可以辐射和变大的。

不要因小失大，为了眼前的一时之需引来长期的祸害。

有些事情的发生，可能是由过去某些看似无关紧要的小变量决定的，这些小变量就是初始变量。

很多重大事件往往都来自于起初微不足道的小变量。

个人对社会而言是小变量，对社会的影响看似微小，但不管多小，在客观上都是真实存在的，都会作用于未来。由于蝴蝶效应，一些个人的行为有时会引发社会的震荡。

不能忽略自己无法掌控的小变量，它所引发的糟糕的后果可能会大大超出我们的预料。

只关注大局，不关注大局中的小变量，可能会输掉大局，尤其要关注那些对大局有影响力的小变量。

十六 开放

开放，寻找新变量的一扇窗户。

开放的目的之一是寻找新变量，寻找有利于自己的新变量。

变化都是在变量作用下发生的，新变量产生新变化。事物要发展、要变革，必须寻找发展的变量、变革的变量。

中庸是开放的，而且必须是开放的，要不断地从外界引入新变量，紧跟时代潮流，防止被边缘化。

中庸的开放性还表现为：不断地从外界寻找强劲的对手，作为自己发展的推动力。

在一个封闭的系统里，我们容易骄傲自满、故步自封，最后形成了自我循环、自我满足的内向系统。外界的系统超越我们时，我们就被淘汰了。

我们要持开放的态度，根据自身的特点接受需要的变量。固守传统，在固定的时间、固定的地点从事固定的工作，不思创新和改变，很难适应现代社会。

不要给自己建造围墙，开放是可以创造好运和惊喜的。

改革可以决定我们的变化，而开放能让改革走上正确的道路。不开放的改革无法获得外部强大的变量，无法取得真正的进步。

开放不是绝对的，也不是无序的，它有自己的界限，有自己的利益考量，过度、过滥或者无序开放无异于开门揖盗，会给我们带来灭顶之灾。

第九节

因果关系

一 因果关系

一种现象引发另一种现象,前一种现象称为原因,后一种现象称为结果。

哪里有压迫,哪里就有反抗。压迫和反抗就是简单的因果关系。压迫是因,反抗是果。先有因,后有果。

一切悲剧发生,没有一个人是无辜的。

所有命运皆为因果。不应滋生侥幸心理,以为选择错了没关系,可以从头再来。这是不可能的,有了错因,必有错果。

我们不仅要关注他人有哪些行为,还要关注他人为何有哪些行为;不仅要看到他人的成功,还要弄明白他人是如何成功的。只有这样,我们才能理解他人的行为。

原因和结果可以转化,在此时此地是结果,在彼时彼地可以转化为原因。

因果之间具有隐蔽性。我们看到的往往是外在原因、次要原因,而内在原因、主要原因会隐蔽起来。

我们总是把历史和现实中发生的丑陋的一面归结为个别人的行为,没有勇气去解剖这些丑事的真正原因,以及它们背后蕴含的文化根源,无法突破现象就是原因的思维局限。

二 反向因果

反向因果，和一般因果相反的因果。

甲施恩于乙，乙反而伤害甲，若甲继续施恩于乙，乙又继续伤害甲，则双方呈现出的是一种反向因果。

反向因果是一种非常态，很难长期维持。

世界上没有绝对的反向因果，它体现的是一种深层次的因果。

甲不断地受到伤害，这种伤害深层次的原因，仍然源于甲的不当行为。甲施恩于一个不该施恩的对象，或者采取了错误的施恩方式。只有甲改变自己的行为，甲才会减少伤害。

一个人，当别人不断地施恩于他，他反而不断地做出伤害对方的行为。随着双方交往时间延续，被伤害方不会让这种关系长期存在，对自己的行为必然做出调整，伤害方最终必然受到伤害。

当我们遇到一个有恩于自己的人时，千万不能伤害他，要回报他。如此，双方才能实现良性互动。

这种良性互动，有些人并不清楚。有些人总是一而再、再而三地做出伤害对方的行为，做出种种不当的行为还浑然不知。伤害方最终必然受到伤害，只是受到伤害的时间、地点不定。他受到伤害的最终结果是肯定的，是无法逃避的。自己有怎样的行为，就收获怎样的结果，任何人都无法改变。

我们要时时反省自己，看看哪些是不当行为，并及时做出改正。

三 阴阳道论

事物都有因果。实现某果，先要找到某因，然后播种某因，最后收获某果。

理性启蒙须确立因果思想。如此，才能理性地思考各种问题。

中国传统文化里没有清晰的因果思想，习惯于阴阳道论，把世间万物都看成是阴阳组合，认为结果由阴阳导致，而不是由原因导致的。这种思维方式有其合理性，但是在解释世间万物时，缺少因果这个层次。

每一种阴阳都包含了因果。只有深究因果，才能了解阴阳的来龙去脉，才能协调和把握阴阳。缺少因果这个层次，就不能全面地认识阴阳。

中国发生的许多事情，很少有人从自身的原因上寻根溯源，也没有自我反省，总是推及外在的原因。阴阳道论模糊了因果关系。

我们今天的状态不是由命运决定的，也不是由阴阳决定的，而是由我们的行为导致的。世界上没有宿命，只有因果。只有改变我们的行为，才能改变我们的命运。

因果可以通过归纳法和演绎法检验、证伪，阴阳道论无法检验、证伪，这使我们找不到事物的真正原因。我们处于迷失原因中。

不建立起因果的思维方式，依然以阴阳道论思考问题，我们在走向文明和理性的过程中，可能事与愿违，难以抵达理想的目的地。

四 或然性

有些原因可以产生特定的结果，不会发生不规则的事例。有些原因表现得并不规则，某因不产生某果，因为它还暗藏着其他的原因，阻碍了那个结果发生。

我们的推断受过去事情的影响，以过去推断未来。过去和现在一致时，我们便会以极大的热情期待相似的原因引出相似的结果。有些过去和现在不完全一致，我们便无法引出相似的结果。相当多的过去和现在只有部分一致，只能得到因的或然性。

原因还不清楚，结果已经摆在了那里。我们只看到了结果，看不到原因。

原因是看不到的，要寻找、分析和推理。

有果必有因。有的果我们看到了，却没有找到因；有的因展现在我们的面前，却无法看到果。

付出什么，自然会收获什么。我们平时的所思所想、所作所为，最终都会有相应的回报，其中有好的，也有不好的。因的或然性并不能否认这种现象的存在。

五 变量决定

因果报应由变量决定。

一个人做事产生的结果,会作为一个变量存在。这个变量会影响到其他的变量,其他的变量也会影响到它,报应就是其他的变量对它的影响所产生的结果。

变量具有永恒性,会发生变量交集,所以每个人的行为都会有报应。可能在他有生之年没有得到充分的报应,但是和他有关的人和事,在未来都会有报应。

在时间的过程中,所有的一切都被决定。过去的变量会作为原因决定现在的结果,现在的结果也会作为原因决定未来的结果。不改变原因,结果也无从改变。任何事物不可能没有原因,只是尚未被人发现而已。我们往往将尚未发现原因的事物视为偶然。

问题都源于我们自身。我们有了这样的起因,才会有那样的结果。只有消除了那个因,才能消除那个果。不要将自己视为孤立的个体,应视为各种人际关系的中心、各种变量的中心。在了解所有的潜在的结果前不贸然做事。

六 负向激励

负向激励，受反向因果驱动，善得恶报、恶得善报，把人导向消极负面。

一方面，它削弱人的正常的需要和动机、降低人的积极性；另一方面，它具有控制人的行为的强大力量，具有非理性特征。劣币驱逐良币，坏人淘汰好人，使简单的因果变得复杂起来，理性变得非理性，稳定变得不稳定。

负向激励大都是短暂的，它违背了因果规则，不仅对自己，而且对他人都会造成重大的伤害。社会会以不同的方式纠正这种行为，实现正向激励。

给伤害我们的人以伤害，不原谅不可原谅的人，不施貌似美德的罪恶，不说善意的糊涂话。天道无亲。在给予爱心方面不操之过急，不把爱心给予那些不值得你爱的人。太多的悲剧由好人造成。要付出代价，获得我们不付出代价不能获得的东西。对那些有负于我们的人，我们也负有责任。

不能无视因果规则，否则会受到惩罚。

七 绝对义务

绝对义务观视义务为无条件的、绝对的，只能遵守不能违背，履行义务时不顾及结果如何。

对义务要有反思意识。义务中有因果。绝对义务观违背了因果规则，因为它强调个人义务时拒绝考虑任何理由。在因果论看来，这种绝对义务观会导致不负责任的行为。

事物都是有因果的，事前考虑自己行为的所有可能的后果，充分理解自己行为的影响，把自己的行为视为事情变化的原因。我们要为失误付出代价，自己闯的祸，自己要付出代价来弥补。每个人都要为自己的行为买单。

个人在集体中的表态相对容易，参与行动则难得多，就在因为个人要为自己的行为买单。

拒绝接受无条件的义务和不加选择的责任，对自己的行为负责，履行自己选择的责任。

履行义务时，同时考虑自己的责任、权利。义务和责任、权利是统一的。

八 行为后果

一个人的行为给他人造成了损失，这个损失是计入成本的，他以后要支付这个成本。同样，一个人的行为给他人带来了好处，这个好处将进入收益表，他以后可以领取这个收益。

凡是做了错事的人在现实中都会有反应。这体现了因果报应。我们必须为自己的行为付出代价。不要忘了初始原因，这是事物变化的关键原因。

一旦事情朝相反的方向演变，我们将失去对局势的控制，后果可能是灾难性的。从良好的愿望出发，不得不接受失望的后果，这是多数人无法逃避的命运。

无论是消极地还是积极地加以评价，所有的这些都应该被视为具有后果性的特征。

想好可能出现的后果，有完美的收场，方可行动。倒霉之人可能有幸运的开端，却没有美好的结局。人生舞台上，很少有机会可以重新再来。

最后的结果可能从一开始就已注定，只是我们不知道而已。负责任地行动，知道自己在做什么，为什么这样做？今天看到的每一种后果，在未来都会被更大的后果所超越，这更大的后果是什么？这些都要我们去瞻望。

欠下的“债”迟早要还的！对自己行为负责，应该成为我们心中的主导理念。

知错就改，不听任不该发生的事情发生。

九 变化定律

未来是建立在过去和现在的变量上的，因果是其表现的逻辑，它以一种超越我们感知的能力、意味深长的方式存在着。

我们总是接受结果，却忽略了原因。把一些理念视为理所当然、不证自明，忽略了假设和论证的语境。

我们常犯这样的错误：在尚未弄清楚，究竟谁导致了现在的变化，又是谁在承担这种变化带来的后果，却继续前行。

付出不一定有成果，坚持可能失去更多。不付出代价，今后代价更大。这是多种因素共同作用的结果，而不是从 a 到 b 的简单逻辑。

我们看到的只是一种结果的表征，而不是原因。不关注为什么，就会忽略因果。有时被攻击，不是犯了什么“错”，而是因为具有优秀的品质。有时的仁慈却换来更多的伤害。

无法逃避错误行为造成的后果。这种后果会作为一个变量存在，并且持久地影响我们。

极端行为产生极端结果，中庸行为产生中庸结果。

我们在意的不是结果，而是结果形成的原因。大自然没有主宰者，只有因果。

因果定律是一种变化定律。

十 原因消除

许多灾祸不是预先警告可以避免的。

对个体警告常常无效。只要原因不消除,相似的事情还会发生,而且必然会发生,即使现在不发生,将来也会发生。

这不是可以避免的历史偶然。该来的总是会来的,逃也逃不掉。避免将来的灾祸,必须从现在起消除灾祸的原因,灾祸自然远离你。

一种现象长期存在,背后一定有深刻的原因。

惩罚犯错者,不是为了宣泄情绪,而是为了表明态度,从根本上制止这种行为,消除再次发生的原因。对犯错方不惩不罚,不是仁慈,而是失职,反而起到鼓励的作用,最终会再次危及我们的安全。

多数人的思维只看结果,几乎没有人从中反思一下,去寻找真正的原因、事情的来龙去脉以及过程的合理性。

任何事情的发生都是有原因的,任何行为的出现都是有结果的。上件事情的结果可以成为下件事情的原因。事物普遍存在因果链现象。很多人一辈子都在还过去欠下的"债"。只要原因不消除,相似的事情还会再次发生。

十一 整体因果

我们只能认识部分因果，难以认识整体因果。

对整体因果难以提出普适规律，不能用简单的概念描述。损人不一定利己，利人不一定损己。在我们所知的部分因果外，须了解整体因果。整体因果又称为系统因果。

事物的变化，短期由部分因果决定，长期由整体因果决定。只有了解了整体因果并且作为我们行为的逻辑依据时，我们才能获得更长久、更广阔的生存空间。

把先发生的称为原因，后发生的称为结果，这样限定的理由不充分。从原因到结果的推论，要符合整体逻辑。只有建立在整体逻辑上的原因，才会产生相应的结果。整体原因涉及许多变量，只要漏掉其中一个变量，就会改变预期的结果。

整体因果包含了诸多复杂关系。了解整体逻辑和整体关系，并且对其梳理，而不仅仅了解和梳理部分逻辑和部分关系。

不了解整体因果，我们的认识和行为将陷入盲目状态。

我们不会因为努力做事而得到酬劳，而是因为做了正确的事而得到酬劳。我们以为，只要我对他好，他也会对我好。这是由部分因果观引出的一个偏见。

不要用个体的招数去对抗整体。世界上所有因果都以整体的方式存在的。

用整体因果观看世界，会发现世界上发生的一切都是合理的。

一切因果只有从整体上把握，才能见效。

十二 有效工具

因果论并非万能，有其局限性。

因果论认为，只要同一个原因再现，就会出现同一个结果。

现实世界中的原因和结果处于不断变化之中，同一个原因难以再现，因而同一个结果也不会再次出现。人有意识，即使再现了相同的外部环境，也会受到心理变化的影响，很难再现同一个结果。人不能两次踏进同一条河流。

从源头上来说，事物的变化由变量决定，不是由因果决定的。一些事物没有原因，或者我们找不到原因，却发生了变化。

所谓因果概念，是人们为了更好地认识世界，从世间万物变化的过程中，人为地抽象出来的两个变量概念，把推动事物变化的变量称为原因，由原因变量造成的事物状态称为结果。因果概念具有人为的认知痕迹。

精确的因果关系，只有在严格限制的实验室里才存在。在自然状态下，事物的变化受到来自内外环境诸多因素的随机干扰，不存在严格意义上的因果。

有些人很执着，遇事必须找到因果，才会心安。有些看似一对因果，往往只是因为伴随发生，有时间上的连续性，但是两者不一定有必然的因果关系。

生病吃药，药到病除。吃药是原因，病除是结果。有时药到病反而加重，所以，我们无法在一个原因和一个结果之间建立起一种必然的联系。避免错误归因。

不必迷信因果，事物最终的结果不是由部分因果决定的，而是由综合变量决定的。

因果理论只是我们认识世界的一种有效工具而已。

十三 纠错能力

未来的不确定性，导致我们必然会犯错，会不断地犯错。谁也保证不了永远正确。

犯错是常态，谁也不可避免，关键在于纠错能力。

多数人由于忽略了自己曾经的犯错，也没有对自己的错误做客观分析，他人有时还会维护你的错误，帮你掩盖真相，所以我们还会犯相似的错误。即使有人分析了原因，重新犯错也难以避免。我们具有容易犯错而不容易纠错的特征。

没有纠错能力，我们所犯的错误会非常可怕，我们会沿着错误一直走下去，小错变成了大错，一个错误变成了两个错误，变成了更多的错误，最终造成了无法补救的局面。

有了纠错能力，而且所犯的错误不是致命的，错误就不可怕，可以及时纠正错误，或者降低错误程度，最终都能掉头走出死胡同。在纠错中，排除沉没成本的干扰以及情绪的纠缠。绝不在错误的道路上多走一步。在纠错过程中，还可以获得经验教训。

每一场意外或者灾难后面，往往都有纠错机会，我们却常常看不到。

纠错是我们生存和发展的必备能力，是上天给予我们生命中的一笔悲剧意义上的超越。

纠错越早越好，绝不能等，否则将付出更多的成本。

纠错表现为止损、产业结构调整、目标重置、政策改变、思维方法改变等。

只有在纠错后，我们才能获得更好的发展。

第十节

语言概念和逻辑

一　语言概念
二　不能言说
三　绝对性
四　绝对概念
五　主观性
六　翻译
七　语言作用
八　逻辑
九　逻辑方法
十　推论形式
十一　综合蕴涵
十二　演绎推论
十三　归纳推论
十四　不出真理
十五　逻辑作用
十六　公理传递
十七　逻辑评价
十八　理性行为
十九　两个轮子

一 语言概念

语言、概念都是人创造的符号，是事物的复本，不是真实的世界。

书本上的法律和行动中的法律有区别。前者体现了法律的确定性，是法律的条文、概念，它是不变的，法官无权变更它。后者体现了法律的不确定性，法官可以根据具体情况做出判决。

法律不仅是法律的条文、概念，更是对法律条文、概念的运用；不仅是抽象的法律规则，更是法官的具体行为以及具体审判事实。

法官可以利用法律条文、概念来破坏法律精神。

语言、概念和事实常常名实不符，这给社会带来了麻烦。

语言、概念反映的对象不应空缺，不应脱离应有的对象范围。只有注意了这两点，谨慎地使用语言、概念，才能名实相符。

只有当语言、概念和事实相符时，才能获得其自身的意义。和事实不符的语言、概念，只是一个好看的“空架子”。

我们认知的世界是通过语言、概念来表达的。只有借助语言、概念，才能把混乱的感觉经验整理出秩序来，但是语言、概念和事实之间没有必然性，从事实中无法必然地推出符合其自身的语言、概念。我们所表达的语言、概念只是我们思维的自由创造。

二 不能言说

天地有大美而不言。

世界上许多事物，语言无法表述，或者无法充分表述。

我们正在探究尚未不知的事物时都是难以言说的。

英国哲学家路德维希·约瑟夫·约翰·维特根斯坦(Ludwig Josef Johann Wittgenstein)认为，根据语言的界限，凡是可以思考的事态都可以用语言表述出来，是可以言说的；凡是不能思考的事态，即那些超出逻辑上可能的事态这个范围的，则不能用语言表述，是不能言说的。语言虽然能描述现实，但是不能描述整个宇宙，整个宇宙是不能言说的。世界上有许多不能言说的神秘之物，它们存在着，它们自己表现自己，然而是不能言说的。(《逻辑哲学》)

事物具有诸多特征，不论我们说多少，始终不能把它们说完全，不可能把全部特征都表述出来。用语言表述事物，总会遗漏掉一些特征，不论我们把每个词的定义的边界扩大多远，边界外总有一些没有包括进去的内容。

世界上的事物既是有限的也是无限的，我们只能看到有限事物，只能认识有限事物，不能看到无限事物，也不能认识无限事物。对无限事物我们是不能言说的。这超出了我们的认知能力和语言的表述能力。

三 绝对性

概念具有绝对性。

概念是对事物抽象的表述，反映的都是抽象化的内容。

在抽象事物的过程中，概念只能反映事物的部分特征，不能反映事物的全貌。为了抓住某些特征，概念会把某些特征绝对化。只有绝对化了，才能形成概念功能，以区别此物和彼物。

一件事物用概念来表达时，往往会夸大其词。我们看到的坏消息或者好消息，并非是真相的全部，其中包含了不少的夸大成分。

概念的绝对性源于人的思维方式。

人的思维具有简单化特征，具有某种思维经济原则。一切绝对的对现象的概念表述都是人的思维所以为的，所表述的总是思维模式的表述和部分现象的表述。

概念的绝对性，助长了我们普遍的确定性的感觉，容易把我们导向极端。我们往往在静态的概念下迷失方向。

客观世界不支持概念的绝对性。

我们的许多偏见或者错误行为，往往都和概念有关。

四 绝对概念

世界上没有绝对事物，却有绝对概念和绝对主义。

在是非之间、好坏之间、美丑之间没有过渡，反映的都是绝对概念。

在绝对概念中，会出现绝对判断语句："是就是，不是就不是；除此之外，再无其他。"

绝对概念会滋生某种依照狂妄标准而格式化的机械思维，最终导致极端。

绝对概念发展到极端就是绝对主义。绝对主义把一切都看作是凝固、僵化、绝对的，否认事物的流动性、可变性，否认事物在一定条件下转化的可能性。

绝对主义承认权威、承认绝对真理，以为自己掌握了绝对真理，不是肯定一切，就是否定一切，因而常常采取极端行为。

绝则错。一切绝对概念都不是完全准确的，都不具有绝对的合理性。真理不会只有一个，真理也不会是一条直线。真理至少是一棵树，有根茎，有主干，叶茂枝繁。

一味听任绝对概念主导世界，会造成我们错误的处事方式。

概念的绝对性成了我们认知的障碍，我们应以中庸的姿态认知世界。

绝对概念、绝对主义是对现实的扭曲、中庸的反动。

五 主观性

概念具有主观性。

我们是根据主观需要创造概念的。概念无不体现了我们的主观想法,就像我们的许多虚拟想法一样。

世界上本没有是非、美丑、善恶,这些概念都是我们的价值观、道德、审美的产物。

社会上充斥着各种概念。我们在概念中生活。生活中有那么多的是非、美丑、善恶,根源就在于我们将自身的目的、标准强加给了世界,因此,我们就有了这些概念。我们总是在它们之间调和。

世界上的事物,假如不是美善的,在我们看来可能就是丑恶的,其实它们并非丑恶,它们和美善一样,都是自然的存在物。我们对它们的认知带有主观性,这不可避免。

我们对世界秩序并不全然了解,却总想让其按照我们的想法运行。我们总是以我们的价值观对其做出判断和改造,而不是以其本来的面貌判断和改造。

世界上原来就没有理论、经验和道德,这些都是我们认知的产物。

由于盲目地顺从流行的概念体系,以及盲目地信仰传统权威和教条,导致了我们的认知偏差。不陷入因为成见或者主观概念而造成的那些明显的荒谬。

世界应该体现出无穷的丰富性,不只是显示我们独有的概念。

六 翻译

美国哲学家查尔斯·桑德斯·皮尔士(Charles Sanders Peirce)认为,可以用语言的"翻译"方法,来确定普通名词和形容词的意义。(《皮尔士文集》)

如何确定一个形容词,比如说"硬"呢?当我们打算将形容词"硬"应用于一个客体,比如瓷器上,做一个判断陈述"这是硬的",此时就可以用到"翻译"的方法,将这个陈述"翻译"成一个假设性的陈述,即"假如……那么……"的陈述:"假如一个人企图用手抓破这个东西的表层,那么他将不可能成功。"

再如,"这是重的"的陈述,也可以"翻译"成类似的假设性陈述:"假如移去支持此物的力量,那么此物将会坠落。"

运用"翻译"方法可以得到两个结论:

假如一个语词无法做这种"翻译",那么这个语词是没有意义的。虽然这个语词可能会激起人们的感情、引发人们的想象,但是从认识世界的视角上来看,它是没有意义的。

假如两个语词或者更多的语词,经过如此的"翻译"后,其定义是相同的,那么不管它们在其他地方有什么不同,从认识世界的视角上来看,它们的意义是相同的。

七 语言作用

语言作用,一是表达;二是表述。(《哲学和逻辑句法》)

美国哲学家保罗·鲁道夫·卡尔纳普(Paul Rudolf Carnap)认为,个人一切有意识和无意识的活动,包括他的语言的发抒,都表达着他的情感、他当前的心情。可以把个人的这一切都看作是征象,能从这种征象中做出关于他的情感和性格的某种推断。

语言的表述作用,是表示一定事物的性质、范围、现象和状态,告诉人们是怎样一回事,它是有所断定、有所述说、有所判断的。

语言的这两种作用极不相同,即使表述的事物和从表达中推断的事物性质相同,我们也必须对表述和表达加以严格的区别。

对语言的表述作用和表达作用做出区别,在认识世界意义上,我们就可以剔除一些神学上的命题,它们只有表达作用,没有表述作用。比如抒情诗和音乐,它们只有表达作用,没有表述作用。

八 逻辑

逻辑，思维的规律，有一套严谨的推论规则，可以帮助人们合理地组织和运用知识，从而获得清晰而可靠的论点。

只有充分使用逻辑，我们的认识才能接近真理。

符合逻辑的不一定是真理，但真理一定是符合逻辑的。逻辑不能决定合理性，但是能解释合理性。不能让非逻辑进入我们的系统。逻辑上都不存在的事物进入现实社会，必定引发灾难。

只关注结果，不关注逻辑，是本末倒置。一切真正的规律都是逻辑。逻辑对头，早晚会对。失去逻辑，也就失去了结果的合理性。

逻辑比价值概念更重要。一个价值概念可能因为不充分的逻辑而被抛弃或者替代。

社会发展都有自己的逻辑。我们可以健忘历史，对自己不喜欢的可以选择性地遗忘，但是不能忘却逻辑，忘却逻辑意味着我们对自身发展以及世界变化缺少合理性的根据。

每个人都有自己的做事逻辑。你要了解他人，就要了解他人的做事逻辑。对一些崇尚武力的人，只能以武力跟他沟通。

不了解事物背后的逻辑，即使我们听了许多道理、看了许多书，仍然会不明其理，看不清这个世界的模样。

没有逻辑的论点不论看起来多么美丽，在实践中都会遭遇挫败。

一些错误背后的逻辑事后看起来简单，后果却是血淋淋的。

逻辑虽然是理性的，但并非是绝对的，它有自己的局限性。

九 逻辑方法

逻辑方法，运用逻辑规则进行判断和推论的方法，其中有形式逻辑方法和辩证逻辑方法。

比较、分析、综合、抽象、概括、归纳、演绎、定义、划分是形式逻辑方法；归纳和演绎相结合、分析和综合相结合、抽象和具体相结合是辩证逻辑方法。

随着社会实践和逻辑科学发展，逻辑方法会越来越丰富。

逻辑方法在科学发展中的作用，学术界有争论。

一种观点认为，科学发展是各种逻辑方法的运用，并且科学本身就包含着逻辑证明的要素；另一种观点认为，没有什么获得新发现的逻辑方法，科学发现不纯粹是逻辑的过程，同时渗透着非逻辑因素。

逻辑方法都是规定性的，并且对所有事物的解释都是构造性的，并非是万通的。

对一个沉迷于逻辑者来说，凡事必找逻辑，很容易形成逻辑自洽，看不到逻辑之外更多的事物，这是要避免的。

十 推论形式

逻辑推论形式有别于逻辑推论内容。

逻辑推论形式正确与否，不依赖于逻辑推论内容而独立存在，只要涉及的是类个体，不管推论的个体是什么，都一样有效。

这里说的逻辑只指演绎逻辑，不涉及归纳逻辑。将演绎推论和归纳推论以及类比推论视为一体，就无法分清推论形式和推论内容。只有将逻辑限定在演绎推论，才能做到这一点。

演绎推论是自明的，和经验世界不发生关系，因而能保证其推论绝对可靠。归纳推论却不如此。归纳推论不是自明的，它的结论无论如何达不到演绎推论那样绝对可靠。

在洛克、培根和牛顿的时代，归纳推论被看作是经验科学的标志，任何经验、真理的发现都经由归纳方法确立，但是当休谟对归纳推论提出质疑后，归纳推论的性质就清晰了，它不具有演绎推论的那种必然性。

真正意义上的逻辑，能保证推论绝对可靠的只能是演绎推论。

十一　综合蕴涵

借助于理性可以建立综合蕴涵式，帮助我们预言未来。

知识的本质是概括。用某种原始方法摩擦木头产生火，从个别经验中概括出钻木取火的知识。概括是理性的作用，能从个别经验中抽象出普遍规律。

作为规律，即可以建立一个“假如……那么一定……”的蕴涵式，表示这一规律或者这一蕴涵式，适用于这一个特殊类的全部事物。假如以某种方法摩擦木头，那么就一定会产生火。这一规律性的知识，不但是过去和现在经验事实的概括，而且能预言未来。假如未来以同样的方法摩擦木头，那么一定可以产生火。

单纯的经验只能说明过去和现在，不能预言未来。未来不在人们的经验范围内。

理性引入的抽象关系，不但对已经做出的观察有效，而且对尚未观察到的未来也有效。预言未来是理性的职能。

单纯的理性不具备预言能力，理性只有和经验结合，才能建立综合蕴涵，才具有预言能力。

十二 演绎推论

所有金属都可熔解，铜是金属，因此，铜可熔解。

这是一个演绎推论，它必然为真，它的结论为前提所蕴涵，结论并没有在前提外有所增加，只是把前提中的一部分内容揭示出来而已。

作为这个演绎推论前提的“所有金属都可熔解”，不是演绎推论的产物，而是归纳推论的成果：

铁是金属，可熔解；银是金属，可熔解……可熔解；至今所观察到的金属都可熔解，因此，所有金属都可熔解。

归纳推论和演绎推论不同，它不是分析的、空洞的，它的结论是不包含在前提内的，“所有金属都可熔解”，除了涉及已经观察到的金属，还涉及尚未观察到的金属，包括我们未来将观察到的金属的预言。这个结论是超出前提的，它把“金属可熔解”的属性推广到其他尚未观察到的金属上，这就不能保证它的结论必然为真。我们未来的经验有可能推翻这个结论。

过去，欧洲人通过归纳法推出“一切天鹅都是白色的”结论，后来人们在澳大利亚发现了不是白色的天鹅，就推翻了这一结论。

十三 归纳推论

我们要发现真理，必须使用归纳推论。

演绎推论不能发现真理，不足以做出预言。假如说演绎推论也能预言，这一预言能力也完全得之于归纳推论。

归纳推论和演绎推论作用不同，从发现真理到运用真理的过程中，归纳推论过问的是前半段的发现真理，演绎推论过问的是后半段的运用真理。

演绎推论不问推论中的具体经验内容，不问推论前提是否真理，只是依据所给定的前提而推出相应的结论。只要终极性真理、公理性真理一旦给定，它就准确无误地推出次级真理、定理性真理，决不会出错。

发现真理需要归纳推论。归纳推论旨在发现某些新事物，建立某种超出在已有观察外的普遍真理，以便对未来做出预言。

尽管归纳推论不是必然为真的，不能保证决不出错，我们也甘冒可能出错的风险，因为除此之外，我们还找不到其他更好的方法。

十四 不出真理

逻辑为何推不出真理呢？

周谷城认为，由一推到多的演绎推论式，如：凡人皆会死，张三是人，故张三会死。

这里推出的结论，不过是把大前提里已经有的道理缩小范围，再说一遍而已，并不是在结论中推出了新事物。

由多推到一的归纳推论式，如：金是金属，可熔解；银是金属，可熔解；故金属都可以熔解。

这里的归纳推论也没有推出什么新事物，结论只不过是把大小前提里分别讲的几件个别的事物，扩大范围，冒充全面，统一说出而已，这恰恰构成了结论的不可靠。凡是以部分冒充全面的总是不可靠的，要可靠，须继续实践。

由一推到一的类比推论式，如：某甲患病，有……症候；某乙有某甲类似的……症候；因此，某乙亦患病。

类比推论如相似点举得少，推出的结论不易真。相似点举得多，则无异是对两个病人的分别研究。所得结论并不是推论出来的，而是分别研究出来的，也是出于实践。（《因明、逻辑、墨辩是帮助实践的工具》）

由此可见，推论并不能推出真理，只有实践才能得出真理。

十五 逻辑作用

逻辑推不出真理，但是可以传递真理。

逻辑推论的可靠性，可以保证将前提中的真理传递到结论上去。

这种传递相当于从公理到定理之间的传递，这是逻辑的作用。

每一门学科都包括了一组概念和一组真命题。当有人对某一概念发生疑问，我们就用另外一些概念来定义它；当有人对某一命题的真实性发生疑问，我们就用其他已知为真的命题，通过推论来证明它。

一门学科，不是所有的概念都要定义、所有的命题都要证明，否则定义和证明就没有出发点，就会出现循环论证，而循环论证是不合规则的。因此，一门学科建立之初，要选定少数不定义的概念和若干不证的命题，以此作为它的基础和出发点。这些不定义的概念，称为初始概念；这些不证的命题，称为初始命题，也就是公理。

公理是经验的产物。公理的发现和确立与逻辑无关，逻辑不能决定它们的真伪，要靠经验来证实，但是逻辑能确定公理和定理之间的关系，能从公理中推导出定理。

逻辑推论充当了真理的传递者，它将前提中的公理性真理通过推论传递到结论上，得到定理性真理。

十六 公理传递

在人类知识的总量中，公理性真理、终极性真理是少数，大量的还是公理性真理下的定理性真理、终极性真理下的次级真理。

超对称原理、最小作用量原理、叠加原理、惯性原理、万有引力定律等都是科学公理。这些公理都是依据人类的理性揭示出来的基本事实，经过人类长期反复实践的考验，不需要再加证明的基本命题。

一门学科的建立，都是由少数公理性理论以及由此推出的大量定理性理论为基本结构而构建的。

大多数科学工作者，只是将公认的理论投入到应用，做些从公理性真理到定理性真理的推导工作。逻辑对科学发现无所作为，但是可以发展开拓者发现的成果。

公理性真理、终极性真理的提出和确立和逻辑无关。只要这些真理一经确定，逻辑就可以开始工作，就能从公理性真理推出定理性真理、从终极性真理推出次级真理。只要遵守推论规则，其推出的次级真理、定理性真理同样令人信服。

从公理到定理的推论还可以用之于检验理论。

某些理论，单独来看其公理和定理难以发现其中的问题，假如将其公理和定理联系起来看，就能看出其中的谬误。根据前提、推论和结论三者之间的逻辑关联，可以检验前提和结论之间的对应、蕴涵，由此判断其公理和定理是否吻合，是否自圆其说。

十七 逻辑评价

评价一种行为或者一项政策，首先看它在逻辑上是否成立，是否有充足的逻辑依据，而不是看它的历史数据或者表象。

“举办世界杯全球股市跌”“某某明星离婚中国股市涨”等说法完全是谣传，没有逻辑依据。

我们对不少社会现象的表达，尚处于“看法表达”上，只做了一些简单化的道德评价，以及情绪化的发泄，你说你的，我说我的，都没有说明事实，没有形成充足的逻辑依据，最后都属于无效沟通。

逻辑并非是万能的，逻辑本身也存在矛盾。欧洲文艺复兴时期，逻辑方式竟然同时服务于两个对立的目的：一方面，人文主义思想家运用逻辑推论来攻击当时的社会教条；另一方面，神学家也把逻辑争辩作为武器来攻击那些异端邪说。

在攻击对方上，逻辑体系非常有效。人们可以从普遍概念或者公理出发，推导出自己真理在握而对方荒谬的逻辑结论。同样的方法也可以用来反击对方。一些矛盾的根源，正是我们习以为常的教条主义式的思考方式。它假设的价值判断是普遍公理，其实并非如此。

只有寻找逻辑中的错误，我们才能避开错误。

十八 理性行为

理性行为，依据现有理论，通过合理的逻辑推论所做出的行为。

中庸、自信、谦虚、实事求是、独立思考、留有余地、考虑后果、知己知彼、探究因果、三思而行等都是理性行为。

极端、自卑、骄傲、崇拜权威、人云亦云、不留余地、不计后果、心中无数、只求结果、随心所欲等都是非理性行为。

我们的行为应以道德为基础，但背后的逻辑起点应是理性的。

做事不能只凭情感，还需要理性。理性行为比情绪反应有价值。在涉及自身重大利益的问题上，我们总是做不到理性而为，甚至不曾去尝试。

假如对方行为是理性的，那么它是可以描述的、理解的，这有利于双方之间的沟通。倡导理性行为，对世界有利。

十九 两个轮子

推动我们行为的是两个轮子：一是情感；二是理性。

情感管理当前的欲求，理性管理未来的利益，两者相辅相成，共同作用于我们的人生。

人既是情感动物，也是理性动物；既有情感部分，也有理性部分。没有一个人的行为是纯粹情感的或者纯粹理性的，而是这两方面不同比例的组合。

这种组合使我们很难给人性下一个确切的定义。

对同一个事物，没有两个人的心理和行为是一样的。人的心理和行为，假如完全按照情感走，世界会变得可怕；完全按照理性走，世界会变得单调。正是由于受两个轮子的驱动，而且它们之间的比例每个人都不一样，所以造成了人对自身行为的无法预测，造成了世界的多姿多彩。每个人对他人都是一个谜。

那些仅仅想通过理性来驾驭亲情、爱情、友情的都很难实现。亲情、爱情、友情充满了情感，而理性充满了计算、权衡。

世界上所有理论，都带有作者本人的情感和理性。理性在世界上相通，但是情感每个人都不一样，情感包含了对自己的国家、城市、性别、年龄、经历、社会阶层等方面的感情。

非理性行为可以被理解，但是无法被原谅。理解只是理解已经发生的往事，这有助于问题的解决，而原谅不可原谅之事，是对不可原谅之事的纵容，这个行为本身是不可原谅的。对他人的欺骗或者侵犯行为表达愤怒是自然的，但愤怒并不是一种能真正解决问题的战略。

第十一节 思维

一 逻辑思维

逻辑思维，借助于概念、判断、推论的思维形式。

逻辑思维不是通过具体形象，而是通过抽象，通过思维加工制作，来揭示事物的本质。

事物的本质都是抽象的，感官感知不到，只能用逻辑发现它。一些看似熟悉的事物，要说出个所以然来，必须进行思维加工。

逻辑思维不受经验事实的限制，从相对中认识绝对、从特殊中认识一般、从部分中认识整体，透过现象把握本质，从而获得规律性的知识。

有些人不大愿意倾听长篇累牍的理由、依据和逻辑，只热衷于结果。他们不知道，没有理由、依据和逻辑，就不会有结果。你可以不相信逻辑，但事情通常按照逻辑运行。

我们往往缺乏逻辑思维，只相信事实和经验，不知道推论能达到对事物本质的认识。

想在市场上赚钱，却不知道赚钱的逻辑，怎么能赚到钱呢？

想在竞争中取胜，却不知道取胜的逻辑，怎么能取胜呢？

难有靠谱的判断，但是有靠谱的逻辑。

一个拥有逻辑思维的人，会按照逻辑做事，对自己的行为设置前提、审慎推理，求得一个合理的结果。反之，一个逻辑思维不足的人，常常随性而为，给人的安全感和信任感都不会很高。

二 不合逻辑

正确思维是否一定符合逻辑呢？答案：是，但又不绝对。

在常规科学范围内是这样的，在科学发现上却不一定是这样的。

科学发现是谈不上规律的，逻辑不能规范它，它更多的是非逻辑思维的成果。逻辑的适用只是发现后的事。

无论是演绎逻辑或者归纳逻辑，都和科学发现无关，和创造性思维无关。

逻辑在科学发现上可能是无用的，也可能成为一种障碍。科学发现更多凭借的是经验和直觉，是探险中的奇遇，不全是逻辑思维的成果。

逻辑只是人们对自己一部分思维所做的形式的规定，即对思维的物质载体，即语言表述所定的推论的规则。

思维有合逻辑的、不合逻辑的。逻辑思维并不囊括所有的正确思维，更不囊括所有的思维。在认识世界中，思维天地极其广阔。

这一现象反映了世界的无限性。

三 反思

我们发展的每一阶段都需要反思。每当走在十字路口，或者遭遇重大挫折，反思必不可少。在反思中，“我”被当作一个被考察的对象。

即使处于繁忙的工作中，也要不时地停下来，反思自己在做什么，会有怎样的结果，感受一下自己的状态，要清醒地努力。

反思体现了自我意识。通过反思、反省，可以思考、描述和理解自己所经历的事情，可以清晰地认识自身的错误，可以发现自我纠错的机会，即使无法纠错，也将获得一种洞察力。

对过去和现有事物、观念的反向思考，用思考拷问思考，对传统思考提出否定性思想，是一种更大范围的反思，它是创新之源。

逆向反思使我们的思维从正向延展到反向，当所有人乐观时，看到危险在哪里？当所有人悲观时，找到希望在哪里？做事顺利时，就要谨慎了，运气不会总停在一个地方。

最大的反思是整体反思，从源头上反思，翻越“忧虑的墙”。局部反思，不会带来整体上的思想进步。

改变遭遇问题先抱怨而不是先反思的思维惯性，给予反思应有的位置。

四 思考

思考，依靠推理而进行的思维的探索活动，体现了思维的积极性和创造性。

我们需要思考，在思考中寻找未来。

我们是根据思考而不只是根据梦想来规划自己的。

很多人不太关注思考，甚至害怕思考，让自己整日忙忙碌碌，只是为了确保自己没有时间思考。这种逃避虽然很少是有意识的，但仍然会带来相应的后果。我们越来越忙，基本上不怎么思考自己为何这么忙，忙的结果又是什么。

每个人只拥有局部现实，眼界有限，这就需要思考。我们是自身思考的结果。你怎样思考，你就成为一个怎样的人。

正确行动取决于正确思考。不管干什么，方法论、思维方式比努力更重要。

探究事物的本质、寻找现象背后的原因，都需要思考。只想维持之前的状态，没有思考，绝对创造不出未来。停下来思考，抱着疑问，多问几个为什么，对自己没有坏处。

思考范围不能局限于自身和眼前，应该广一点、远一点。

不少中国人的思维留有空白，善于冥想，在冥想中完成自己的审美，但是没有上升到思考层次，这背后有着自己的文化背景。

西方人总是把他们的一套理论强加给中国人，告诉中国人：这就是世界真理，你们毋须再思考，只要遵从就可以了。

我们要学会思考，让自己成为有思考力的人。

我们今天的成就靠的不是忠实地服从，而是用自己的头脑思考，根据自己的思考来决定自己的行动。

思考是我们的灵魂。

五 中庸思考

中庸思考，以中庸为原点的思考方式。

站在中间立场上来思考自己、思考他人，反思自己和他人的行为。

站在自己立场上来看自己，总是看到自己的影子、自己的利益，只看到自己想看到的，看不到自己不想看到的。

每个人心中只有自己，不顾及他人利益和集体利益，最终导致个人和集体的失败。

要经常问自己：这是极端的事吗？它的中间点在哪里呢？它的临界点又在哪里呢？绝不能以为自己清楚了，而不去思考。

事物的极端性、中间状态以及临界点随时在变化，需要中庸思考去把握。

中庸思考有助于我们看到外显而不察的事实，消除自己的思考盲点，清除不合时宜却令人舒服的自我观念，摆脱单一的认知模式，冲破重重迷雾，获得前瞻性的眼光。

只有对中庸思考有坚定的秉持，当其他人迷失时，你才不会。

六 常识可靠

以日常生活经验形式呈现的常识，由人们世世代代积累而成，由千百万人的生活实践所证明了的，这保证了常识的可靠。

常识可靠，源于它和知识同源，同样经过经验和理性的验证。在和知识的联系上，几乎所有常识都可以纳入一定的知识系统。在常识背后，有着整个知识系统的支持。

常识是认识社会的通行证。有了常识，我们就有了认识世界的可靠底线，我们就能更好地生存于这个世界。

常识对我们具有生存的价值和意义。一个人即使没有现代意义上的文化知识，只要具备了常识，照样可以生活下去。

在复杂的社会面前，我们不能失去常识，失去常识是可怕的。

社会最终留下的必定是常识。常识以一种普遍的模式在运行。

最佳风控系统是常识，我们却习惯于听从专家的意见，这个错误在社会上一再上演。

当我们用常识去判断一件事而觉得不可思议时，这件事大都是一场骗局，我们无须怀疑自己的智商。

我们当下最缺失的，不是其他，而是常识。

七 专业知识

几百年前，太阳中心说是最震撼人心的新知识，如今成为常识。以往为少数人掌握的知识，由于科学普及，知道的人多了，就成了常识。

阿尔伯特·爱因斯坦（Albert Einstein）1915 年创立的广义相对论，对现在的物理学家来说，只是常识，而对多数民众来说，肯定属于知识，而且是不花功夫难以掌握的知识。

从人们实际拥有的常识和知识的比例来看，每个人拥有的常识要比知识多得多。人生有限，即使穷毕生之精力，也只能成为一方面或者某几个方面的专家，要成为所有领域的专家几乎是不可能的。专家在其擅长的专业外，只能停留在常识水准。

专家是值得尊重的。专家拥有专业知识，就比常人拥有更多的发言权，这是社会认可的“话语霸权”，不过，这种“话语霸权”有限度。专家在其专业外也处于常识水准，超出其专业，专家只拥有和常人差不多的发言权。假如专家不守本分、思出其位，在其他问题上同样以权威姿态发表意见，那就越界犯规。“话语霸权”是不能随便移置的，一个医学专家对金融市场的见解，其高明程度和一个厨师差不多。

八 超越常识

常识可靠,但它同时也是有限的。

火是热的,未受支承的物体会下坠,这些都是常识。由于它只是常识,未能达到知识的概括程度,因此它就不能涵盖和说明:为何萤火虫的火不热呢?肥皂泡怎么能在空气中上升呢?

在涵盖事物的广度、对事物说明的有效性上,常识不及知识,知识反而可以包容和涵盖常识。

在求知过程中,我们要超越常识,进而得到知识。这是求知过程中的一个必经阶段。

超越常识不是否定常识,是扩大了常识、提升了常识。知识既能说明火是热的,也能说明萤火虫的火为何是不热的。火是热的,这无论如何是对的。

只有系统性的知识,才能超越常识。

九 常识错误

人人都会犯错，却不太会犯常识错误。

假如一时糊涂，犯了常识错误，就会引起旁人发笑，有两类常识错误却是例外。

几百年来，不断有人尝试发明永动机，无谓消耗了许多精力。从常识上来讲，这是不可能的，但这种求知的行为总是可以理解的，甚至是可敬的。

中国历史上的杞人忧天显然犯了常识错误，遭到当时人们的嘲笑，但是这类常识错误包含了科学的探索精神。由于我们缺乏包容，使中国失去了建立现代科学的基础。

另一类常识错误是可怕的。可怕在于从之者众、千百万人往矣，一时风起云涌、铺天盖地。这类常识错误，其发动者和推波助澜者的动机本不在求知，许多不缺乏常识的人居然也相信和接受。原因有很多，从认知上去寻找，那就是撤离了常识的知识底线，对自己的常识没有信心。

对付那些低级错误，常识绰绰有余，只要坚守住常识的底线就够了。

常识为我们提供了认知上的最后的防护。

十 理论

对事物知识的理解和论述的理论，只说明过去。

任何理论，包括过去被证明行之有效的理论，都不是一成不变的，都处于不断的变化中。依据现实运用理论，不能作为一堆知识或者一种固定的程序存在，不能像工具那样机械地被使用。

理论是方法，不是教条，是思考的工具，有助于人们获得正确的结论。追求纯粹理论的正确性来替代现实中的个性化选择，显然是有失偏颇的。

很难找出绝对正确的理论，有时“错误理论”恰恰创造了历史。有人宁愿选择“错误”的而不愿意按照正确的标准做事。这并不是说，正确理论不重要，正确理论可以提供比现在更好的选择。

正确理论是一种适应性的理论，一种有用的理论，其目的是解决现实问题。

假如理论给社会带来了混乱，或者不能赋予社会以道德的形式，尽管它揭示了某种真实，对社会而言仍然没有推广价值。对待理论要做好价值甄别。虽然社会一直在做这方面的甄别，以社会运动和社会实践来甄别各种理论，淘汰无价值的，保留有价值的，但是，我们为此付出了惨痛代价。

理论不能因为听起来悦耳，或者看起来符合逻辑，就具有现实可行性。理论最终要回到实践中被检验：社会出现了什么变化？它能给社会带来什么？

实践是检验理论的标准。理论不能脱离实践，它从实践中来，又回到实践中去。

十一　部分真理

理论都在自己的范围内反映了一部分的真相，在此意义上说，理论都是正确的，可以把理论看作是真理的一部分。

理论又有其片面性，要反映整体很难实现。

过分夸大理论的作用，会阻碍我们提出问题，我们的创造性会被束缚。

理论可以作为我们对事实推论的一种指导。应该承认，这种指导并非绝对精确，很容易使我们犯错。有些理论已经变成标签而缺乏现实意义。

理论存在的意义不在于它逻辑上的完备，而在于它对现实的指导。

一种理论在逻辑上是完备的，却和现实相去甚远，它的价值就会大打折扣。照着菜单做菜容易，但是做不出顶级好菜。做人做事也一样，只照着书本去操作，很难获得成功。

科学理论有两个条件：在逻辑上是自洽的，在经验上是可以验证的。

理论具有部分真理，这丝毫没有贬低理论的价值，恰恰说明理论真实性的一面。只要我们把不同的理论串起来使用，我们就会发现更多的真理。

理论不会为谁留下它永远的芳心。

第三章 中庸社会历史论

第一节 大格局

一 未来

对未来准备一把雨伞。

尽管历史文献提供的大数据可以帮助我们预测未来，这种预测仍然是不可靠的。历史由历史变量决定，现在以及未来则由现在以及未来的变量决定，彼此变量不一样，结果肯定不一样。

我们的一些过度行为导致未来祸福难料。

未来没有剧本，不能幻想自己是个导演。

面对未来，应当审慎，对我们的行动，应当小心权衡其中可能的影响。

介入自然、介入生命的再造过程要谦卑。我们并不知道，我们的介入将会带来怎样的后果。

我们经常面临非意图性的后果。一项微小的干预政策都会产生政策制定者无法预料到的后果，更不要说一些宏大的规划。

对未来我们是无知的。不要用现在的眼光去看未来，要用未来的眼光来看现在。

未来从来不是全然结论性的，每一种未来都包含着独特的不可测因素。即使现在被认为是正确的，在未来也是不确定的。许多令人费解的谜盒中充满了种种意外的事物。

对未来保持不可知的状态，是一种智慧。

二 人类未来

人类的未来具有不确定性。

人类的历史无论有多长，文明有多发达，并不能保证其未来一定比现在好、比现在进步。人类的未来比现在更差是可能的。

假如出现以下极端情况，比如大规模的核战争、人工智能失控、高级病毒流行、基因过度开发等，人类可能被毁灭。

人类的活动有自己的范围限制，有自己的边界，万万不能脱离限制和逾越边界。

我们对自身的毁灭可能一无所知，所有的认知都来自于缺乏根据的短期经验和乐观主义。一旦科学技术的运用不当，过去无法想象的灾难，如今变得可以想象了。

人类要长久地生存下去，必须消除极端行为，重拾中国人的中庸智慧。

人类的未来取决于我们现在的行为。我们可以毁灭自己，也可以创造更加美好的未来。

世界不需要我们弥补过失，需要的只有超越自身去认识人类和世界，我们才能更好地认识未来。

不要以极端的形式来塑造人类的未来。

对人类的未来，须放在一个更为广阔的历史进程中来考察。

三 面向未来

没有公式可以计算出未来。

对未来的策略，是准备多套方案，以应对可能出现的各种变化，不至于将自己锁定在当前条件下的所谓最好的模式中。

不要陷入过去成功模式而不能自拔，应当意识到，在不断向我们逼近的未来里，这一套不再有用。我们的生活基调，总是脚踏过去的节奏前行。

未来充满了不确定性，令人捉摸不透。对未来判断有风险，就此放弃未来，可能导致更大的风险。面对未来显得迷惘是正常的。回过头来看似乎很清晰，当初又有谁能看得清晰呢？

不要指望未来。现在的机会比未来的机会更重要。

未来永远是不确定的。尽管我们对未来做了周全准备，还是出现了意外，和我们的预期不同。

我们的未来只有我们自己来把握，我们又难以把握未来。可以预期的是：按照中庸做事，不走极端，大自然赋予我们的伟大禀性将继续引领我们的前行。

四 近未来

近未来，自己力所能及、能掌控或者规划的未来的时间段。

近未来比远未来对我们具有更大的意义。我们制定的未来计划须有时间限定，在一段时间内，我们能看得到、感觉得到，否则难以适从。

只有近未来，才是我们可以触及的未来，才能激发我们的斗志，才能体现人生的价值和意义。

近未来距离现实最近。现实和未来沟通的只能是近未来，而不是遥远的未来。现实非常重要，近未来更重要。不考虑近未来，是对现实的浪费。

今天我们遭遇到的一切现实都不同于以往，不过有一点可以肯定，它是建立在过去时代上的，并且将其推向近未来。

近未来是一个相对概念，凡是我们能规划的未来的时间段都是近未来，短则数月，多则数年、数十年。我们制定的 5 年、10 年规划都是近未来的规划。

五 战略

战略，在一个较长的时期内统辖全局或者整体的方针、路线、规划。

国家层面上的战略有政治战略、经济战略、军事战略、文化战略、外交战略等。

个体可以制定自己的战略，其中有城市战略、企业战略、家庭战略，甚至个人战略。通过战略来寻找未来的机会、培养未来的能力、形成未来的目标。

制定战略的目的，是保证个体在一个较长的时期内取得整体性的胜利。

为实现战略任务而采取的方法和手段等称为战术、策略。

战术、策略是战略的一部分，服从于战略，依据战略转移而转移，为战略目标服务。

战略具有相对稳定性，在根本任务完成前基本不变。战术、策略具有相对灵活性，在战略许可范围内随着形势的变化而变化。战略地位高于战术、策略地位。

战略凝聚了全局性的目标，是长效的，不像战术、策略那样立见成效。

实施战略要有定力，切不能被眼前的利益迷惑，左摇右摆。

个体成功一定是战略运筹帷幄的结果。

战术、策略上的错误可以通过战略来弥补，战略上的错误却无法通过战术、策略来弥补。一旦出现了战略错误，付出的代价将十分昂贵。

一个完整的战略，不只是一个目标、口号、价值观，而体现了系统的目标、口号、价值观，并且有实现的途径。

六 大格局

大格局，宏大的认知范围。

战略布局中必须有大格局。

没有大格局的战略都不是好的战略。个体发展受限，不是由于不努力，或者战术、策略运用不当，而是格局太小，为其所限。谋大事者必有大格局。

只有站在大格局上来看自己、看世界，才能拥有宏大的境界，才能看清自己和世界。

没有大格局，无法击透对手在一个高层面上的复杂棋局中的布局，无法适应大棋局的博弈，开拓不了广阔的疆域。

拥有比他人更大的格局，才能比他人站得高、看得远、规划得全面、做得大，才能取得战略主动权，才能实现大的目标。

大格局决定了事业发展的方向，决定了事业能走多远，能吸引更多的人才加入。

格局大了，未来的路才能走得宽广，不会纠缠小事，智慧越高。

战略大格局反映了哲学的整体理念。

用哲学思维来培育自己的大格局。

七 战略胜败

战略决定战争的胜败或者事业的胜败。

许多失败不是输在细节、技巧、战术上，而输在战略上。战略上的失败才是真正的失败。

所有历史性的胜利，都是战略的胜利。

一流的战略就是在大事上永不犯错。

纠缠于具体细节不明智，过于细致预判往往失之千里。小聪明引诱人做加法，过后却发现，所有的加法做成了减法。不用显微镜放大问题，端起望远镜眺望未来，关注长期驱动力、可持续性、巨大利益之所在，把握战略机遇期。

我们总是关注波动性，忽略总目标的达成，对技巧性的事物着迷，意识不到最有价值的是规律、战略。看问题就现象到现象，而不是从现象到规律、战略。

热衷于局部战役的小打小闹，只能获得蝇头小利，无法保证全局胜利。战术上可能很成功，战略上却一败涂地。为此，要付出长期的战略代价。

走在正确的战略道路上，即便像乌龟一样慢爬，也能到达终点，否则即使有羚羊般的速度，也无法走出迷局。战略上持续积累的力量是强大的。

人生最大的悲剧，莫过于将一辈子的聪明才智耗费在战术上，用战术的勤奋来掩盖战略的懒惰。

做对的事情，比把事情做对更重要。

方向错了，所有的努力都是徒劳的。

八 战略指引

战略指引，对全局性问题实施的宏观控制和协调活动，包含了对形势的判断、对战略行动的决策、对各种战略手段的协调、运用等。

战略指引提供了前进的方向。

那种左边打来左手挡、右边打来右手挡、上边打来用头顶、下边打来用脚踢的四面出击的防御办法非常被动，是一种缺乏战略指引的行为。

只有采取前瞻性的战略指引，才能应对未来的挑战。

追求大国地位的国家，通常不会把眼光局限于战术挑战，而憧憬一个最大限度地适应其自身利益的世界，并且推动其成为现实。

我们要有自己的战略指引，具备一种远视，不局限于对具体事物的反应，而有长期利益的追求，否则会限制自己的发展，使自己陷入被动局面。

有战略指引，我们的行动才能领先于他人，才能整合各方力量，才能谋得长期利益。

伟大的战略家，都具有战略指引的运筹能力。

九 看二想三

吃一看二想三。

你顶住了一局，甚至扳回了一局，那下一局呢？

你赢得了一局、二局，那第三局、第四局还会赢吗？

看问题要看得远、看得深，不仅要看自己，也要看别人；不仅要看现在，也要看未来；不仅要看局部，也要看全局。中国历史首先是世界历史的一部分，然后才是自身发展的历史，只有布局天下，才能布局中国。

战略是个大问题，要善于走一步、看两步、想三步，甚至想四步、五步、六步。只有想得更多，才能走得更远。

没有战略的国家能生存下来吗？我们一般看到的是一步二步棋，国家看到的是五步六步棋。

凡事超前几步，才能降低风险。

时刻预防前方危险的生物，相比于没有预防的生物更能生存下来。

不要在忙于具体事务时，失去解决更大问题的能力。

看二想三是战略的要素，没有这些要素，其他要素都是片面的，会导致重视开局、中局，而忽略终局的局面。

十 战略耐心

战略需要足够的时间来实现。

实现战略会经历不同的阶段，遭遇到诸多曲折，尤其在战略相持阶段，更要有足够的耐心。

对战略不能操之过急，一些短期能实现的都不是战略。战略不仅是一种远谋，而且是一种意志力的博弈。

战略耐心是实现战略的必要条件。没有战略耐心，无法实现战略目标。

只有忍受时间的煎熬，才有机会实现战略目标。

伟大都是熬出来的、坚持来的。熬、坚持就是一种战略耐心。

我们既要有战略谋划，也要有战略耐心；既要做正确的事，也要正确地做事。

一些人对战略急于求成、急功近利，缺乏战略耐心，结果欲速则不达，造成战略挫折，浪费战略时间。

战略耐心体现了中国古代久久为功的做事理念。

十一 战争

最坏的和平也比正义的战争要好，这是极端之见。

需要战争时须投入战争、需要和平时须维护和平，两者没有绝对的好坏之别，一切以全民族的利益为标准。

极端思想转向行为模式，会受到人们追捧。践行这种模式的人，往往觉得自己比他人更有优越感、更有理想。一旦以这种模式去实践，将带来极大的负面性。

我们渴望和平，但和平与战争是一个事物的两面。它们相互牵制、相互影响。当战争被极度放大时，就走向了极端，表现为世界大战或者国家之间的战争。反之，和平也一样。

那种想通过发动战争来解决冲突的倾向，并不亚于我们对和平的渴望。世界上没有绝对的战争，也没有绝对的和平，它们都是非常态。

没有一个战争狂人能让世界一直处于战争状态，也没有一个和平主义者能让世界一直处于和平状态。

最佳的方法是按照中庸做事，在战争与和平之间寻找平衡点，就是说，在和平时期要有战争意志、战争准备、战争实力，要充分估计战争发生的可能性，尤其在度过了较长时期的和平后。

渴望和平的国家以及民众，当失去了战争意志、战争准备、战争实力时，战争很可能悄然而至。只有具备了充足的战争意志、战争准备、战争实力，才能避免战争，能战方能止战。世界不太平，拳头不硬是不行的。

以偏见形式的存在，只会愈加极端。

十二 认识极端

社会进程不总以极端的方式表现，尽管其间会出现一些极端现象。假如放在一个较长的时间段里观察，就可以看到，革命、战争、暴力、屠杀等极端行为只占很小的比例，更多的是人和人之间的和平相处。

只看到局部的极端，会看不清社会的总趋势，容易迷失方向。

我们的思维定势倾向于寻找极端，习惯从一个极端跳向另一个极端，而不是两个极端之间的融合。这不是我们刻意为之的，常常是潜意识的。

我们喜欢极端，它给予我们快感、畅通感，某种情感上的满足和刺激。这恰恰是人性的特征。

概念化的语言是造成极端的原因之一。语言反映的都是抽象化的内容，可能偏离了真实，会引导我们走向极端。

事物一旦推到极致，就容易走极端，一定型就固化，再好的事物一偏激就麻烦。

事物最后的趋势不是极端决定的，而是双方融合决定的，但是这个融合点很难把握。

中庸是认识极端的方法，但中庸对极端的认识仍然是模糊的。这是由极端的不确定性决定的。

我们可以从中庸开始，但是无法保证中庸的结果。中庸可以预测，结果仍然是不确定的。

第二节 认同

一 认同

我是谁，我们是谁？

这要自己和他人的认同。

认同来自于共同的情感、态度、主张、利益和价值观。

只有彼此认同，才能更好地处理人际关系，才能减少社会冲突。没有认同，会引发行为上的错位。

置身于中间位置思考，是认同自己和他人的重要方向。以自我为中心或者以他人为中心，不仅彼此难以认同，反而会发生或者加剧彼此的对抗。

即使有善良的意图或者美好的目的，假如一开始就对自己和他人不认同，对周围环境不能准确地阐述，那么接下来的计划和行动必将是错的。无论是故意，还是出于无知，对自己和他人都有害。

当今世界，认同问题尚未得到解决。

二 定位

万物皆有定位。

过分拔高自己，或者贬低自己，站立于不属于自己的位置，都是错误定位。给自己正确定位，站立于自己应该站立的位置。

不立于危墙下，不立于时代的错误一边。

万物存在都有存在的理由，都有他者无法取代的特性，都有自己专属的边界，都可以在伟大的存在链中发现其内在的目的和理由，都可以在神圣的秩序里确定位置。

不沉浸于身边事的解决，作为社会的一分子，抬起头来，细致地观察自己站立的位置，寻找有远见的定位。

大自然希望儿童在成年前就是一个纯粹的儿童，该玩耍时玩耍，该休息时休息，假如人为地打破这个秩序，就会生成早熟的果实。

我们都是社会的产物，都有自己的社会位置，应该寻找自己的位置，慢慢提升自己的位置，而不是相反，去寻找不是自己的位置，或者颠覆自己的位置，或者走上一条毁灭自己位置的道路。

每个人只有找到了属于自己的位置，才能以不变应万变，才能做好自己的角色，才能获得更好的生存和发展。

有了正确的定位，就不会越位和错位。

正确定位是自己最为清醒的自觉。

三 中间立场

中间立场，站立于中间位置或者持中间态度。

误解在人际交往中扮演了重要角色。误解不一定由双方的无知或者不负责任带来，可能由双方不同的立场所致。只要立场偏中一点，或者站在中间立场，就可以消除误解。

双方立场不一致，双方行为方式也会不一致。站在自己的立场上来解读他人，得到的答案会错得离谱。同样站在他人的立场上来解读自己，得到的答案也会错得离谱。只有站在中间立场上来解读自己和他人，才能得到比较准确的答案。

站在怎样的立场，看到怎样的风景。站在不同的立场，看到不同的风景。

某事对自己而言是好事，不能据此认为，对他人也是好事。不同的个体，好事的标准不相同；有的不仅不相同，而且不相容。对此是好事，对彼可能是坏事。甲之蜜糖，乙之砒霜。

只有站在中间立场来评价好事的标准，才能更客观一些。

站在中间立场上来看问题，不仅能看清彼此，而且能善待彼此。中间立场体现了“人我合一”的中庸理念。

四 天时

天时，即上天（外界）给予的时机。

个体成功大都源于天时，并非由于自身绝对强大。

当年八国联军火烧圆明园，不是因为八国联军绝对强大，而是因为中国落后。只要中国自身足够强大，外国侵略者就不敢贸然发动对中国的侵略战争，因为他们没有发动战争的天时。

当年越南之所以赶走美军实现国家统一，这和当时中国的支持分不开的。假如没有中国的支持，越南很难在短期内实现国家统一。这就是当时越南的天时。

在经济、战争或者外交领域，都存在天时现象。

双方竞争，一方犯错，会给另一方带来天时。不是看谁进攻有多凌厉，而是看谁犯错少。高明的一方总在等待对方犯错。只要关注对方存在哪些错误，并且以此构建自己的战略核心和做事方向，就能抓住时机，赢得胜利。

所谓时不再来、时不我待，就是说天时停留的时间短暂，对方一旦发现了自己的错误，就会纠错，自己就失去了天时。

不要成为由于自己犯错而给对方提供天时的那个人。

五　多数人

人多的地方最好不要去。

一件事情被多数人视为机会时，其实机会不多了。

成功的投资不是只有你做对了，而是多数人做反了。

享用天时必须拥有和多数人不同的看法和做法。

面对机会，多数人的看法和做法往往是错的，正因为多数人错了，机会才会出现。有时多数人的看法和做法没有错，大的机会也不会出现，因为没有这么多的机会给这么多的人享用。

机会的大小和享用的人成反比。机会越大，享用的人就越少。一些小机会，享用的人可能多一些。同理，机会的大小和犯错者成正比。犯错者越多，机会反而越大。人人都不犯错，机会很难出现，尤其是大机会。

对显而易见或者大家都在做的事情要警惕。做着和其他人一样的事情，却想脱颖而出，这是不可能的。

发现自己站在多数人一边时，要停下来思考了。

成功的路上并不拥挤。

六 相反理论

资本市场上少数人掠夺多数人的游戏很难改变。既然大部分投资者是亏的，那么大众一致时，就要反着做。人弃我取，人取我予。这是一种相反理论。

相反理论认为，投资买卖的决定基于多数人的行为，当多数人都看好时，牛市可能到顶；当多数人都看淡时，熊市可能见底。只有按照和多数人相反的策略去操作，才有可能成功。

相反理论容易理解，但是真正做到的人很少，这是从众心理使然。在相同的环境下，多数人的心理是相同的。你拥有的想法，别人也有；你在做的，别人也在做。

相反理论不是绝对的，多数人的看法和做法并非都是错的。

采取和多数人不同的看法和做法，在实际操作中，并不是多数人反对的我们都拥护、多数人不做的我们都去做。世界不会这么简单。在没有想好的地方，走多数人走的路，还是比较安全的。

采取和多数人不同的看法和做法，须建立在独立分析和思考上，建立在合乎逻辑的合理性上，建立在自己的成熟度上。只是简单地、机械地运用，可能会招致糟糕的局面。

七 地利

地利，有利的地理位置或者有利的外部条件。

地利都是外在的，要去挖掘、发现。

有些表面上看似不足的方面，经过挖掘，可以变成有利的位置或者有利的条件。

森林里长得最高的一棵树，不只是因为它的基因最好，还因为它处于最适宜其成长的环境中，它的周围没有别的树木遮蔽它的阳光，周围土地肥沃、水源充沛。这就是它的地利。

要运用所有可以运用的外部筹码（地利），来达到自己的战略目标。

八 人和

人和，为了实现某种目标而出现的人气的集聚与和谐。

人和有内部人和与外部人和。

内部人和比较容易实现。在同一个体系里，个体之间的利益高度相关。个体为了一个共同的目标和利益，可以达到人和状态。

一国遭遇外国侵犯，一国人民有可能实现高度团结、一致对外的人和状态。此时，人和人之间的利益高度相叠。只有利益高度相叠时，才能实现人和。个人、企业或者阶级为了全民族的利益，可以暂时放弃自己的局部利益，甚至牺牲自己的局部利益，在对外关系上达到全民族的人和，以最终取得全民族的最大利益。

相比而言，实现外部人和比较困难。在不同的体系里，个体之间有不同的利益考量，他人、他国很难放弃自己的利益和我们实现人和，我们只有找到和他人、他国的利益共同点，才能实现外部人和。

为了实现外部人和，必须寻找双方的利益共同点。

九 谋动

谋动，谋划和行动。

天时、地利、人和都是对自己有利的条件，要取得成功，光靠这些是不够的，还须有谋划和行动。

谋划包括计划、规划、决策、方法、谋略。有了谋划，必须付诸行动。没有行动，任何有利的条件或者周密的谋划都不会有效果。

行动须合适，不能过激，也不能过弱。

在天时、地利、人和、谋动四个选项中，人和、谋动是关键部分。天时、地利是外部的、被动的；人和、谋动是内在的、主动的。人和、谋动对成功至关重要。

由此看来，天时不如地利，地利不如人和，人和不如谋动。

天时、地利、人和、谋动是个体成功的完整要素。

十 时机

解决问题要看时机。假如眼下是好的时机，那就行动起来；反之，等待好的时机出现。

历史证明，对那些一再伤害我们的异邦，在它失败或者虚弱时不能心慈手软，要让它付出战略代价，否则，一旦它恢复了元气，还会继续伤害我们。

在历史转折时期能否抓住时机，攸关一个民族和国家的生死存亡。时机把握得当，可以推动整个民族和国家的发展。时机一旦错失，也许付出十倍的代价，也未必能取得原来轻而易举的成果。放过战略时机，是不能容许的。

时机往往在极端情况下出现。当极端消失时，时机也可能消失了。

人的一生如果能抓到二至三次大的时机就已经非常幸运了，更多的时间是为这个时机出现做准备：等待、学习、积累、出击。

当时机出现时，我们要快速行动，我们所要做的全部事情，就是大力下手在那些胜算极大的行动上。今天的时机今天抓，明天就消失了。时机是稀缺的，是难以复制的。有时机没有抓住，等于零。

时机永远属于少数人。多数人抓不住时机，这一点必须认清。人人吸取教训，很可能导致新的教训。不要轻信显而易见的时机。时机悄悄地来，悄悄地去，从来不会有闹铃提醒。最好的时机，往往出现在我们还没有准备好的时候。中庸模型能发现更多的时机。

寻找时机比等待时机更重要。错过了今天的月亮，就去寻找明天的月亮。

多学习、多思考，把握好时代赋予我们的时机。

十一 动机论

动机论认为，人的行为善恶取决于动机，只要动机是善的，行为就是善的，和效果无关，与此对应的是效果论。

中国儒家伦理具有明显的动机论倾向。

动机和效果在现实中并非完全一致。

不少父母对子女有美好的动机，却干涉子女的学业、就业和婚姻。这些美好的动机，效果并不令人满意，甚至出现了反效果。

政府希望实现充分就业，这个目标当然是善意的。假如政府为了达到这一目标，规定所有企业一旦雇用员工就不能解聘，那么企业雇用员工会更加慎重，反而使更多的人找不到工作。

利人动机导致损人后果的现象并非少见。

一种行为产生怎样的效果，须评估，而不是看它的主观动机。动机仅仅是动机，愿望仅仅是愿望，它们不是效果。

动机和效果没有必然的因果性，行为和效果才具有因果性。

一切沉迷于美好的动机而可能导致糟糕后果的行为应该制止。

争取合理的效果应该作为我们的行为导向。

十二 中庸判断

中庸判断，把不同的事情、观点或者理论放在中庸框架内判断。

在中庸框架内，中庸既反对动机论，也反对效果论。中庸追求的是动机和效果的统一。中庸不会单方面去判断动机的对错与否。

世界上的许多事情，谁对谁错无法判定，应该关注的是行为产生的效果以及如何获取自身利益的最大化。预防某项行为，不可能不控制更大范围内的行为。

时间改变一切。许多事情看似成功了，随着时间延续，仍然归于失败。不少事情到了终了才发现，最后的效果并不是当初所设想的那样，甚至截然相反。

我们一般只考虑眼前的利益、名誉、处境，很少考虑长期的目标是什么、可能的效果是什么。可能的效果从来不止一个。我们把最差的效果想好，方可行动。假如无法承受最差的效果，那么我们应该离得远远的。

虽然有良好的动机，但是没有良好的效果，这不是一个好的选项。同样，虽然有良好的效果，但是没有良好的动机，这也不是一个好的选项。只有良好的动机和良好的效果一致时，才是中庸追求的目标。

十三 国家利益

国家利益，即全体国人利益。

以全体国人利益的最大化原则来规划国家的各项政策、法规、外交。

在国际关系上，追求国家利益的最大化天经地义。

世界一盘棋，大局就是维护自己的国家利益。

在世界大棋局中，我们应该以国家利益的最大化原则来规划自己。只有获得了国家的最大利益，我们才有安全感，才能和世界其他国家建立良性互动，才能构建和谐世界。国家之间的最大利益，都是建立在和谐世界上的。

我们短视，经常不明白自己的真正利益之所在。由于短视，导致了许多冲突。许多看似利益的冲突，其实是哲学的冲突。损人者和损己者一样，都自以为在最大化自己的利益，结果常常是反向的。

中国人和西方人，对利益有着不同的态度。只有当我们理直气壮地追求自己国家的正当利益，并且实现国家利益最大化时，我们才能更好地融入世界，中国才是一个真正的大国。

在国家利益中，包含了国家的尊严和国人的尊严。没有尊严，不要说大国看不起你，就是小国都可以玩弄你。请举起利益和尊严的旗帜，而非只是道德的旗帜。

十四 最大利益

最大利益，即整体利益。

人和人、人和社会以及国和国之间，整体利益相互吻合，局部利益并非吻合。

人们往往只看到局部利益的冲突，看不到整体利益的吻合，因而做出了许多错误抉择。

只想得到局部利益，不考虑整体利益，这样做，看上去得到了一些局部利益，其实失去更多。个人利益最终都是从集体、国家和社会中得到的。离开了集体、国家和社会，个人利益将失去最后的支撑。

一些局部政策，会导致局面的整体恶化。抵制为了局部利益而放弃整体利益的冲动。

只考虑局部利益会带来受限的利益考量，受限的利益考量会带来受限的思维，而受限的思维是难以进步的。

只有摆脱局部利益的局限性，才能获得自身的最大利益。

利益分析，首先须超越局部利益。只有走出局部利益的局限，才能洞悉整体利益对人的影响，否则身陷其中，就会束缚我们的智慧。

尊重和维护他人利益，其实就是尊重和维护自身的整体利益；尊重和维护集体、国家和社会利益，其实就是尊重和维护自身的整体利益，然而有些人看不到这一点，因为这种整体利益不易确定，显得模糊，难以直接得到。

理解最大利益的方法，须超越局部性的解释。

十五 历史变量

历史是由历史变量推动的。

我们习以为常的事，其实都是历史变量层层累积的结果。

现在都构建在过去之上。不要忘记出发的起点，这是我们的历史变量。我们现在拥有的一切，无不渗透着过去的历史变量。

现实是历史的延续，是从历史过来的，它带着历史变量走进了现实，而且历史变量将继续影响着它。

要理解历史变量。没有历史变量，我们不可能来到这个世界。这种理解是哲学上的，只有知道我们从哪里来，才能知道我们将到哪里去。

一代人只能做一代人的事情。

我们可以创造历史，但是不能随心所欲地创造历史。一种新的社会形态不能脱离历史变量单独存在。乌托邦之所以行不通，就是因为它没有考虑到历史变量。历史变量是社会运行的重要维度。变革不只是由某种合理的计划构建的，而是由多重历史变量综合作用的结果。

我们由多重历史变量构建，我们持续存在于每一个流逝的历史变量中。

历史变量就像老师一样，会对我们诉说真相。我们可以从历史变量中认识历史。读不懂历史变量，就读不懂历史和现实。

读懂历史变量，蕴含着思想层面上的理解、逻辑上的理解，而不是一种感知。不能凭借浅薄的感知去复制一个复杂的时代。

十六 祖孙方法

每个个体都注定了其自身的历史，不会轻易脱卸身上的历史关系，即使这些历史成为了历史。

只有了解了自身的历史，才能了解自己。

历史不会原样再现，但是会以相似的面貌再现。

历史不会决定未来的方向，但是会影响未来的方向。

从历史上来看，人类往往处于迷惘状态。有时我们认为对的，历史过后会证明是错的；我们认为错的，历史过后会证明是对的。它经常歪打正着或者正打歪着。

对待历史，不必哭、不必笑，要理解。历史就是历史，历史没有垃圾箱。

生活中我们可以把不如意的事当成垃圾扔掉，但是历史不能扔掉，即使是一段不愉快的历史，都不能扔掉，它会作为一个变量，持续地影响后人以及后来的历史。

对待历史要用历史的方法，胡适形象地把它称为“祖孙方法”，就是说，不把一个学说或者制度看作是孤立的，而是把它看作一个中段，一头是它发生的原因，一头是它发生的结果，上头有它的祖父，下面有它的子孙。只要捉住了这两头，对历史就会有一个清晰的认识。（《杜威先生与中国》）

胡适的“祖孙方法”，其实也就是中庸方法。

十七 中间地带

两端看似有着本质不同，其实可以视为同一类，双方存在同一性，这源于中间地带的作用。

中间地带能平衡两端之间的矛盾，是两端之间矛盾的平衡器。

极端是一种诱惑，我们总是沿着极端的界限行动。当一个极端出现时，就会被另一个极端否定。最佳方法是在两端之间取一个中间值。两端表现出的缺陷会被中间值消除，两端表现出的优点却能兼备。中间值存在于中间地带。

两端图景表现出完全相反的形态，会抵达对立的抽象极点。抽象极点都是理想化的，现实中更多的是中间地带。尽管如此，我们的认识和实践都朝着这两个方向注视过、移动过，正是这种注视和移动构建了我们现在的风格。

在两端找到中间地带前，双方须避免极端语言和极端行动。

对一个复杂的两端，寻找中间地带要全方位的探索。

十八 融合

找到了中间地带，就找到了融合。

两端具有如此大的对抗性，水火不容，别指望它们会融合，一方支持的，必为另一方反对的。

只有在中间地带，双方才能忘掉自我，关照彼此的利益，融合才有可能，然而实现这一点会受到诸多限制，双方都有很好的理由认为，除了自己，别的什么都不是。

未来的世界，各国只能休戚与共，单独的未来不存在，过去没有出现，现在更不可能出现。世界没有"不全赢则全输"的对抗。警惕那些和世界为敌的做法，不论它看起来多么合理。

战争、革命、暴力有时被看成是实现常态的手段，但它们所具有的作用是局部和短暂的。当常态出现时，它们仍然被视为极端。

我们容易把两端的逻辑对立转化为现实对立，并且视它们为完全的对立面。其实，两端相互缠绕、相互制约，存在作用和反作用力，一方会阻止另一方的抵达。它们既处于抽象的对立中，又共同构建了复杂的统一体。

始终对一切危及自己的极端保持警惕，不让自己走向极端。只有把两端召回到中间地带，才能牵制两端。

实现融合是两端存在的最佳趋势。许多事物不经意间实现了融合。寻找两端之间的最大公约数，和对方和解、双赢，这不仅是双方的利益所在，也是博弈的最高境界。

整体融合是最大的融合。只有实现了整体融合，才能实现局部融合。把自己放在整体融合度上来完成自己和他人的融合。

倡导融合使中国哲学具有海纳百川的包容性。

十九 趋同演化

不同的物种在相似的环境中，能独立地演化出某些相似的特征。

生活在海洋中的鲨鱼和海豚拥有不同的祖先，但是它们的外形是相似的，表现出趋同演化。世界上许多生物都有这一特征。

宇宙是个网络系统，每个变量都相互联系、相互作用。在物种演化的初始阶段，不同物种之间就彼此影响、彼此作用，经过漫长时期演化，不同物种之间自然形成了一些相似的初始基因。

这些相似的初始基因被各自保留下来了。经过迭代演化，那些适应环境的基因被激发，相同的环境激发了相似的初始基因，生物演化就表现出一定的趋同性。

起源上相当遥远的生物，由于存在相似的初始基因和相似的环境，其机体构造形成相似的机能、特征，就不奇怪了。

二十 万物通约

趋同演化不仅在生物界存在，在其他领域也存在。

不少看起来矛盾的事物，原来都有相似的部分。表面上极为不同和彼此不可通约的两端之间，其实有诸多共同性。

我们需要这样一种伦理：把不同利益的人群，甚至相互对立的人群，以及人类和其他物种，都看作是命运交织在一起的同伴。很多时候，我们在为自己树立敌人。

世界上没有一个事物完全是自己的，都是你中有我、我中有你、彼此相连，甚至两个相反的事物也会彼此交汇。

世界上没有完全不相容的事物，都可以形成某种联系。没有了对手，原来的自己也难以继续。在和对手相处中，要寻找双方的相容点。不要试图一味消灭对手，消灭对手，可能正在消灭自己的利益。

在中的作用下，世界万物都是通约的，没有不可通约的事物，包括所有的科学、理论。

万物通约是建立在宇宙网的基础上的。

第三节

现实

一 现实

现实：现有变量的集合体，包括我们所处的位置、历史、文化、经济、政治等。

我们要尊重、关注、研究、适应现实。

历史数据只说明过去发生的事情，不能说明现在还会重复这些事情。

我们觉得，现实和我们的认识不一致，肯定是现实错了。情况正相反，现实永远是“对”的，错的是我们。不要以为这事不会发生，其实只是它没有发生而已。学会面对现实，不能想怎样就怎样。世界很现实，我们只能很现实。正视现实，接受自己的角色。

现实永远不可能令我们完全满意，重要的是我们的认知。

我们前行的每一步，都建立在现实上。离开现实，对现实高估、低估，或者走在超出现实的道路上，我们将遭遇灾难。不论我们崇高的理想是什么、选定的目的地有多辉煌，都不如我们前行中合适的下一步。

一些时尚的观念，只有经过现实的“过滤”，我们才能接受它。

以现实为导向，观念因素让位于现实。

以勇敢无畏的精神面对现实，不采取超越现实的行动。任何存在，都把它作为现实接受下来。现实是无情的，它对我们的过错从不疏于惩罚。现实随时间移动，朝着谁都不清楚的方向移动。

现实变化时我们也要跟着变化。

依据现实而不是愿望来做事。以现实来构建未来，而不以我们的想象入手。思想不能停留在美好的设想上。

把美好的设想变成现实，既要清楚做什么，更要清楚怎么做。

二 背景

背景,历史的情况和现实的环境。

众多背景的综合构成了背景信息群。

任何事物展现出的现象都不是孤立的,都是长期脉络下的延续,都有深刻的背景。

双方如何相处,取决于各自的背景。不要把自己的意志强加给对方,须了解对方的背景。背景揭示了一个人的历史变量以及他的行为模式。

变化处在更大的背景下,未来出现任何前景的可能性都不能排除。

一切道德、原则、规范、理论都具有情境性,只有在一定的背景下,才能显示出其合理性。解读他人的行为,必须考量他人行为发生时的背景。只有以这种方式,才能理解他人的行为。

所有没看到的构成了所看到的背景。关注那些至今不为我们所知,未来可能表现出来的事物。

这是一种历史性的方向,从属于特定的背景,正是这种背景赋予了事物的具体特征和合理性。

背景不会以单一的方式发生作用,都是复杂背景的综合作用。

三 真相

同一件事物在人类与其他动物的观看中,彼此看到的部分是不一样的。

我们看到的只能是依据我们的感官结构显示的部分。动物也如此。

我们只能看到可以被我们看到的部分。由于个体之间有差异,每个人看到的部分并非完全一样。即使同一个人,由于心理上的区别,在不同时期看到的部分也不一样,而且我们使用概念工具认识事物,带有强烈的主观预设,所构建的事实和真实的事实存在距离。

我们看到的事物以及对事物的认识,很多时候并不是事物本身,而是事物在我们内心的投射。

每个人即使看到的真相也是局部的。我们认为的真相可能只是一个表象,或者是一个阶段性的逻辑。我们没有办法认识大多数的真相。

不要以为你看到了真相,真相永远比你看到的复杂得多。

从愿望和概念出发,真相会离我们会越来越远。

现实中显示出来的可能不是真相,而是社会上正在流行的概念和舆论导向。

真相处于隐蔽状态,须有理性思维和科学判断力才能捕捉到。

四 接受现实

事情已经发生而且无力改变时，我们只能接受它。

接受我们不想接受的现实，是中庸认识目标对我们的要求。

这种状态当然很不好，但并不是最坏的。

不是我说得过分了，而是事实本就如此。

严复把明代之所以亡的原因归结为陆九渊、王阳明师心自用的哲学思想。不察事实真相，以主观偏见为是，必然“强物就我”。(《救亡决论》)

现实残酷，我们难以接受，难以找到有效的应对方法。即便如此，我们仍然要接受它，不怨天，不尤人。

所有理论，在现实面前都变得渺小。

我们的可悲之处在于没有勇气接受不想接受的现实。事情既然发生，表示不接受是没有意义的。

接受现实，我们将不得不放弃对美好世界无法实现的渴望，将经历一个漫长和痛苦的过程，但是它会提升我们应对未来的能力。

只有接受了现实，我们才能有效地走向未来。

五 人生变量

任何历史都是在前代的条件下开创的，任何人生都是在现有的条件下展示的，都不是赤裸裸地登台表演，只是在完成他们能完成的使命。

世界上没有无条件的存在。条件就是由变量因素构成的状态。

人生是由一连串的人生变量因素构成的状态。

犯错不要紧，只要找出犯错变量，并且消除这些变量，同样的错误就不会再犯。相反，对犯错麻木不仁，或者加剧犯错变量，很可能一个错误变成了两个错误、一个小错变成了一个大错。须把犯错变量作为人生的“毒瘤”加以清除。

人生的成功取决于他的成功变量。同样，人生的失败取决于他的失败变量。有些人取得了阶段性的成功，只要存在失败变量，最后仍然会失败。假如这种变量是致命的，最后会导致他的毁灭。以成功来掩饰失败变量是无效的。

通过寻找那些高尚和富有意义的人生变量，来完成自己生命的提升。

世界正处于全盘的改变中，改变就是改变变量。

只要我们自身的变量没有改变，历史将告诉我们接下来会发生什么；只有改变了我们自身的变量，历史才由我们来改写，历史将谱写出新的篇章。

六 宿命

有人认为，人生是宿命的，命运是生来注定的。

这种宿命感源于历史变量。

有些变量与生俱来，它一直罩着你，你无法摆脱它。人生只有在自身拥有的历史变量里求生存、求发展。这似乎使人觉得，人生没有选择权、没有能动性，只有宿命。

人生之路，走着走着，就走出一种宿命感来了。

其实，人生并非是宿命的。

变量跟随你的一生，但变量不是一成不变的，它可以改变和调节。你可以适应变量、服从变量，利用和发扬对自己有利的变量，反之加以抑制。在变量面前，你拥有主动的成分，束缚你的永远不是时代。

遭遇困境不要紧，只要找到摆脱困境的变量，并且在自己周围不断地增加这些变量，你就能摆脱困境。

人不被命运摆布的可能性不存在，同时存在改变命运的可能性，可以成为不全由命运摆布的人。人生既充满了定数，又充满了变数。

不要被我们拥有的过去绑架我们的未来。

虽然有诸多限制，我们依然可以有所作为。

给人生增加有益的新变量，是改变自己宿命的途径。

七 需要原则

双方能维持长久的关系，因为彼此需要对方。

一方被另一方所需要，是他存在的最大价值。保持自己被他人的长期需要，是自己得以生存的根本保证，也是自己的荣誉。这便是需要原则。

需要原则符合博弈论的有效合作理论。

根据这一理论，合作本身是基于困境和需要建立的。双方能彼此为对方提供需要，有助于解困，这种合作基础非常牢固。

需要包括眼前的和未来的、看得见的和看不见的、物质的和精神的。有些合作者，看似没有获得利益，或者彼此没有需要，仍然合作愉快，因为他们之间存在未来的或者精神的需要。精神的需要包含道德和情感部分。只要这种需要存在，合作会继续下去。

为了使双方继续合作，须为对方提供需要；没有需要，寻找需要、制造需要。

一方提供的需要大于另一方，前者在合作中往往握有主动权。

八 道德评判

欲在竞争中胜出，取决于现实的确定，而不是“道德”。

对现实中发生的事情，做不恰当的道德评判，使那些相信它的人吃亏，使那些遵循“道德”规范而不遵循现实规律的人碰壁。

只有那些深谙现实规律并按照现实规律做事的人，才会胜出。

现实中的存在，我们无须做过多的道德评判。现实就是现实，它之所以存在，有其自身的逻辑，我们须理解其逻辑，在不损害自己和他人利益的前提下，充分利用它，为我所用，不做一些无用的道德评判。

道德有自身的局限，那些违背现实规律的“道德”毫无意义。一旦沉迷于此，一厢情愿地谈论道德，会捆住我们的手脚。提防对手以背后插刀的方式实现翻盘。道德不是道德本身表现出来的那样，道德需要界限。

现实比我们想象的更复杂、更难应对。

按照现实本来的面貌理解现实，不扭曲现实。一切对现实不理解的地方，都是扭曲现实造成的。在现实面前投放过多的道德情感，使我们看不清现实，难以走向远方。

假如在这里还以纯粹的道德视角叙述这个故事，我们就会迷失方向，失去重要的支撑。

依据中庸哲学对现实做出的判断、决策，即中判中决，应该成为我们的行动指南。

九 白纸黑点

在一张白纸上画一个黑点，多数人看见的是黑点。

黑点很显眼，黑点外的其他空间则被忽略了。

白纸黑点现象，说明我们视野有局限性，往往以点代面看问题，往往聚焦于某一个点上，或者纠缠于某一件事物上，看不到更宽广、更宏大的事物，这些都会影响我们的认知。这是多数人的认知模式。

这种认知模式，使我们忽略了很多重要的事情、错过了很多重大的机会。

中庸令我们跳出这种认知模式，站在整体上看世界，先面后点看问题，有助于我们突破思维盲点，留意那些空白的地方、那些美好和希望的地方，寻找那些更重要的事情、那些更大的机会。

十 伦理合理

凡是存在的都是合理的。

这个合理是哲学上的合理，是事物本身的合理，是一种客观的存在，而不是我们价值判断上的合理、伦理上的合理。

不能盲目地把现在流行的一切都视为合理的而加以支持，许多事物并非合理。

有些存在对我们而言是不合理的，它仍然是合理的存在。世界本身的多样性，决定了世界充斥着我们喜欢的、也有我们不喜欢的事物。

我们只有和不同的事物共处、共存、协调，才能更好地生存。这是我们生存的客观环境，是我们的自然宿命，不由我们主观选择。

上天让我们接受了自然宿命，同时给予了我们改变命运的能力。

事物产生都有它产生的条件，只要我们改变了条件，既可以使有价值的事物产生，也可以使没有价值的事物远离我们。

想要某事发生，不会由于我们简单地强调它的重要性或者通过默念或者祷告的方式，它就发生，要通过我们的行动，创造其赖以发生的条件，它才会发生。

看不见的不一定不存在，没有预见到的不一定不存在，没有价值的不一定不存在。存在具有哲学上的绝对性或者合理性。

只有善于处理好各种关系，我们才能适得其所，实现伦理上的合理。

十一 改变现状

个人享有保持现状带来的红利。

现状不能改变时不要轻易改变。

改变现状前，先做评估：哪些该改，哪些不该改；一旦启动改变程序，将会产生怎样的后果呢？

对现状本能性地维持，将使我们在事态迅速变化之际措手不及，在变化面前只能被动应对。现实会以惩罚的方式，对待那些没有长期眼光的固守行为。

长期来看，现状必须改变，但是改变现状必须慎之又慎。

改变现状是对现状的颠覆，未来不可预测。只有把未来放在首位，坚持正确的方向，我们才有希望获得改变现状带来的红利，而不是负资产。

我们用某种方式改变现状时，我们以及这些方式也将被改变了的现状所改变。现状经常以一种尴尬而不稳定的状态，保持低限度的平衡。只有实现改变和维持之间的平衡，不再坚持固有观念，才能更好地处理各种关系，才能争取更美好的未来。

紧盯现状的变化，以现实为中心，对自己无法掌控的事物做好两手准备。世界上没有绝对，只有应对。

改变现状是自我意识发展的标志。

十二　专家建议

面对专家建议，我们一般很难做出自主抉择。

专家建议有时并不统一，有的甚至相互矛盾，普通人没有时间也没有办法证明其真假对错。

基于专家建议的权威性，而且他们都有各自的逻辑依据，所以我们不得不听取他们的建议。除了专家建议外，我们似乎想不出比专家更好的建议。

缺乏个体或者自身背景把握的专家建议，并非适合于每一个人。

囿于自身的位置，专家建议并非全面。医生只从医生的视角开药方，经济学家只从经济的视角提建议，这样的药方和建议往往缺乏宏观上的协调。

专家建议有参考价值，但是不能照搬。照搬，我们会输得很惨。

不能迷信专家建议，要把专家建议放到实践中去检验。实践是检验专家建议是否可行的标准。

一切从现实出发，现实是我们的行动依据。任何行动都取决于现实，不是取决于专家建议。

从效果上来看，具有权威性的专家建议一旦给出，必然有人遵循专家建议而行，社会可能出现专家建议所预期的状况。对此，我们既要考量专家建议的可行性，也要考量它们对未来的实际影响。

第四节 博弈

一 主体博弈

主体博弈，以“我”为主体的主动性的博弈。

在主体博弈中，唯“我”为大，把自己视为博弈的出发点和归结处，谋求自己最大的生存空间、利益空间，坚决杜绝出卖自我利益的思路。

主体博弈中，要清晰地知道，自己的利益在哪里，自己到底想要什么，一切以自己的标准为标准，确认自己的价值观、思考方式以及自己的选择，而不是他人的标准、他人的价值观、他人给予的选择。中止一切损害自己利益的行为。

自己是博弈的主角，当好这个主角，发挥自己的主角作用，不被他人牵着鼻子走，不按照他人的要求出牌，自己掌控博弈主导权，不把他人、他国的命运强背在自己身上。

我们长期缺乏主体博弈的意志，在和他人、他国的博弈中总把自己视为博弈中的配角，处处为他人、他国着想，不敢大胆地追求自己的利益，或者主动放弃自己的利益。

世界属于具有主体博弈意志的个体。

世界上的一切关系都是博弈关系。树立主体博弈意志，确立主体实现逻辑，这对我们的生存和发展至关重要。没有主体博弈意志的个体，将丧失自己的生存权，丧失自己的尊严。

不同的博弈理念，对主体会发生不容置疑的消长。

二 零和博弈

零和博弈，博弈总成绩为零，一方所赢得的正是另一方所失去的。

一场得失所系的赌赛，你的所得就是他人的所失，他人的所得就是你的所失，协调行动没有太大的意义。

零和博弈之所以受到关注，是因为现实中确实存在着零和博弈，胜利者的光环后面隐藏着失败者的辛酸。

蛋糕不大，有人得多了，必然有人得少了。

零和博弈是一种无序的存量博弈，不仅残酷，而且导致恐慌。在多数人可以得到食物的情况下，少数得不到食物的人必然生死相拼，有人担心饥饿蔓延，从而选择多吃几口，或者囤货，得不到食物和恐慌的人会越来越多。

零和博弈中的赢家，赢得的是一种得不偿失的胜利。赢家不可能一直赢下去，只要博弈继续下去，赢家一定会输，除非赢家终止博弈。

零和博弈只存在于局部，整体上不存在。

冲破零和博弈的途径，努力把蛋糕做大，而不是争夺一块蛋糕，或者把无序的存量博弈转化为合作下的博弈。

最糟糕的事情发生在观念里，被普遍认可的零和博弈会导致人际冲突，会带来巨大的负能量。

倡导合作下的博弈，自己所得并非他人所失，自己的幸福并非建立在他人的痛苦上，双方存在双赢的可能。

三 边际博弈

博弈既有对外博弈，也有对内博弈。

对内博弈就是自己对自己的博弈。

边际博弈是一种对内博弈，即对自己的边界、范围的博弈。我们选择职业、权利、配偶、朋友，要考虑它的边界、范围。过了这个边界、范围，就会给我们带来麻烦。一个人的成功不是追求别人眼中的最好，而是把自己能做的事做到最好。

一个国家的人口也涉及边际博弈，太少了不行，太多了也不行。

边际博弈是对数的博弈，研究博弈主体的数论，做事该做到什么程度，过了这个程度（数），自己就受不了。一个副职干部，一下子让他当正职，可能适应不了，需要一个适应期。

一个国家不能无限地对外扩张力量。力量扩张太大，要投入更多的管理，要计算成本和收益，也要有相应的对外文化和制度，否则会带来麻烦。

战争中有些指挥官喜欢占领更多的城市，殊不知，占领城市后，要管理城市，要驻军，这样就分散了兵力，削弱了战斗力。

对自己钟爱的事物，有能力一定要争取。全面衡量，争取不到，要及时转向，不要把时间和精力浪费在自己力所不逮的事上。有些事光靠努力不行，还得有条件；没有条件，尽管十分努力，结果仍然是不理想的。

四 能力圈

力微休负重。

只做自己能力圈内的事，只在自己能力圈里深耕，不做能力圈外的事，不制定超出能力圈外的战略，超出能力圈外的事一律不掺和。

按照彼得定律，人会一直向前走，只有走到了自己能力不允许的地方才会停下来。这是人性欲望驱使的结果。

选择承担过多或者超出能力圈外的工作，表面上风光无限，其实会很累。这种状态不利于自身发展。抵制诱惑，专注淡定，集中精力做好一件事。欲望永远比能力少一点。

知道自己不能做什么，反复权衡期望和效果之间的关系，摒弃不能取得平均效果的期望。不要在自己的短板上，或者毫无天分和优势，甚至连平均水平也达不到的领域内，试图完成那里的工作和任务。

自己的砝码有多重，自己要清楚，超出能力圈外的博弈，都是自寻烦恼。

五 预判反应

一方有时听任另一方对其损害，而不做出反应。

不反应，不是一方不想反应，或者没有实力反应，而是受到某些方面的制约，使一方有所顾忌，担忧遭至对方报复或者其他麻烦，或者有更大的谋划。

不反应并不表示一方对另一方的行为愿意容忍或者屈从，只是没到时机。时机一到，必然做出反应，可能是剧烈的反应。

不要因为对方没有反应，而误判对方，继续自己的所作所为。

这种误判会给自己带来长期的隐患，使自己在错误的道路上越走越远。

预判对方的反应是战略学的要求之一。它存在于人际互动中，只有莽汉才会先采取行动，而后再考虑后果。

在制定政策或者行动前，须站在中间立场或者对方立场，预判对方可能出现的反应，推出的方案尽可能使双方都能接受。凡有损于对方的方案，都会招致对方强烈反抗，应该极力避免之。

希望依仗自己的强大，四处找点事做而不顾及对方的反应，是危险的举动，不应让这种热情蒙蔽了自己。不要玩“谁胆小谁就输”的游戏。

六 强者策略

强者策略，主导对方，牵着对方鼻子走，而不是被对方牵着鼻子走，不让对方蚕食自己的利益。

强者须有战略眼光，制定长期战略，增强战略自主，把对方纳入自己的范围，作为一个可控或者局部可控的变量存在。

强者的综合实力大于对方，他有实力做到这一点。太阳令地球绕着它转，因为太阳质量比地球大。地球和月亮的关系也如此。

强者放弃主导权，放任对方行为，这对强者非常不利，要令对方适应自己的脾气，跟着自己的节奏跳舞。

放弃对对方的主导权，是强者的失职行为，后患无穷，这种失职行为是不能被原谅的。

强者主导对方，这一点强者必须清晰。对于事件的处理，强者不能做旁观者，要敢于动用自己的力量施加影响。

在和对方的相处中，强者要充分体现出自己的尊严、地位和利益，而不是无原则地迁就对方，制止对方用道德来绑架自己。

强者不采取强者策略，甚至表现出强者弱势状态，就要付出战略失败的代价。

我们一直低估了战略失败的代价。战略失败使我们由强变弱，我们会失去主动权，我们的命运将由别人来掌控。

七 关照对方

关照对方，是强者的战略需要。

强者只有关照对方，对方才会和自己合作。只有对方和自己合作，自己才能收获利益。

关照对方，尤其要关照对方的长期利益，而不只是短期利益。对方没有获得长期利益，或者长期利益受损，对方必将离开自己。只有建立在和自己有关的长期的共同利益上，双方才能保持持久性的关系。

威慑之下，没有一方能实现绝对的安全，强者仍然会受到攻击。

试图消灭对方，这对强者不利。对方很可能孤注一掷，联合其他个体和自己发生直接对抗。

与此同时，对方周围的其他变量，由于对方可能被消灭或者正在被消灭，而联合起来和强者对抗。这种对抗往往会以隐性或者显性的形式表现，也会以短期和长期的过程表现。强者将处于危险境地，很可能就此衰败。

强者对对方的关照还具有道义上的合理性。

当然，关照对方不是建立在损害自己利益上的。任何损害自己利益的所谓关照，都是愚蠢的行为。

关照对方，和对方一起构建面向未来的平衡。

八 包容对方

包容对方,是强者的战略需要。

强者只有包容对方,和对方共存共发展,才能使对方的变量成为有益于自己的变量。

包容对方,就是不把对方当作对立面,而视为自己的一部分、自己生存和发展的一部分,和对方共存共荣,给予对方发展的机会。

当然,这种机会是强者主导的,是受强者控制的。

我们所说的和谐、包容、双赢,都是对强者说的。只有强者能做到这些,对方没有能力做到这些,对方行为是受强者控制的。

强者可以不接受这种观点,而采取极端措施,制造混乱,甚至要赶尽杀绝对方。这样做,强者无疑给自己树立了对立面,使自己陷入和对方的全面对抗中。

强者不可为所欲为,弱者也不会逆来顺受。

强者衰败,除了自身的原因外,还和对方的关系处置不当有关。当对方不受强者控制时,它会联合其他变量攻击强者,或者做出和强者战略决策相反的举措,使强者受损。

九 弱者策略

弱者策略，明确自己的弱势地位，遵守对方制定的规则，不和对方抢戏，更不加戏，只在对方规则允许的范围内行动。在没有充分把握的情况下，不侵害对方的利益。

弱者策略是弱者的生存法则。

一些人站错了位置，硬要往舞台上冲，受伤是难免的。

在强者面前，弱者的利益往往难以用自己的方式获取。

小国之坚，大国之擒。小国坚持错误的对外政策，就为自己树立了一个强敌，最终将成为雄鹰巨爪之下的鸡。小国没有抗衡大国的实力，一旦走上歧路，随时会迎来灭顶之灾。

不和比自己更强的竞争对手对抗非常重要，否则会招致灭顶之灾。对方有灭杀自己的能力。这一点自己必须清晰。弱者一旦出错，就会受到加倍惩罚。

不和势均力敌的对手拼杀，否则两败俱伤。螳螂捕蝉，黄雀在后。最后的胜利不一定是自己的。

在另一种情况下，当对方严重侵害自己的利益，特别是自己的长期利益时，也要表现出强烈的不满甚至反抗，让对方感受到，其做法是错误的，从而使对方纠正错误。一味忍让不是最佳策略。这种反抗要做得有理、有利、有节。

狭路相遇勇者胜。即使自己处于弱势地位，也不能有丝毫的胆怯和投降心态，否则必输无疑。只有坚定和对方鱼死网破的决心，拥有在任何压力下都视死如归的勇气，才能为对方所忌惮，对方才会顾及自己的利益。

双方博弈的是实力、智慧和勇气。光有实力、智慧，没有勇气也赢不了对手。

一个人、一个国家对他人、他国唯唯诺诺，不敢斗、不敢争、不敢为天下先，不可能赢得胜利。

作为弱者，既要跟着对方的节奏跳舞，也不能被对方带偏节奏。

十 元规则

博弈规则由强者制定，由强者说了算。

这是博弈的元规则，决定规则的规则。

强者制定博弈规则，对方必须遵从。对方胡来，必予惩罚。双方不存在绝对意义上的平等。

一旦强者放弃了对规则的主导权，对方很快会用自己的方式解决问题，结果就会出现不利于自己的局面。

这一局面的出现，责任不在对方，而在自己，由于自己放弃主导权而导致的结果。将来想挽回这一局面，必将付出比原来更大的力量。假如对方已经做大，即使自己付出很大的力量，也难以挽回局面。

强者制定博弈规则，这是上天给予的权利。这个权利过时作废。

你想制定博弈规则，你必须成为强者。

强者制定博弈规则，不能由着性子胡来，不能单方面站在自己的立场上考量，要站在双方的立场上综合考量，否则对方不会遵从。

强者和对方的关系应该建立在有效差异上，即强者在实施自身利益最大化的过程中，同时不损害对方的利益。

十一 强弱转化

强弱之间不是绝对的，在一定条件下强弱关系会发生转化：强者可以转为弱者、弱者可以转为强者。

强者到达顶点后，假如没有出现能代表未来新趋势的力量，它就会向中间靠拢。向中间靠拢的过程就是衰落的过程。

弱者有可能战胜强者。它做反向运动，自身有新的变化，有积极向上的力量。只有新的、向上的力量，才能打败旧的、向下的力量。

新事物开始很弱小，但是它代表了一种新的可能性、新的价值、新的能量、新的未来，它会慢慢成长。在成长的过程中，许多变量助推它，最终战胜庞大的旧事物。

强者转为弱者还和对方关系处置不当有关。

和对方关系处置不当包括：对对方不关照、不包容，或者置之不理，或者采取极端行动；一边制定规则，一边破坏规则，或者制定的规则模糊不清，没有给对方立威，任由对方损害自己的利益，这些都使强者失去存在的理由。

强者的生存之道是走中间道路，重视对方、研究对方、关照对方、包容对方，制定清晰的博弈规则，让对方有序遵从，不走极端，和对方共存共荣，从而使自己的强势命数长久地维持。否则，来得快，去得也快。

强者始终要有转化意识，时刻保持警惕。

一旦强者转为弱者，他将失去很多权利。

十二 弱者身份

以弱者身份来思考和行动，会使我们谨慎做事。

弱者难以通过自己力量来左右局势，只能在强者主导下谋生存，对强者须察言观色，想尽办法使自己损失最小。这是弱者的位置。

强者总以为自己无所不能，拥有别人所不及的能力和权利，常常做超出能力圈外的事。事实是，他可能既不知道他站立于什么位置，也不知道这个位置在一个大系统中的分量。

不要把垃圾倒在他人门前，把垃圾倒在应该倒的地方。双方争执，人们总会向比较容易说话、容易欺负的一方施压，叫他屈从。这是危险的。弱者并非就是弱者。体恤和照顾那些被人忽略的人的利益。

一件小事物没有大事物影响大，它本身的功能不像大事物有那么强烈的表现，所以比较容易被周围事物接纳。要想胜出，多些远见和智慧，把自己当作弱者来思考和行动。

唯有至阴至柔至弱，方可纵横天下。

刚者易折。站在弱者的立场上来思考和行动，强以示弱，对强者没有害处。

一副好牌只有当作中牌或者差牌来打，时刻谨慎出牌，才能赢。反之，一副中牌或者差牌当作好牌来打，任意出牌，必输无疑。

十三 强者身份

以强者身份来思考和行动，会使我们随意做事。

人们总是把自己看得比对方强大，把自己想象得比自己真实的实力强大，不时贬低对方，看不起他们。这种脱离实际的状况非常危险。

对方绝不会因为你的贬低而实力受损，对方一定会以真实的面貌展现。由于你的麻痹，对方展现实力的方式会出人意料。

强者身份的做事模式，一是为了面子，以为自己比对方强大似乎更有面子，更能主导对方，让对方听命于自己；二是急功近利，怕麻烦、怕折腾，以为这样做，可以少费力就能获得比对方多的利益；三是习惯性的思维使然。

这种做事模式是失败者的模式，会把我们引向失败的道路。

我们宁可把自己想象得弱一点，而不是更强一点。这样对自己没有害处。骄兵败、哀兵胜，体现了老子强大处下、软弱处上的理念。

第五节 情感和理性

一 情感

情感，对客观事物是否满足自己的需要而产生的态度体验，表现为喜、怒、忧、思、悲、恐、惊等情绪感受，以及爱情、幸福、友谊等社会性情感受。

心灵里有那么多的萌动、那么多的情感。

我们的行为并不总是按照理性原则，而是渗透着太多的情感，由此造成了人和人之间的差异。

每个人都有情感，有的人表现得多一点，有的人表现得少一点。世界上没有无情感之人。

情感是人性的需要，体现了人的丰富性。健康的情感帮助我们成长。没有情感，世界上许多惊天大事不会发生，世界不会是现在的世界，人也不会是现在的人。

强烈的情感是艺术家创作的源泉。没有情感，就没有激情；没有激情，就没有优秀的艺术家。

情感贯穿了人的一生，丰富的情感带来丰富的人生。

情感源于情感基因，它是在人的演化过程中形成的。

在情感基因推动下，人的活动都带有情感色彩。一个良性的社会或者市场从来不按照纯粹理性设计，它有丰富的情感内容，能容纳各种情感因素。

二 情感控制

用两端尺子来衡量情感，过少或者过多的情感都是极端，最好的状态是中间情感。

人的优雅表现在控制自己的过度情感上。

我们可以有情感的生活，但是生活不能受情感控制，否则会成为情感的奴隶。有序的情感控制体现了人的适应能力。

我们感受到的并不代表就是存在的。面对复杂的世界，要求我们克制、谨慎，不能情感用事。我们可以对许多事情有意见，但是不能由情感来主导。

从感官经验中加入理性，我们就成为理性的人。理性的人不受情感羁绊，不会活在过度的情感里。只有愚者才用别人的错误来折磨自己。

不要把由情感引发的情绪，集中在那些无用又暂时无法解决的事情上，把精力放在如何使自己变得更优秀上。眼光放长一点，自己强大了，一切都会改变。

只有控制好自己的情绪、情感，才能控制好自己的人生。

三 感情用事

感情用事，即依据情感来做事。

中国人内在情感丰富，注重情感交流，以德报怨。建立在情感上的这种交往体系，造成了我们做事缺乏理性。

我们总是用情感的表达，来实现情感的固化。

我们的行为不总是理性的和可以预测的，带有更多的情感色彩，喜欢用感性而非理性思考，无法完成自己的超越。

感情用事者，往往把情感视为做事的唯一理由。情感不能作为做事的唯一理由，情感只是人们对客观事物的主观感受或者体验。它本身不是一种好的认知工具，不能替代事实判断，不能因为情感上拒绝某事而拒绝某事。

过度情感很难为我们带来合理性，即使引发情感的对象是正确的，强烈的情感也不会带来真正的利益。受情感牵制，我们感到舒服和快意的，可能是危险的。

过度情感之人往往是冲动之人，在现实中会遭遇到更多的麻烦。

四 理性用事

理性用事，依据理性来做事。

在理性和情感的对决中，最后取胜的往往是理性。

社会不是按照情感单向运行的，而是理性和情感双向驱动的结果。

过度激发情感会让人进入理性盲区。正是这个盲区不自觉地在起作用，会把一个极其荒谬的行为视为正当的，并且把它推向极端。

我们对情感的敏感大于理性。一旦对某事投入了太深的情感，往往难以理性处置。个别的不幸可能是个例外，由情感带来的不幸会频繁出现。

以情感为导向的行动，结果不会令人满意，它只关注其希望看到的而不是已经发生的事实，是难以适应现实的。

正确的决策和行动都需要理性，不能受情感之累，但是在强烈的情感驱动下，难以使人理性用事。

理性用事者并非没有情感，而是把情感和理性结合起来，把情感放在情感的位置，把理性放在理性的位置，情感服从理性、契合理性，以理性为自己的行动导向。

一旦我们习惯了理性用事，就会理性地调节做事的方式，理性的成分就会多一点，遭遇各类痛苦、烦恼时，就不会大惊小怪。

理性用事是培育强大情感免疫力的有效工具。

理性用事是人生的智慧。

五 整体理性

翻倒在地的货架会被人扶起。

现在的非理性,未来会自然结束。

老天有眼,大地有心。非理性的历史会走向理性。

理性和非理性呈现出整体理性的特征。

出现这种现象,首先由不同变量的规模造成的。个体行为受少数变量的影响和激发,带有偶发性;整体行为受更多变量的影响和激发,带有整体性。在一个事物之上总有一个比它大的事物存在,在这个大的事物之上还有一个更大的事物存在,就是说,在每个事物背后都有一个更大的事物在"操控",最后呈现出整体理性。

其次受到中的制约。事物都是由中而生的,都是在中的框架内运行,虽然个体会表现出极端性或者非理性,但是整体受到中的制约,中对趋于极端或者非理性的事物具有回拉力。这种回拉力表现为整体理性。

整体理性揭示了宇宙中的一个规律:世间万物都会自动恢复平衡。

古人说的"天之道损有余而补不足",反映的就是这一规律。

个体之间的矛盾、冲突以及表现出的多元化,我们一样能得到有序的结果,其中整体理性起了关键作用。

混乱中存在着惊人的有序,冲突中存在着惊人的和谐。

一切都是最好的安排,体现了整体理性的特征。

整体理性是宇宙最完美的"设计"。

六 个人独一

每个人的生命就像一棵小草，都有自己的命运，都有你不知道的传奇，都是宇宙秘密的携带者。

每个人的变量不一样，他的起源以及归宿都隐匿于宇宙中，我们难以窥视。模仿他人，不能保证获得他人的成果。

我们都是自己的生命本体，都有自己的生命轨迹，在宇宙中独一无二。

个人注定凭借自己的生命，去感知这个世界，去寻找符合自己个性的事物。

个人的成熟不是被习俗磨去了棱角，变得世故而圆滑，而是形成独特个性、展现真实的自我。

个人是孤独的，灵魂不会重叠。我们不能把思想交给别人，等着别人给出答案。

我们是自己生命的全部。给自己留下足够的生存空间、心灵空间、发展空间，实现自身生命的繁荣，这是大自然给予的权利。

七 个体命运

个体命运差异很大，有些由环境决定，有些由个性决定。

一个小小的选择或者一件偶发事情，会影响甚至改变个体命运。

个体命运，与其说是时代的使然，不如说是个性的使然。不同的习惯、理念和思维方式，形成不同的个性，构成不同的个体命运。

同样的社会环境，同样的历史境地，同样有不同命运的个体。

假如我们不参与这种必须以生命和珍爱的一切去获取胜利的激烈竞争，那么我们将被其他的个体征服，我们的整个生命将变得黯淡，将失去生命赋予我们的存在价值。我们要有勇气去追求我们认为正当的事业。

每个人都有自己能力达不到的死角，单打独斗成不了气候，必须联合其他变量，实现自己辉煌的命运。

没有超强的勇气、意志力，不可能有辉煌的命运。

没有比永远正确更严重的错误。任何人的虚名和夸张，都不要超过真实。在真实实力之下运行，才能保持持续的存在优势，否则衰败是迟早的事，即使占尽优势，也不可为所欲为。

个体命运由不同的变量构成，裹挟着种种模糊不清的运势，成就了自身的唯一性和独特性。

八 顺境逆境

个体顺境时，支持的变量多于反对的变量，“运来天地皆同力”，做事顺遂，只要稍稍用点力，事情就很容易办成。他们有身份红利和平台溢价。此时，要抓住机会、积极而为。

个体逆境时，反对的变量多于支持的变量，“运去英雄不自由”，处处碰壁，越努力，事态越恶化。他们失去了身份红利和平台溢价。此时，要苦修内功、耐心等待、弱须待时，直至变量发生转化，变得有利于自己，再出手反击。

积极而为和耐心等待都是中庸行为。每个人都会经历这两个阶段，尤其是后者，我们会经历得更多。没有后者就没有前者，后者是前者的准备。每一次逆境都会使我们积蓄起更大的爆发力。

人生的等待阶段，不仅能磨炼我们的意志，而且有充裕的时间来谋划未来。随着局部情况好转，可以采取逐步推进的策略，以赢得最后的胜利。

逆境时的反应，体现了一个人的逆商。逆商高的人，将拥有更好的未来。

人生成功与否，很大程度上取决于顺境、逆境时的行为是否适当。行为不适当，会减弱原来的成功，或者扩大原来的失败，甚至反过来由成功转为失败。

九 成功陷阱

成功陷阱，为成功者设置的陷阱。

成功者容易陶醉自己的成功，自以为比他人高明，很少虚心倾听他人的意见，特别是反对他的批评声。这使他失去中间立场，从而为未来留下隐患。

成功者确有多项优势，做事顺遂，即使犯错也会受到他人追捧，他们更多地看到得是自己的成功而不是失败。其实，成功和失败只有一步之隔。

防止掉入成功陷阱的方法是寻找自身的弱点。每个人都有弱点，不论他看起来多么卓越和强大，总有自己的“阿喀琉斯之踵”。成功者却很少有这觉悟。

很多时候，我们不是败在过去的失败上，而是成功上。当成功上升到一定高度时，它就成为极端，就会受到其他变量的制约，我们须有更多的智慧应对它。

成功会绑架你。

我们很高兴获得了一次成功，问题在于之后会发生什么呢？接下来的行为至关重要。

为了获得下一次的成功，必须打破对上一次成功的偏爱。

成功最可怕的对手是成功本身。成功者未必是最终的成功者。

十 尊重他人

和他人交往中必须尊重他人。

尊重他人的地位、语言、人格、习俗，把他人视为和自己享有同等权利的个体。唯有如此，双方才能建立持久和可靠的关系。

尊重他人，必须顾及他人的利益诉求。在不损害自身利益的前提下，尽可能地维护他人的利益。只有他人的利益得到了维护，自己才能获得和他人交往中的利益。损害他人的利益，不管是有意还是无意，他人都会“报复”自己，自己的利益必将受损。

把他人作为不可化约的真实的存在。在自己的生存空间里，为他人预留空间。

人类具有的社会性并不是某种群聚本性，而是不同形式的依赖性。每个人的存在都依赖于他人。我们的所作所为，都和他人的命运连在一起。我们依赖他人的程度，和他人依赖我们的程度是一样的。不顾及他人的利益，就不能实现自身利益的最大化。

不将他人作为一个威胁，而是作为一个富有意义或者不可或缺的呈现。

不要过于把自己的成功归结为个人的能力，甚至不断地标榜，那是愚蠢的。成功需要天时地利人和的配合，没有这些条件，你再有能力，也无用武之地。

尊重他人，就是尊重自己。

十一 自身评判

对自身状况的评判，可以用分数的方式来表示。

选择工作或者婚姻对象，评判自身的分数很重要。有了自身的分数，我们就能按照自身的价码量力而行，这是找到合适的工作或者婚姻对象的重要一环。

准确评判自身的分数很难实现。不是评分太高，就是太低，多数人评判自身分数往往高于实际分数，很少有人愿意把自己放在平均分数以下的位置，因而在现实中经常碰壁。

我们在某些区域内低于平均分数的现实，使我们无法正确认识自己。

在自己看来合适的工作或者对象，在他人看来却是攀高枝，超越了自己的分数，往往难以实现。这是一些把自身分数评得过高之人的经常性遭遇。

那些评判自身分数低于实际分数的人，对自己的期望值较低，这样很容易找到工作或者对象。这是一种生活智慧。我们宁可把自身分数评低，也不要评高。评低有选择余地，评高基本上没有选择，只能碰运气。

现实不会以自身高估的分数而自我实现，我们只能在现实的分数里找到自己的落脚点。

要得到你想要的岗位或者对象，最可靠的办法是你配得上它。不相配的不要追。相配就是自己承载得起，尽全力而能得到的。放弃该放弃的是一种智慧。

给自己评分，其实就是给自己把脉、给自己定位。

给自己评分，也是给别人评分。给别人评分和给自己评分的原理相同。

十二 评判标准

评判自身分数的标准，是他人眼中的自己的综合实力。

在和他人打交道中，他人必然对自己有一个基本评判，这个评判就是自身的分数。这个分数是外在的，是他人眼中的分数。有了这个分数，他人就会依此分数和你打交道。

评判分数在哪里，人的行为就在哪里。

公司人事对你的表现评价高，你就可以谋得职位或者谋得较高职位；反之，评价低，你就难以谋得职位或者只能谋得较低职位。在结婚对象的选择上也如此。

只有他人的评分才是一个有效的分数。由于礼节等因素，他人断然不会把他们的真实看法（分数）和盘托出，不会直观地给予。这个分数须由自己来评判，没有别的。

一般而言，你在他人眼中的分数总是比你认为的要低，我们没有自以为有的分数，也存在相反的现象。

每个人看清自己的真实分量很难。站在自己的立场上来看自己，看到自己优势的地方多、劣势的地方少，很难看清自己。只有站在中间立场或者他人立场，才能看清自己，给自己一个准确的分数。

有了自身准确的分数，就能给自己定位，就能调节理想和现实的差距。

自身的分数不是固定不变的。原来的分数比较低，经过努力，取得了一定的成绩，而且这些成绩为他人所赞佩，就能提升自身的分数。

自身的分数和时间有关，随着时间的变化，自身的分数也会变化。

对自身分数的评判只是他人对自己的评判，不是一个真实的分数。

十三 错判

正确判断双方实力以及做事的逻辑，是正确行动的基础，错判会导致行动失败。

战争中的敌我双方经常会发生错判：在自己力量占优势时，会高估自己而低估对方，反之则会高估对方而低估自己。

非常态下的战争，情况千变万化，双方情绪波动很大，情报真真假假，这些都会影响人的判断，错判难以避免。只有少数人能做出正确判断，在可能的情况下，还会引诱对方做出错误判断，以便自己以最小的代价取得战争的胜利。打草惊蛇、声东击西、诱敌深入、暗渡陈仓等都是这种战术的运用。

不少被视为孤立的事件其实是经过人们谋划的。

未来的战争和过去的冷兵器时代不同，主要表现在科技争夺、地缘争夺、舆论争夺等方面。一些国家为了争夺这些阵地，很可能采取极端手段，比如发动生化战、基因战、食品战等，假如我们还以己度人，错判难以避免。

战争的博弈过程异常激烈，且充斥着种种伪装、假象，做出正确判断非常困难。即使在日常生活中，我们对学业、择业、婚姻、购房、生育等家庭诸事，错判也难以避免。

只有我们运用中庸模型，站在中间立场，冷静观察，仔细甄别，才有可能避免错判，从而赢得战略和战术上的主动。

十四 双赢

我赢，也让你赢。

只有双赢，社会关系才会进入良性循环，事业才会越做越大。

意见一致时寻找合作的方式，意见分歧时寻找沟通的方式，最终实现双赢。

单边主义、孤立主义没有未来。

打破输家游戏，实现双赢，是中庸的基本理念之一。

中庸站在中间立场，不仅顾及自己的利益和价值，还顾及对方的利益和价值，通过双方合作，既利己又利人。

世间万物都是大自然的杰作，都有自己的定位，都有充分存在的理由。我们要顾及每件事物的独特性，保持和其他事物协调，不损人利己。他人、他物受损了，自己还会有利益吗？

双方只要处于对抗状态，不管其中一方的力量如何强大，都无法把控自己的命运，只有双方合作，才能构建自己的命运。

不要对世界抱有敌意，要接纳它。一切都是自然的，不偏激、不过分，按照中庸做事，个体能得到他应得到的一切。

中庸追求双赢，看似不可能，其实是通向未来的唯一合适的路径。

十五 糊涂

聪明和糊涂是人生的两端。

我们喜欢聪明，赋予其诸多褒义。事实确实如此，不过并非处处如此。有时过分的聪明反而会犯错，社会成了埋葬聪明人的墓地，而糊涂却能带来意外的收益，让人走得更远，胜率更大。

当年郑板桥在山东莱州云峰山题写“难得糊涂”，随后说：“聪明难，糊涂尤难，由聪明转入糊涂更难。放一着，退一步，当下安心，非图后来福报也。”

历经三朝的郑板桥是个绝对的聪明人，他的体会却是糊涂比聪明更难。

郑板桥的“难得糊涂”，说明“糊涂”在人生中的重要位置。过度强调“糊涂”，把它上升到一个不适当的位置，甚至视为人生的最高境界，也不妥当。

过分的糊涂和过分的聪明一样，都是极端，都会给自己和社会带来危害。

真正的人生智慧不是“难得糊涂”而是中庸。它处于聪明和糊涂之间的中间地带，在该聪明时聪明，在该糊涂时糊涂。

寻找聪明和糊涂之间的中间地带，做事恰到好处，不会轻而易举，须跟随环境的变化而变化。中庸有助于我们对此判断和实践。

十六 不求完美

我们可以追求完美，但是无法企及完美。

世界本身是不完美的，在一个不完美的世界里追求完美，犹如缘木求鱼。

追求完美，既不需要，也没必要。

凡是完美的都是极端，凡是极端的都不会持续，只要合适就好。有缺陷的完美比纯粹的完美有更多的发展空间，有更多的生存的可能性。事物的“裂痕”，都是“光”进来的地方。

完美是一种难得的过头。有人在追求理想的过程中，否认他们是完美主义者。然而，这种否认并不表示完美主义不存在。

把自己定位在单一方向上，排斥了其他方向的可能性，不管他们愿意在这一方向以怎样的方式行进，也不管他们最后收获什么，他们通常是完美主义者。

把选择集中在单一方向上可能是不明智的，除了学术研究外，在人生和社会活动中，这种做法可能会招致更大的失望和痛苦。

每一种看似足够丰富的逻辑系统都是不完备的和有限的，每一种看似无懈可击的科学体系都有其火力的死角。这是一种不完备性定理。

人类无法收获那个看起来完美的世界。

十七 次完美

世界上没有绝对完美，只有相对完美。

不完美体现了自然禀性。

事物都有自身的优势而使自己生存下来，同时又有自身的缺陷而受到其他事物制约。卤水点豆腐，一物降一物。如此，世界才能实现平衡。假如世界上真有绝对完美的事物，其他事物将失去生存的机会，世界将变得单调。

事物始终处于不完美的状态，只是不完美的程度不等，这给个体提供了更多的生存和发展的机会、更多的可能性。

假如一定要寻找完美，那么这个完美的存在就是中。

中的完美在某个时点上是存在的，但是这个时点很难把握，它看不见，我们只能在这个时点的左侧或者右侧发现它；一旦发现，已经不是中的完美。中不固定，一直在运动、变化，原来的左侧可以变为右侧，右侧可以变为左侧。

中的完美可遇而不可求。它确实存在，但是很难捕捉。我们遇到次中、次完美、次次中、次次完美，已经很幸运了。没遇见更好，这便是最好。我们要接受残缺或者次残缺状态。

十八 中庸模型

中庸模型，以中庸为原点的变量研究模型和操作模型。

变量是中庸模型的基本单元。通过变量研究，在事物之间构建一种可靠的联系，实现和环境的有效沟通，使变量成为环境变化的参与者。

中庸模型设置两根轴：横轴，纵轴。两根轴交错、弯曲。每根轴有一个中间点。轴的两端是事物的两个极端，是事物运行之间的距离。设定自己在轴上的具体位置。

轴周围分布着各种变量，它们相互交错、彼此影响，展现出多种形式的和、合、矛盾、对立、斗争、冲突的场景。

中庸模型可以用中庸图的形式来标示自己。

一个有效的中庸模型能演示各个变量之间的运动和博弈的过程，最终呈现出有益于自己的平衡态。

有人失去自我，看不到自己的相对优势，屈就自己，有人则相反。只有在中庸模型中，才能客观地看到自己的相对优势和劣势，可以选择自己的优势方式出击。

中庸模型是一种有效的认知和行为框架，它能正确描述认知和事实的关系、自己和世界的关系，它告诉我们“哪些事能做，哪些事不能做”，体现了“切己体察事上琢磨”的做事风格，有利于构建自己的正确行动。

十九 寻中模型

寻中模型，以寻找中为目标的思维模型和决策模型。

中庸模型是寻中模型。在一个上下纵横的中庸坐标系里，把搜集到的各种变量放置其中，按照变量的性质、功能放置于不同的坐标点上，然后去寻找中，找出中的位置、谋略和方案。

在不同的变量里寻找中并非易事，须在两端之间多次地来回寻找，有时还不一定能找到，有一个反复寻找的过程。世界上很少有不思而得、不勉而中、从容中道的事情。

寻中模型的目标非常清晰，反对任何偏离中的行为，一旦发现偏离了中，就发出纠错信号。它具有纠错能力。建立寻中决策机制，就是建立以中为核心的自动纠错机制。

寻中模型有中的数量指标，即有关两端之间距离的指标。只有建立了数量指标，才能使寻中模型建立在可靠性上。

可靠的数量指标，可以帮助我们全面地认识问题和科学决策。

寻中模型带来的中间语言可以成就世界的丰富性，克服单调、枯燥以及惯性的世界。

二十 整体模型

个体被整体界定。只有站在整体上，才能看清自己，才能明晰自己的利益。

进入一个陌生区域，先要看这个区域的地图，了解这个区域的整体路线，以后走到哪里，都不会迷路。

我们和这个世界的联系是整体性的，过于注重局部，会使我们和世界隔离开来。

中庸模型是整体模型。在整体模型下，安排变量，制订方案，择优选优，为了整体利益可以放弃局部利益；同时协调各种矛盾，把矛盾冲突降到最低，一切矛盾的解决皆有可能。

把丰富的想象力、创造力以及伟大的学习能力纳入整体中。

我们正在进入跨界时代。这个时代变量太多、变化太快，只有在整体中才能有效地跨界。

在定位和判断方面始终具有整体观，不将自己的命运轻率地寄托在单一事物上，不让自己走在狭窄的道路上。

承认发生眼前的整体现实，而不是局部现实。依据整体现实做出判断和决策。不管别人说什么、怎么想，都朝着自己制定的目标迈进。

在整体中，主动谋变、善于谋变，主动领着命运走，而不是被命运拖着走。

二十一 质疑模型

中庸模型是质疑模型。

中庸模型没有标准答案,一切答案都在质疑中取得,质疑中取得的也不是标准答案。正如没有标准答案的现实世界一样,能在未来立足的是拥有质疑能力的人,而不是只拥有专业知识的人。

中庸模型鼓励冒险、创新、变化,鼓励一边质疑、一边尝试,对迄今为止的一切常识提出质疑,对所谓的真理提出质疑,坦率地、谦虚地向现实学习。现实是最好的老师。

在中庸模型里,究竟采取哪些方案,不会固定不变,随着环境的变化而变化。它紧盯环境,当环境变化时,它会随时切换方案,切换到合适的方案上来。

中庸认为,任何方案都有局限性,都不是完美的,只有不断地质疑,才能找到最佳方案。

中庸模型会提出多种假设,假设只是假设,不能替代真实。

对假设要质疑。假设本身是不确定的,假设究竟包含了多少可能性要评估。假设只是提供了一个观察问题、解决问题的思路。假设实际应用本身的成功,并没有为假设提供一个合乎逻辑的论据。

二十二 沙盘推演

沙盘推演，模拟性的推理活动，事先精致的谋划术。

运用理性原则，模拟各种未来的场景以及演绎过程，寻找或者推导合理的结果，体现了最优结果原理。

战争前夕，敌我双方一般都有沙盘推演，模拟战争场景，制订多套作战计划，对一些细节，要推演多遍，以确保万无一失，赢得战争的最后胜利。

沙盘推演对博弈双方意义重大。

中庸模型，一种有效的沙盘推演。

在中庸模型里，建立中庸沙盘，以中庸为指导，站在中间点，对各种变量排序，不带情感地观察、模拟和推演各种变量之间的相互作用以及可能出现的结果，提出多套方案，分析每套方案的利弊，寻找中间方案。在一个主方案中，还有多个副方案。每个方案都和环境有关，当环境处于此状态时选择此方案，当环境处于彼状态时选择彼方案。最后取一种对自己最为有利的可能性的方案。它注入了一股神秘的中间力量。

二十三 预案

预案,对潜在的或者可能发生的突发事件制订的应急处置方案。

为了更好地应对环境变化,除了在原则性和灵活性之间找平衡、懂得变通外,还要有预案。

关联自身命运的大事,事先都要做好充分准备,所有的可能性都要想到,对一切可能性都有预案。预案是应对环境变化的有效策略。

战争有战争预案,改革有改革预案。没有预案,很难避免失败。

有些人喜欢冒险,他们可能是传统的颠覆者,起到了引领者的作用,这样的行动更需要有预案。

科学决策不能依赖临场发挥,预案比临场发挥更可靠。只有在没有预案的情况下,对突发事件才可以临场发挥,但是要冒很大风险。由于时间仓促,突发事件的许多变量不了解,临场发挥难免有疏忽。有些临场发挥看似天衣无缝,其实是一种错觉,带有相当的偶然性,多数临场发挥对长期而言都存在缺陷。

有了预案,我们才能做好预防工作。没有亡羊时,就加固羊圈,亡羊补牢就不会发生。只有做到无事如有事,才能达到有事如无事的境地。

中庸模型能提供多套预案。

第六节

生存两歧

一 生存两歧

美国哲学家艾瑞克·弗洛姆(Erich Fromm)用“生存两歧”概念,说明人处境中的矛盾、人自身分裂中的矛盾的现象。

一方面,人的肉体属于自然界,是自然界的一部分,他渴望和自然界保持联系;另一方面,由于具有理性而力图超出自然界,就会失掉和自然界的联系。于是人孤独苦闷,处于分裂状态。(《自我的追寻》)

中庸认为,人是双重的存在,既是物质的,又是精神的;既有情感,又有理性;既寻求自身的发展,又表现出毁灭自身的特征。这两方面的结合构成了人自身的矛盾。这种矛盾就是生存两歧中的矛盾。

生存两歧是人生的必然部分,贯穿于人的生命过程中。人不能从根本上排除这些矛盾和分歧,但是可以通过学习哲学、宗教、道德、文化等,提高人的品格和修养,提高人的生存基因和理性部分,从而获得崇高的人生意义。

二 毁灭基因

毁灭基因,导致自身毁灭的基因。

我们经常由着自己的性子,做出各种荒诞的事。

尽管人类进化了数百万年,发明了不少心理疗法,仍然无法消除本原性的毁灭基因。贪欲、嫉妒、害怕、好斗、残暴、狭隘、懒惰等都是毁灭基因的表现,与此对应的是生存基因。

毁灭基因和生存基因是人性的两端,它们交织在一起。一方占优势时就表现出一种特征,反之则表现出另一种特征。这使很多人具有双重行为,既有维护自身利益的行为,也有破坏自身利益的行为。有时这种行为难以控制。尽管我们知道这种行为不好,还是身不由己地表现出这种破坏性。明知是坑也要往里跳。

经验教训不足以使人变得理性,源于人的毁灭基因。

佛教说,凡人皆有心障,人无完人。基督教说,每个人都有七宗罪,即傲慢、嫉妒、暴怒、懒惰、贪婪、饕餮、淫欲,圣人也不可避免。心障和七宗罪都源于人的毁灭基因。

毁灭基因就像一根绕在人脖子上的绳索,欲置人于死地。

科学本身并不危险,但是一些掌握科学的人如果心术不正,就会使科学变得危险起来。科学会把人性中的毁灭基因无限放大。毁灭基因始终跟着我们,威胁着我们的生存。

哲学、宗教、道德、文化,都以改变人性为目的。经济学家看来,人性很难改变,必须通过制度来规范。没有制度建设,任何善意和良好的设想都是无法实现的。

社会被人性中的毁灭基因所界定。

三 生存基因

我们天然地拥有主动维护自身生存和发展的本能，这种本能以生存基因的形式储存在我们的生命里。

有了生存基因，我们才能生存下去。在遭遇重大灾变时，我们拥有非凡的勇气和智慧，排除万难，使自己生存下去。

生存基因是生物生存的第一推动力，它会激发出人的伟大的生存能力。

任何生物都会设法求生，想尽办法避开对自身的生命威胁，保持自身生命的延续，这种生命本能表现为生物的生存法则。生存法则是生物第一自然法则，它是由生存基因决定的。

尽管在毁灭基因作用下，人犯错不可避免，但是我们同时拥有生存基因，使我们具有了纠错能力。

我们身上既有生存基因，也有毁灭基因，这两种基因相互依赖、彼此制约，构成了我们生命的运动过程。没有人能消灭生存基因或者毁灭基因。

生存基因和毁灭基因是我们每天都要面对的悖论，无论选择哪一个，都可能被另一个反噬，没有纯粹的一方。

人类的理性具有壮大生存基因、减弱毁灭基因的作用。

让生存基因推动人类生命的延续和生命的繁荣。

四 多维度

对事物观察不能只取一点,不及其余,否则,即使运用了正确原理,所得到的结论可能相背而行。

无论具体情况如何,都不要先入为主,无限地拔高某一点,存偏向性意见,须多维度、综合、独立地去观察。

增加思维的维度,不要只在一维的空间里抢跑。

长期以来,我们只在自己的意念中讨生活,没有把中国文化作为一个独立的对象多维度地观察,放在和世界其他文化同等的位置上观察,不是把它看得过高,就是过低,既不了解自己文化,也不了解其他文化。

尽管没有迹象表明这种进程会终止,但是其他进程也在悄悄地行进。对后者,我们不以多维度的视角观察,过去发生的灾难还会接踵而来。

抛弃那些意义已经被固化的术语,从另一个维度即新的维度观察,问题都可以解决。

多维度地观察世界,会收获不同的认知。不同的认知并非由不同的意图所致,而是由不同的维度观察所致。

五 中间视角

中间是事物的原点，只有站在原点，才能看清自己、看清对方、看清世界的方方面面，才能做到不偏不倚，不仅在空间上如此，在时间上也如此。

站在自己视角来看他人，感觉自己是对的，其实对方也是这样认为的，只有站在中间视角，才能看清彼此。

站在他人视角来看自己，能获得清晰的认识，能找到自己在他人眼中的自己、体会他人的感受、知晓自己和他人的相处之道。他人视角可以作为一种中间视角。

多数人只活在自己的世界里，从自己视角来看世界，以为自己掌握了真理。这似乎成了人们的思维常态。现实恰恰是自己并没有掌握真理，自己是错的。戴着有色眼镜看世界，很难看见世界的本色。

人的视线容易固化、窄化，习惯于从自己视角来审视一切，忽视了其他价值或者自己不了解的事物。

对历史的认知，常常受到认知双方利害关系的影响，和历史走得太近，反而看不清历史。只有当历史离去一段时间，把自己作为局外人，站在历史的中间视角来读历史，才能读懂历史，否则只会不断地强化对历史的偏见。

中间视角是一个有趣的视角，你会看到一个更有意义的世界、一个与众不同的世界、一个脱离自我的世界、一个更真实的世界。

从中庸思维引申出的中间视角，使我们摆脱了习惯性思维。

六 求稳

求稳，求得稳定，和冒险相对。

在不该求稳时采取求稳策略，会导致失败；只有在需要求稳时采取求稳策略，才能赢得成功。

对那些挑衅我们的人，不让他们吃点苦头，他们不会尊重我们。

对那些作恶我们的人，只有予以痛击，施加在我们身上的恶才会减少。

和对手较量，拼的就是一股狠劲。

有时着眼于使事态降级的做法，会屏蔽掉很多问题，将使事态愈发恶化。一味求稳，可能蕴藏着巨大风险。我们要敢于承担更大的风险和容许事态的升级，从根本上改变策略。毋庸置疑，这是一种艰难的平衡。

不能因为有风险而不去做，相反，正因为有风险，更加要做。现在承担风险是为了以后降低风险，现在冒险是为了以后的稳定。

七 风险

风险和机会相伴，风险大，机会也大。

为了获取更大的机会，有时不得不承担风险。

承担风险不意味着对一切都要冒险。有些风险是不值得冒险的，不能一味增加赌注。不能将自己置于不负责的风险中。

有些人在诱人的前景下冒险，尽管深思熟虑，并且有计划、有步骤地推进，最后仍然奔向了灾难。承担风险和减少风险必须协调。

对风险掌控反映了个体成熟程度。有计划地掌控风险，给未知风险预留足够资源，可以最大限度地将事物的不确定性转化为确定性。未知风险比已知风险威胁更大。对风险的重视程度以及应对计划都会影响个体的成功。

避免误入理想主义式的冒险背后蕴藏的陷阱。

一手好牌不能乱打，少出错才能赢。

在该承担风险时承担风险，在该减少风险时减少风险。这就是中庸的态度。

八 问题

没有人能独立于问题之外。

不在于有没有问题，而在于如何去应对。

不说、不谈论，等于把问题藏在地毯下面，问题仍在滋生，将来会一并爆发。

所有的问题都是信息，就像生病告诉我们，自己身体哪里出了问题。它是一种信息传递机制。

许多问题来自于高度惯性的过程，都是我们一手造成的。

最大的问题是看不到问题。问题总是存在于自以为没有问题的地方。

问题来了并不可怕，可怕的是无视问题存在。只有认清了问题，才能解决问题。不要玩偷懒游戏，将问题的解决拖延至爆发时。不要等到一切无可挽回时，才说“我本来是不会走到这一步的”。天大的问题起初都不是问题。我们总是在问题没有到来前不知道如何防备。

问题很少是单纯解决的，而是被新的问题挤到了旁边，围魏救赵是解决问题的途径。有效地解决问题，须进入更高的层次。

把问题作为一个整体来对待，按照轻重缓急去解决，分解为不同的部分去解决，主动去解决，置于可控范围内。

问题放长了来看，都不是问题。这是对问题的哲学思考。

九 被动模式

面对问题，我们有哪些解决方式呢？

传统的方式是：问题出现后，再想办法解决。

这种方式，看似主动，实则被动。

它把我们的眼界和精力局限在具体问题上：首先花时间了解问题、分析问题，然后判断问题的性质，最后提出解决问题的办法。这样一个循环后，会错失解决问题的最佳时机。

这是一种被动模式，不仅使我们失去主动解决问题的机会，而且疲于奔命、顾此失彼，无法解决根本问题。

被动模式源于局部思维，它把问题只放在局部，囿于局部，没有全局眼光，即使用尽了精力，最后解决的也是局部问题。全局问题没解决，局部问题很难解决。

局部问题都不是孤立的，往往是全局问题的先行指标。

只有树立全局观，放弃局部思维，以全新的视角看问题，另辟蹊径，才能找到有效的解决方式。

毛泽东在解放战争中提出的“你打你的，我打我的”，打得赢就打，打不赢就走，抓住你的弱点打，就是一种高超的战争艺术。它不受局部情况牵制，变被动为主动，最后赢得了战争的胜利。

十 消除原因

我们一般在分析问题、找出原因后，再着手去消除原因。

消除原因通常能解决问题，比如，生病了去看医生，天冷了增添衣服，饿了吃些食物。然而，不是所有的问题都可以通过消除原因来解决的，有些问题你可能找不到原因，即使找到了原因，也很难消除。

消除原因的方法由我们的观念所致。我们认为，事出有因，必须消除原因，才能解决问题。

其实，事物的因果关系非常复杂，在我们所知的原因外，还有大量我们所不知道的原因。我们通常看到的是表层原因，而非深层原因；个别原因，而非整体原因。

这种解决问题的模式，是建立在系统的确定性上的，即使存在不确定性，也朝着确定性的方向前行；我们做的，只是维持这一系统的正常运行，做些修修补补的工作，忽略了系统的范式转化或者顶层设计。

消除原因只是解决问题的表层方法，我们在这上面耗费了太多的精力。

只有系统性的范式转化或者顶层设计，才是解决问题的根本方法。

十一　预设问题

问题出现之前，就预先设想出各种问题来。

对未来可能出现的问题提前预设，做到心中有数，并且提出整体解决方案，把问题消灭于萌芽状态，引领问题的解决。

预设问题体现了危机意识。只有对未来充满了危机感，才会积极地预设问题，才会多方设想未来可能出现的危机。一旦危机真的来了，已经做好了准备。重大危机往往藏匿于暗处。只有预设了问题，才能看清问题，才能避免危机。

知道会发生什么，比知道什么时候发生要容易得多。只有事先把问题想清楚、看明白，结果才能比现在好。

无事则深忧，有事则不惧。预设的问题越多，准备得就越充分，今后碰到的问题就越少。预设问题是一种没有问题找问题的主动模式，一种有效的范式转化或者顶层设计。

预设问题须有全局观，才能奏效。

十二 换位思考

换位思考是一种心理体验，将自己的内心世界，比如情感体验、心理需求、利益考量、思维方式等和他人联系起来，站在他人的立场上体验和思考，设身处地为他人着想，从而和他人在情感上得到沟通，为增进理解奠定基础。

换位思考是正确处理和规范不同个体之间的行为、使之形成良性互动的一种有效方法。

人性都是相通的，你想要他人怎样对待你，你就要怎样对待他人。

在和他人交往中，首先把他人设想为自己，你不喜欢的，他人也不会喜欢；你厌恶的，他人也会厌恶；你在挑剔他人时，也要接受他人以同样的方式挑剔你；其次尊重他人的利益、嗜好、习惯、背景、文化，在充分理解的基础上寻找双方的契合点。

你向上走去，下面肯定有人在承受压力；你侵犯他人利益，他人肯定在承受损失。要换位思考，体恤下面的压力，感受他人的损失，珍惜和慎对现在的一切。

不要由于自己强大，就藐视他人弱小；不要由于自己成功，就无视他人失败。这样的藐视和无视很容易滋生出冷漠和暴力。

换位思考是做人的一种境界和善良，可以赢得相互之间的理解，避免许多误判和盲动。

十三 换位行动

换位行动,换位思考的延伸。

有时仅仅换位思考是不够的,还须换位行动,以达到双方都能换位思考的目的。

犯错方不换位思考,不承认错误时,另一方要求他换位思考,是做不到的。单方面的换位思考,只是一种主观意念,不是一种行动过程,对对方没有约束力。

假如事情变得很严重,那么可以采取换位行动法,用外在的力量和他人在行为上对等换位,使犯错方真切地感受到受害方的感受。只有这样,犯错方才会痛感自己的错误,从而达到纠正对方错误的目的。

换位思考是双向的,单单依靠一方的换位思考,另一方还是我行我素,效果会很差。一旦出现这种情况,已经换位思考的一方,可以采取柔性的或者硬性的方式,去唤醒另一方的换位思考,以期双方实现良性互动。

换位行动法,体现了交往的双向回馈,它是依据中庸哲学提出的一种解决问题的方法。

十四 自责他责

自责他责，遭遇问题有两种态度。

“我在哪里做错了？我该负哪些责任呢？”这是自责的态度。

“这是谁搞的呀？这和我无关，责任该由他人来负。”这是他责的态度。

雪崩的时候，没有一片雪花觉得自己负有责任。

人们很难抗拒将失败归咎于他人的诱惑。

遇到问题总是取后一种态度，把问题推向别人，自己毫无责任。这种态度不可取，不仅使问题变得复杂，而且无助于问题解决。

出现问题，涉事双方都有责任。从自己身上找原因，还会引出另一番思索：“我们怎样来纠正和预防呢？”这对解决问题非常有用。只有从自己身上找原因，才能找到问题症结，才能解决问题。

自身的问题多多，眼睛却盯着别人，这是不行的。

自己是自己一切的根源，只有改变自己，一切都会改变。

问题既然发生了，不如换个心态去面对。

对问题需要一种新的理解方式，一种新的思维方式，甚至一种新的社会、生活方式，进行新的解读。

每一次自责，都会开启我们的进步之门。

十五 无形之手

无形之手，看不见的手。

英国经济学家亚当·斯密(Adam Smith)认为，个人的自利行为会造成社会财富的增长，经济生活中存在着不同于人为的自然秩序，它是通过人性的发挥而产生的。(《国富论》)

自利是人的本性，它受一只无形之手的指导，去尽力达到一个并非它本意要达到的目的，即有利于社会的用途。

个人的自利行为是主观的，表现出一种无序而且充满矛盾的冲突过程，最后呈现出的是一种有序的合理的结果。

之所以出现这种结果，源于个体之上存在着一种更大的协调力量。这种力量看不见，却决定了个体之间的组合以及各方组合的趋势。

我们认为，这种力量就是“中”的力量。

世间万物都由中而生，中具有统辖万物的功能。在中的作用下，个体之间的组合非常精巧，看似随机、偶然，其实是无序和有序、偶然和必然的结合，从而使事物总体上呈现出有序的趋势状态。

无形之手不仅在经济领域存在，而且在政治、军事、文化、自然科学等领域都存在。

无形之手反映了世界的整体规则和整体理性。

对一些不良个体而言，无形之手相对可怕，在整体规则和整体理性下，它们将被毁灭。

第七节 人生意义

一 积淀

现实中的人比我们想象的要复杂得多。

每个平凡的人，都有丰腴的过去。

瑞士心理学家卡尔·荣格(Carl Gustav Jung)认为，人的大脑不是和历史无关的生理器官，而是一个携带了人类过去历史的心理构造，人类祖先的生命痕迹和原始经验通过人脑在心理上积淀，形成了各种无意识的原型。原型没有直接的现实性，只是一种可能性，在一定的条件下才被激活。(《原型与集体无意识》)

人类祖先以普遍经验的形式形成的原型，通过遗传机制，一代一代传递以及储存在人脑中的过程，荣格称之为积淀。

任何人都不是一张白纸，上面写着各式各样的内容。这些内容绘就了人的命运。

人通过积淀被赋予、被确定。

每个人积淀的内容密密麻麻、非常丰富，充塞于各种基因里。生存基因和毁灭基因，是其中最重要的两类积淀基因。

生存基因和毁灭基因相互作用，产生了个体波澜壮阔的生命运动。

二 塑造自我

人既是物质的存在，也是精神的存在，是物质和精神的综合体。

营造一种诗境，在平凡的世界里，塑造自我的人生意义，是精神的需要。

塑造自我的人生意义，对自我的生存和发展作用重大。

世界原本是无意义的，意义是人生的意义，是我们意识和心灵的产物。世界上的一切意义都是人赋予的。

人作为一种灵性生物，拥有强大的精神世界，通过不断的自我活动和自我解释来塑造自我的人生意义。

人有了自我的人生意义，人的精神世界才能安宁，灵魂才能安息，人才能摆脱孤独。

我们不能把人生意义越做越小，小到等同于无。

我们为人生意义而生、而活，也为它而死。无意义的人生就像豢养的动物一样淡而无味。

我们通过选择决定生命的本质，通过追求获得人生的意义。

崇高的人生来自于崇高的人生意义。

三 人生意义

人生意义是人通过对真理、正义、道德的追求而获得的一种精神境界，以人生目标、人生使命、人生价值来体现。

人生只要有了目标、使命、价值，人生就有了意义。

人是寻找意义的动物，没有意义也要寻找，或者创造出意义来。我们不能忍受一个没有意义的世界。

信仰是人生意义需要的满足，是人生意义的终极目标。

信仰并不限于宗教，而是一种充满人生意义的信仰。

有了一种追求，有了一种理想，有了一种奋斗目标，这样的人可以说是有信仰的人、有人生意义的人，也是快乐的人、幸福的人。没有信仰的人生是茫然的。

人的精神被焦虑驱动时，信仰会扫除它，并且为理性的张力寻找有价值的享受。

寻找人生意义能使人收获更多的幸福感，这一点在医学上得到了证实。

科学家发现，在自我感觉更幸福的人中，其大脑的楔前叶区域较大，善于寻找人生意义的人能促进楔前叶灰质部分生长。

这从科学上解释了，为什么人生有明确目标和意义的人，都会感觉到一种整体上的幸福感、充溢着无穷活力的原因。

自然科学是为了解释事物的因果关系，社会科学更在于发现人生的意义。

前者借助于科学原理对事物做科学的说明，后者则不全是，对人性的驱动利益、趋势、命运加入了人生的意义。

四 希望

希望是积极情感的表现，体现了人的追求和向往。

希望会带来激情，相信一些积极的事物会成为现实，并且努力去实现它，即使在实现中遭遇阻力，仍然努力去实现它，就像汽车发动机推动着汽车往前跑。

完成一项难以完成的工作，要赋予它希望、激情，而不是只强调其重要性。希望是潘多拉盒子中最后留下的东西。

希望只是对事物将来趋向的一种向往，并非一定能实现。事物的发展既存在希望实现的可能性，也存在希望破灭的可能性。

当一种希望契合了客观的存在时，它就成为一种客观的希望，即有可能实现的希望，一种真正有希望的希望。客观的希望是希望的实现形态。

希望不是可有可无的存在，对人和社会不可或缺。在有希望的地方丧失希望，会带来挫败感。我们既要活在现实的世界里，也要活在希望的世界里。

没有希望的人生将失去人生的方向。

理解人性和社会的本质，应该从希望的各个方面去深入。

希望是上天给予人类的珍贵的礼物。

五 目标

目标，个人或者组织所期望的成果。

人生不能漫无目的地活着，须有自己的奋斗目标。

目标是我们意识到的比自己现有的更大事物的一部分，是我们努力的方向。目标能创造真正的快乐。

目标有全局目标和局部目标、主要目标和次要目标、长期目标和短期目标。

全局目标、主要目标、长期目标反映的是全局。局部目标、次要目标、短期目标反映的是局部。局部目标、次要目标、短期目标要服从于全局目标、主要目标、长期目标。

目标有合理和不合理之分。衡量目标合理与否的标准，是目标和现实吻合程度以及目标的社会意义和价值。和现实相吻合而且具有社会意义和价值的是合理目标，反之则不是。

不能只为某个单一目标制定政策。为单一目标制定的政策大都是不完整的。为了实现某个目标而损害了其他目标，会发生目标冲突，可能引发大的破坏性。目标和政策的制定须是全局性的，须形成系统内的自洽。

目标的最后走向是效果，效果是实现了的目标。以符合目标的形式出现，就是成功，反之是失败。

设定一个不能实现或者只能在极小概率下实现的目标，不是雄心壮志的表现。

目标的实现依赖于正确的途径。有些失败，不是目标设定错了，是实现的途径错了。途径错了，目标是实现不了的。

六 独立

宇宙创造万物，赋予万物各自的独立性。

个体都以自我的形态存在，环境只是为个体服务的另一种存在，无不体现了各自的独立性。

独立包括独立的思考力、判断力、价值观以及选择权、行动权等。

在两端之间独立地寻找自己的位置，可以避免在一个出错的群体里跟随式地犯错。在一个利益碰撞的环境里，没有独立性，个体很难发展。

即使在一个稳定的环境里，我们有了某种安全感，这种安全感并非安全，只要环境发生变化，原有的安全就变得不安全。没有独立性，只能被环境带着节奏跑，无法应对环境变化。

保持自己的存在优势，必须是独立的。只有独立了，才能对自己的生命负责，才能实现自身利益的最大化，才能获得更大的发展空间，才能留下自己的风景。

独立把个体导向现实而不是他者。一个独立的人不会根据别人的想法做事，他会形成自己的判断；他不相信权威，当别人为他指出方向时，他会自己判断，是否按照这个方向前行。

独立都是相对的，没有绝对的独立。追求绝对的独立，甚至违背社会公德，是万万不行的，这种独立将被社会剥夺。

只有符合社会需要的独立才是我们追求的方向，它会给我们带来更多的福祉。

七 改变

个体自诞生日起，便开启了一连串自己无法预见的改变。

我们总想按照自己的愿望把自己固定下来，变化却不断地朝我们袭来。我们总想掌控自己的命运，命运却躲开了我们的掌控。没有任何事物可以为我们停留。

一切都在改变，我们也随着世界的改变而改变。改变不是意外，是寻找生存和发展的途径，可以作为我们的行动导向。任何不以改变为导向的人很难成功。现实不会给予我们在停滞和改变之间奢侈地做选择。希望保持不变的状态无法保持不变。改变是生命过程本身。不要逃避改变，而要主动参与改变、选择改变。

改变不可预测。我们生活在一个不知道如何改变的世界里。我们一边走，一边担忧。

我们不可能仅凭自己的不改变就能阻止改变的发生，我们不可能改变正在发生改变的事实，但是我们能改变我们对改变的态度。

我们正处于一个改变的新时代，过去的观念、职业、做事方式纷纷被打破，很多人至今仍然无法从过去中转身。

重要的是自我改变，只有自我改变了，才能适应这个时代。

社会总在惩罚不改变的人。

八 可以改变

改变可以改变的。

在这个世界上，有些事物通过我们的努力是可以改变的，有些事物我们是无法改变的。

在改变自己或者世界的过程中，要分清哪些是可以改变的，哪些是不能改变的。

我们只能改变可以改变的事物。对于可以改变的事物，我们要敢于改变它，敢于按照我们的意图和价值观改变它，不能有丝毫的犹豫和胆怯。对于不能改变的事物，我们只能接受它、适应它。唯有如此，我们才能有所作为。

我们犯的大部分错误就是改变那些不能改变的事物，明明是不能改变的，偏偏要改变它。许多人终其一生，都在和他们无法改变的事物做无谓的抗争，反倒在他们可以有所作为的事物上无所作为。

改变可以改变的，接受不能改变的。这就是中庸对改变的态度。

可以改变和不能改变是相对的，不是绝对的。

许多事物看似不能改变，其实是能改变的。现在不能改变，不等于将来不能改变；他们不能改变，不等于我们不能改变；整体不能改变，不等于局部不能改变；这里不能改变，不等于那里不能改变。

大环境改变不了，争取改变小环境，小环境改变多了，就会影响大环境的改变。

按照步骤去改变，一切都能被改变。

千万不能把不能改变，作为自己的紧箍咒束缚自己。

历史上的一些伟大人物，都改变了被世人认为不能改变的事物。

人类在改变世界方面具有无限的能力。

九 责任伦理

德国社会学家马克斯·韦伯(Max Weber)认为,一切伦理行为有两种对峙原则:信念伦理和责任伦理。

信念伦理认为,人的行为主要取决于信念,只要信念是对的,行为就是对的,后果究竟如何,人是不负责任的。只要目的纯正、伟大,为了达到这个目的,可以不择手段。

责任伦理反对信念伦理,视其为一种逃避责任、不负责任的伦理。不管人原来的信念如何美好,只要产生了不良后果,行为人就须承担相应的责任。决策者由于错误的决策而导致了社会的混乱和灾难,决策者须承担相应的责任,甚至是法律的责任。

责任伦理要求行为人在行为发生前,就要预见行为完成后可能产生的后果,并且努力消除其中的负面性,以一种事先负责任的态度,在确定行为的目的、手段、结果都无害后,才可以开始自己的行为。

把自己的信念设计得如何美好,都不会使世界变得美好起来。只有对自己的行为考虑其可预见的后果,并且承担相应的责任,社会才能变得美好起来。

责任伦理是一种有效的社会治理伦理。

十 自生自灭

衰老的雄狮接受命运的安排，踉跄着离开了狮群。

不是每一朵百合都有春天。

大自然每天都承载着生命陨落的重量。

它们悄悄地逝去，没有挽歌，没有祭祀，甚至没有告别。

事物在一定的变量下生成，也在一定的变量下消亡。有了生成的变量，它就生成了；有了消亡的变量，它就消亡了。

事物生成后，没有后续的变量支持，它也会自行消亡。事物要长久地生存，须有后续的变量支持，同时不能有相反的等量变量和它对冲、抵消，支持变量须多于反对变量，否则会被淘汰。个体生存要不断地寻找支持变量，消除或者减少反对变量。

自生自灭，不是自己生成自己、自己消亡自己，而是和周围的变量有关。那种认为自生是自己生成自己，不需要依靠他者的说法，是对自生自灭简单化的理解。

生命的本质是生命的绽放。每样生命都有生存的理由和消亡的理由。该发生的都会发生。自生自灭是宇宙的变化常态。我们不必惊慌。

世界每时每刻都有新事物生成，同时有旧事物消亡。新事物生成和旧事物消亡，都是自然发生的，都是自然现象，它们本身并没有我们想象出来的那种意义。

自生自灭是大自然的普遍现象，也是个体生存的残酷法则。

十一 认识自己

客观地认识自己，按照自己的本来面貌认识自己。

赋予自己一个没有标准答案的真实认知，其实是很难的。

它之所以难，因为人有毁灭基因，极少有人做到不欺骗自己。知道自己是谁，相当于承认自己很多事情不能干、干不了。

人的眼睛可以看见周围的世界，却看不见自己的睫毛。

不断审视自己，对自己的无知、缺点、落后了然于心。只有将事实当作事实来对待，才能认识自己。沉迷于他人的阿谀或者侥幸的成功中，就无法认识自己。

许多人自以为认识自己，其实并非认识。自以为是，保守固执，要小聪明，走捷径，这些都使自己无法认识自己。

懂你的人往往是你的对手，而非自己。

对自己要有一个清晰的认识，知道自己是怎样的一个人，自己从哪里来，能做什么，不能做什么。

认识自己很重要，可以让自己少走很多的弯路。

十二 认识他人

认识他人的秉性、喜恶、习俗、实力、思想。

他人作为我们的变量存在，会影响我们。我们的行为都是建立在他人的行为之上的，他人有怎样的行为，我们也会有怎样的行为。

只有观察他人的所作所为，正确认识他人，我们才能正确地行动。

在中庸词典里，既要对自己了解，也要对他人了解，对自己的了解和对他人的了解具有同等的重要性。

既不知己，又不知彼，甚至不知“魏晋”，是不行的。

认识他人必须全面，按照他人的本来面貌认识，按照他人的两端认识，不刻意、不扭曲。

尤其要知道他人做事的逻辑，然后拿这套逻辑去解剖他人以及他人所做的一切，来替代掉自己原来的直觉和经验。

第八节

选择

一 选择

手里有物时是拿不起别的物的。拿了此物，就不能拿彼物。

鱼和熊掌不可兼得。

因为贪婪，想得到更多，却把原有的丢失了。这是不当选择的结果。弱水三千，只取一瓢。克制住不愿错失任何好事的愿望。

没有谁决定你的生活模式，一切都是自己的选择。

人生不停地过十字路口，不停地做选择。每一种选择都是一种人生。

不选择，也是一种选择，即选择现状或者听天由命。

选择或者不选择同样有风险。短期和长期利益之间的选择不会轻而易举。

我们无法选择我们选择的条件。这似乎令人失望，然而，选择的本质显示，最初的选择总会决定后来选择的方向。

每一种选择都有利弊，没有完美的选择。任何选择都不会给出一张万无一失的保票。

聪明人是选择时机的智者，知道有一种历史性的机会，而且在这种机会到来时，义无反顾地选择它，成为改变自己命运的“决定性瞬间”。

有些非理性选择可能带来利益，并不能说明这种选择的合理性，它带有更多的偶然性。

手里有好牌，但是不会出牌，这是最糟糕的。出牌就是选择。正确的选择将使自己获得更多的发展机遇。

重大的选择须有充足的理由，建立在合乎逻辑的基础上，不能出于偶然的动机或者感性世界的冲动。

选择后进入执行阶段，会出现信息反馈，这又会影响接下来的选择。我们总是在不断的选择中，完成自己的生命旅行。

二 选择意义

选择的意义不在于能否解决问题，在于凭借着新的选择，可以获得主动权，对问题的解决加入我们的意见。

看见一只猴子在攀岩，问它为何要攀岩呢？假如猴子会说话，它大概会说："我攀岩，是因为我喜欢攀岩，这是我的选择。"

猴子攀岩的意义，在于它自己的选择。它愿意这样做，命运没有强迫它这样做。它必须承担它的选择所产生的所有的后果。

人生的一切都围绕着选择。人的不同的命运由不同的选择决定。

选择是世界上的伟大力量。我们要成为自己命运的建筑师，演绎自己的人生剧本。不管这个剧本如何，都是自己的剧本。将编剧交给别人，那我们只是在扮演一个别人设定好的角色，并没有真正为自己活着。

很多时候，我们的选择被父母、老师以及社会舆论所约束，扮演一个听话的好孩子以期符合社会规范。我们要打造属于自己的精彩人生。

选择用自己的方式战胜困难所得到的享受，远远大于他人提供的享受。

一个人长期缺乏自主选择，总是被外界推着走，大脑的潜意识就会钝化，行为就会消极被动，人生将不会精彩。

自由并非一定要达到成功，或者取得人欲求得的事物，而是选择的自主权。这种自主权和责任连在一起。一旦做出了自主选择，就要对自己、对他人承担全部的责任。

三 选择可能

每次做重大选择之前，都再问一下自己：还有别的选择吗？

不放弃探索任何一项选择的可能性，避免选择狭隘。

可以选择成为这样的我或者那样的我。这个可能性在时间中展开。

我们被投掷于这个世界，不是我们的选择决定的，我们的到来由历史变量决定。我们身上印刻着历史变量，我们有权自主选择，也是在历史变量下实现的。尽管如此，大自然仍然赋予了我们多种选择的可能性、多种行动的可能性。

每次选择都是一种新的选择，也是对原来的放弃。你选择了甲，就放弃了乙。你选择一个，恐怕要放弃一百个。放弃的永远比得到的多。

一条分岔把我们引入另一条分岔。在高速公路拐弯处，比在直道上驾驶更要小心翼翼。每个十字路口都站着命运，每个拐弯都意味着选择。人生只有走到最后，才知道哪一步是对的。错误的选择带来了错误的人生。

顺势而为，借势而起，造势而进，都是明智的选择。

某些选择虽然会带来一时的痛苦，却是我们的最佳选择。选择自我塑造的人生，选择应遵循的道路，选择怎样做，选择成为怎样的人。我们生命的价值以及生命的未来，处于能选择的过程中。

拒绝一目了然的生活，选择各种可能性，穷尽能用的所有的方式去做事。

冒险也是一种选择，即使失败了，也要坦然面对，这可能是人生出彩的地方。

选择自身最大可能的发展，是所有生命拥有的不可剥夺的权利。

四 最大得分

最大得分原则可以成为我们的选择原则之一。

选择对自己有利的结果，避免对自己不利的结果，这是选择的方向。

我们做出的选择可能并非符合自己的利益，有的只带来短期利益，或者根本没有利益，有的甚至会使我们的境况变得更糟。虽然有多项选择，但不能保证我们的选择是正确的。

怎样选择才是正确的呢？可以遵循最大得分原则，即在多项选择中，从最不坏的选项中，挑选相对不坏的选项。

假设你和对手有一场博弈：0分平，分数大你赢，分数小你输。

只有一步的策略：直接选分数大的。

两步的策略：第一步不一定选分数大的，要结合对手的分数考量。假如第一步后的分数是1，对手下一步可以弄到－1；假如第一步后的分数是2，对手下一步可以弄到－3，那么你选择前者，这样你最终得分是0，双方打成平手；选择后者，你最终得分是－1，你就输了。

我们的选择常常在坏和更坏之间而非好和坏之间。有时选择了一个坏的结果，是因为要避免一个更坏的结果。

面对当下的约束条件，做出自己最大得分的选择。

五 群体选择

某些极端行为作为个人的选择时，可以归结于个人的原因。类似的选择成为一群人、一类人的普遍选择时，毫无疑问，这是社会出了问题。

社会出了问题，其中很大一个原因，是由错误的社会政策导致的。

不同的社会政策体现了不同的选择。错误的社会政策体现了错误的选择。错误的选择有的出于无知，有的并非无知，只是为了少数人群的利益。这种利益往往都是短期的。

个人的选择所造成的不良后果须由个人来承担，他们对选择都会比较慎重，而社会政策所造成的不良后果一般不会由制定者来承担。假如没有严格的制度保证和原则保证，制定者在选择政策时就会比较随意，或者没有约束性地偏向少数人群的利益，其造成的危害将是巨大的。

社会政策的制定须考虑全体人民的利益，把全体人民的利益放在根本性的位置上，并把它作为一项基本原则固定下来。一切侵犯全体人民利益或者大多数人民利益的政策，无论它看起来多么诱人，或者有多么强的逻辑，都要被制止。

唯有如此，才能避免出现破坏性的群体选择。

六 选择成本

为了得到某些利益，不得不放弃其他利益的最大价值。

菜单上没有标明价格，是很容易放纵自己食欲的。

选择有成本，这个成本就是机会成本。

选择须引入成本概念，珍惜手中的选择权，不盲目选择，综合审视，比较不同选择的利弊，选择一个总体上对自己合适而不是某一方面对自己合适的。

即使在具有共同利益的前提下，个体成员未必倾向于为集体事业做贡献。他们行动的积极程度取决于对成本的计算，即个体最终获得公共产品的酬赏与其做出的贡献份额是否匹配。只有最终获得的公共产品的酬赏大于其做出的贡献时，个体才会致力于集体事业。国家应该给予为国家和社会做出贡献的个人和组织最大的荣誉、地位和利益。反之，对那些损害了国家和社会利益的个人和组织，则让他们付出名誉、地位、利益以及生命的成本。如此，才能形成大多数人对国家和社会利益的维护。

初看我们有许多选择，其实只能取其一而摒弃其余。被选择的这一个，则成为我们现实中的选择。在我们放弃的选项中，可能包含着我们的其他价值。

对错、好坏、顺逆全在一个选择上。

选择属于自己的机会，放弃不属于自己的机会。想要得到所有的机会，结果一定失去所有的机会。

同时追两只兔子的人难免会一无所获。

七 选择是因

选择是因，表现是果。

社会上表现出来的事物，比如政治、经济、文化以及家庭、企业、国家等，都是我们选择的结果，都带有选择的痕迹。离开当代人的选择，就不会有当代史。我们每个人都做了选择，都参与了当代史。

一个民族的遭遇，是这个民族选择的结果。

选择和表现之间的因果关系呈隐蔽状态，我们平时感觉不到；感觉到时，事情已经变得明显了。

这种隐蔽状态还以复杂的形态呈现。我们的选择，主观上想达到的结果，呈现的却是另外的结果，甚至和主观相反的结果。这种非线性的因果关系，我们要有足够的智慧应对。

一切都是选择。选择怎样的开始，就有怎样的结果；选择怎样的生活，就有怎样的幸福；选择怎样的发展模式，就有怎样的未来。

人生最糟糕的不是贫困和厄运，而是不知道如何选择，只有目标明确、懂得选择，才能成为强者。

成功和选择有关，并非全是努力的结果。这是成功学上的一个现象。

未来的成功取决于现在的选择。一旦选择出错，面临的将是败局。

不要犯重大性的选择错误。

一旦在十字路口做了不同的选择，我们的人生将走上完全不同的道路。

八 最佳选择

最佳选择，即中庸的选择。

中庸会提出多项选择，究竟哪项选择是最佳的呢？事后才能确定。

在方案实施过程中会不断地出现新变量，新变量会改变原来的运行格局。选择最佳方案，须考量未来可能出现的新变量，以随时应对新变量的突然发力。即使我们以最充分的方式展现一切，也不能保证最后结果的确定性。

选择最佳方案具有不确定性，须有多套备选方案或者备份，以随时应对可能出现的各种意外状况。

我们可以选择开始，却很难把握结果。

中庸的结果是看不到的，犹如一场精彩的足球比赛，赛前没有人能确定谁输谁赢。

尽管如此，中庸做出的每项选择都是可以理解的。也许其他理论会提供最后的确定性，中庸不会，它永远处于观察事物、认识事物、提出方案、采取行动的不间断的过程中，没有最后的结束。

有些事物不具有很高的价值，不少人却会跟风似的选择，源于自身没有明确的判断标准，只能跟随大众选择。

中庸的选择是一种对两端的数、结构、逻辑的选择，无论从哪方面来说，都对我们大有裨益。

九 命运

我们以为命运是先天注定的，事实上有人摆脱了它。这表示命运富有弹性，是可以改变的。命运的改变依凭的是我们的选择，通过选择可以把命运发给我们的牌打好。

命运和选择比较起来，似乎选择更胜一筹。我们的命运很大程度上由我们的选择决定：我们怎样选择，就有怎样的命运。

国家或者人类的命运，是由国人或者人类自己选择决定的。

命运的选择很复杂，既包括个人的选择，也包括国家的选择；既包括过去的选择，也包括现在的选择。我们现在的选择，会影响自己未来的命运，也会影响国家未来的命运。

历史上起决定作用的，并非是个人的能量，也不是制度的功能，更不是物质的富饶，而是人们的选择。

我们的选择没有一项是完全正确的，也没有一项是完全错误的，而在正确和错误之间；我们没有绝对的好运，也没有绝对的坏运，而在好运和坏运之间，只是程度不同而已。过去发生的一切可以证明，未来的我们无法确定。

虽然我们无法看清命运的底牌，但是经过我们的选择，我们的命运可以被塑造、被绘制出多种色彩来。

十 权衡

事物发展之初，不冲动下注，有多种方案可供选择。选择一种初始方案，后续的发展会沿着这种方案演变。

初始方案对未来会产生持续影响。选择初始方案有一个再三权衡的过程。

没有前提的都是伪命题。选择只有放在一定的环境、目标里才有意义。选择不是一个绝对意义的对错，而是一种攸关得失的权衡。

这可能不是最好的婚姻，但离婚不是选项；两国关系很僵，但武力不是选项。两害相权取其轻，两利相权取其重。

现代社会给我们带来更多的选择，每个人都在权衡自己的利害得失，选择自己丰富多彩的人生。

那些主张和他人更多对抗的人，须权衡对抗能否取得预期效果。采取对抗方式，尽管他人付出了相应代价，但是会给自己带来很大的伤害，这种方式是不可取的。智者不舞双刃剑。只有当我们不采取对抗方式，我们将遭受到更多伤害时，我们才能采取对抗方式。

生活不会事先告诉我们，哪些选择是合适的。为了寻找合适的选择，我们在做决定或者权衡时都会有压力。

权衡两难之间的利益并非易事。只有我们具有了战略视野，放在一个大的框架内，不计较一城一池的得失，才能取得长期利益。

十一 要事排序

在一个时期内，我们有许多事要做，其中必有一件最重要的事，它会影响甚至改变我们的命运。

对自己要做的事，不能胡子眉毛一把抓，须依据轻重缓急排序，找出其中最重要的，赋予其最重要的位置，集中精力做好它。

一些人知道自己喜欢做什么，却不知道自己应该先做什么，就是没有找到最重要的事。

自己以为最重要的事和真正最重要的事并非一致，找到真正最重要的事，这考验一个人的权衡能力。

一个时期只有一件最重要的事，这是事物的差序关系。专心致志、心无旁骛地做好它，你就不会累。放下无谓的负担，人生才能轻松前行。

在这个充满诱惑的时代，我们无须做得太多，做好自己最重要的事就够了。

要事排序是为了提高做事的效率，把有限的时间和精力放在最重要的事上，而不是所有的事上。如此，可以避免在不重要的事情上浪费时间和精力，不会以忙碌的状态来牺牲有效性，不会只是看起来很努力。

挑选自己最重要的事做，事半功倍。一次只做一件事的人才会领先于这个世界。

最重要的事是相对的，此时此事最重要，彼时彼事最重要，这是事物的时序关系，我们要顺应它的变化。

要事排序反映了做事第一性原理，即在我们做事系统中，存在一个最基本的事情，它是不能被省略或者删除的。只有做好了这件事情，我们才能更快、更好地做好其他事情。

十二 概率机遇

选择是由概率主导的一种不确定性的行为。

选择展现了美妙的前景，引发了我们的遐想、向往，引导或者引诱我们做出选择，但是结果很难如愿以偿。最后呈现的结果由概率决定。

遭遇好运，不全是我们选择的高明，而是恰巧碰上了概率机遇。反之，遭遇厄运，也不全是我们选择的错误，而是恰巧碰上了不幸概率。

有人花几块钱买彩票，中了几百万大奖。这不是他选择的高明，而是恰巧碰上了概率机遇。有人投入大量精力研究股票，也取得了很好的战绩，可是在最后一仗中遭遇了滑铁卢，这其中就蕴含着概率成分。

证券市场一赚二平七亏现象，说明赚钱和亏钱的概率分布。不管股市处于牛市还是熊市，最后都逃不掉这一概率。战争也如此，真正成为将军的只是极少数人，多数人是士兵。这是概率发现的规律。

经过我们慎重选择而造成的不良后果，我们毋须后悔。有些不良后果，不全是我们选择的错误或者我们不努力，而是概率决定的。

十三 第三选择

假如朝左边走是死，朝右边走是亡，那么最好的出路就是从中间走。

从中间走，就是第三选择。

在两种选择之外寻找第三选择，是一种高明的选择。

事情通常存在两种选择，比如，去还是不去呢？答应还是拒绝呢？买还是卖呢？我们一般只能想出两种选择，很难有其他选择。这是一种固化模式。其实，还存在第三选择，它介于两者之间。

未来出现这种状态还是那种状态，难以准确预测，很可能是两者兼有。这为第三选择提供了可能。

第三选择是一种反思式的选择，它不按照对方给出的答案走。它会反问：除了通常的两种选择外，是否还有其他选择呢？假如有，它是一种怎样的选择呢？

第三选择是不确定的，没有固定答案，只是提出了一种思路，源于事物存在中间状态。

第三选择也叫中间选择。在判断之前先站在中间位置，在中间位置上做一个停顿或者观察，不匆忙下定论。有人告诉你，股市要大涨或者大跌，你不要马上转入情绪性的反应模式，先做一个停顿或者观察。以中间停顿来防止自己过快地转入常规模式，注意力固定下来之前吸收更多的信息，有充分的准备，从而找到更好的选择。

人生不是简单的选择题，除了 a 就是 b，而是有多项选择。

拥有第三选择，不仅可以丰富我们的人生，而且可以成就我们的事业。

第九节 概率和决策

一　概率
二　概率做事
三　运气
四　不可靠
五　少见灾难
六　难得机遇
七　黑天鹅
八　五五分布
九　五五定律
十　运用价值
十一　平衡策略
十二　差异策略
十三　决策
十四　非决策
十五　行动阶段
十六　不行动
十七　默许策略
十八　赶末班车
十九　保守策略
二十　打破现状
二十一　决策评估

一 概率

评估事物未来可能趋势时,我们往往只看到可能性而不是概率。可能性只是可能性,概率则揭示了可能性的大小。

概率比可能性更有用。一项好的决策都有概率的衡量。

未来发生的都是不确定的,组合事物的变量无限多,我们不可能掌握所有变量,因而难以做出全面判断。

未来的演变又有确定性的成分,我们可以依据确定性的成分对未来做出判断,但是这种确定性是不全面的。

我们总是在不确定性和确定性之间行动,不可能掌握全部的确定性后再行动。掌握全部的确定性几乎不可能,有时掌握大部分的确定性也很困难。有时在确定性很低的情况下也要行动,这给行动带来了困难。

做事程序是:首先依据确定性和不确定性之间的比例做出概率判断,然后伺机采取谨慎或者大胆的行动。有较高的确定性,行动可以大胆一些,反之谨慎一些。在确定性很低的情况下,一味鲁莽、冒进、冲动地做事,失败是大概率事件。

在社会领域,没有精确的算法,只有概率。

成功者都是运用概率的高手。

二 概率做事

未来不可知，但是有概率。既然有概率，我们可以依据概率来做事。

选择确定性高的事做，长期坚持，就会获得成功。选择少有人走的路，但是要大概率地确定，在最有把握的地方下注。

押大赌注在大概率事件上，是一种聪明的做法。

依据概率来做事，有一个反复权衡概率的过程，对种种有利或者不利结果可能出现的概率反复权衡、比较，寻找最有可能出现的有利结果的概率，避免不利结果的概率。

概率做事有四个清晰：对可能出现的各种结果的认识非常清晰；对各种结果可能出现的概率的认识非常清晰；对博弈双方各种变量的认识非常清晰；对不可控因素以及可能出现的意外事件的认识非常清晰。夜路走多了会撞鬼。

即使是大概率事件，仍然是不确定的，仍然不能掉以轻心，还得谨小慎微、周密谋划，不能想当然地把结果放在一种可能性上，要预见到其他的可能性，随时做好预防不利的随机事件的发生。

三 运气

运气，即对自己有利的概率事件。

社会充满了概率游戏。

买卖股票就是一场概率游戏。基金公司买卖股票前，事先做了大量的调研，不仅精通各种技术走势、熟悉公司的基本面，而且还委派专人赴上市公司跟高管沟通，掌握第一手资料，即使在这种情况下，基金公司买卖股票也无法保证百分之百的成功，仍然存在失败的概率。

与此对应的是一些随心所欲、随随便便的投资，却意外地获得了成功。

这种现象说明了，事物不全然由我们主观努力决定，而由概率决定。任何一次行动，即便是一次准备充分的行动，也存在失败的概率。这不是由于我们准备得不充分，而是变化太快，计划速度跟不上变化速度。

任何结果的出现，除了本身的原因外，还具有运气成分。

成功，相当部分是靠运气得来的。

四 不可靠

运气是一种偶然性，一种不确定性，很难持续，也很难复制。

纯粹依赖运气之人，最后可能成为不幸之人。

你以为天赐的运气，其实都是向未来的赊账。

在一个不确定的领域，须把注意力集中在对未来各种可能性的预判上，集中在长期目标的完成上，不只关注短期目标或者运气成分。

资本市场上一些草率的投机行为可能大获收益，那些谨慎的投资却招致了失败。前者纯属运气，失败的可能性在任何时候都是存在的，它们都是小概率事件。假如拉长时间来看，情况完全不同，前者招致失败，后者获得成功，都是大概率事件。

成功者大都来自于对长期目标的合理而不是单纯对短期目标的追求，失败者的情况正好反过来。

投机和投资的区别：前者买入的价格远高于它的价值，需要非常多的运气才能获利；后者买入的价格远低于它的价值，获利是迟早的事。

做事不能只凭运气，一味沉迷于美好的结果中。按照概率行动，强调事物的长期意义。

宁可明智地亏，也不愿糊涂地赚。曾经的侥幸成功通往的可能是失败。投资界的这两句话应该铭记。

运气只是运气而已，并不可靠。靠运气得来的钱财、地位、权利等也会由于错误的认知而最终失去它。

运气最好配上努力以及正确的认知，这样的运气才能持续。

五 少见灾难

少见灾难,即小概率带来的灾难。

小概率灾难因为概率低而被人忽略,一旦出现,会给人以致命的打击。

历史上曾经出现过的一些大灾难,不少是被小概率致命击中的。这些灾难不是普通的不确定,而是小概率的不确定。虽然它的可能性很小,但是其造成的后果会非常可怕。

在一个赌局里,我们可能赢得许多钱,只要存在全部赌金输光的可能,哪怕这个可能性很小,都不要冒这个险、赌这个局。

小概率不等于零概率。长期来看,小概率事件必然发生,而且发生的实际概率远远高于它的理论概率,这是经济学中的肥尾效应。

关注大概率事件时,不能忽略小概率事件。小概率事件在一定条件下可以转化为大概率事件,甚而成为现实事件。小概率事件转化为现实事件,比大概率事件转化为现实事件具有更重大的影响。忽略小概率事件,会酿成重大灾难。阴沟里会翻船。

做好一切准备,预防和杜绝小概率灾难的发生。

六 难得机遇

难得机遇，即小概率带来的机遇。

小概率机遇往往代表了历史性机遇。

很多奇迹来自小概率机遇，而且极难复制。

高手总是在寻找那些看似小概率，实则大概率的机遇，它可能比寻找大概率机遇更能获得超额收益。这种机遇竞争者少、含金量高。

获取这种机遇须有自身的优势，对事物有更多的了解、敏锐的观察力以及良好的外部条件。只具有和别人相同的条件，这种机遇很难获取。机遇面前人人平等，但是获取机遇的概率是不平等的。寻找只有少数人的机遇而不是多数人的机遇，反而容易成功。

小概率机遇是难得机遇，一般处于边缘、模糊状态。

小概率机遇带有更多的运气成分，没有必然性和持续性。险棋、险招赌的是小概率机遇，可以用，但是不能滥用、多用，不能成为一种嗜好。初用可能盘活局面，假如没有大概率托底，复用都为死棋。

有些人过分自信，对小概率机遇的依赖程度高于大概率机遇，并且固守自己的做法，这是危险的。

在浩瀚无垠的宇宙中，每时每刻都在发生小概率机遇，而且呈现了精彩纷呈的画面，但是这种机遇很难落在自己身上，中庸寻求的还是大概率机遇。

对小概率获得的机遇我们要倍加珍惜。

七 黑天鹅

在澳大利亚发现黑天鹅前，欧洲人认为所有天鹅都是白色的。随着第一只黑天鹅出现，这一论点被推翻了。

“所有天鹅都是白色的”，有数万只白天鹅作证，但是要推翻它，有一只黑天鹅就够了。

出现黑天鹅，意味着发生了不可预测的重大稀有事件，通常会引起社会的连锁反应。它在意料之外，却改变了一切。

现在“黑天鹅”被用来形容概率极低，但是影响力巨大的事件，其发生的概率基本上无规律可循。在发生前，我们一般认为不可能。

我们总是过度相信经验，一只黑天鹅的出现足以颠覆一切，无论对股市的预期，还是政府的决策，或者是普通人的期待，在没有掌握足够的变量前，黑天鹅都是难以预测的。

有些人对黑天鹅大惊小怪，是见识肤浅的表现。黑天鹅其实就是小概率事件。假如我们能掌握事发前的大部分变量，那么我们就能做出预测，小概率事件就能成为可预测事件。

出现黑天鹅，说明我们所知有限，我们未知的比已知的多。探索未知世界，比学习现有知识更有价值。

真正改变世界的，许多是专家们没有预见到的。

八 五五分布

投掷硬币次数过少，硬币的正面和反面出现的几率很难确定，只要投掷次数足够多，正面和反面出现的几率就各占50%，呈现五五分布。

五五分布是一种自然现象。

从局部上来看，事物可能不是完全符合五五分布的；从整体上来看，则会呈现五五分布的态势。

科学技术对人类总体而言，五成是好的，五成是不好的。一项技术发明，开始阶段可能看上去全是好的，随着时间推移，不好的一面也会显示出来，最后达到五成弊端。反之，一个不好的事物，开始阶段可能看上去全是缺点，或者有太多的缺点，随着时间推移，好的一面也会显示出来，最后达到一半对一半。

世界常常在真假之间、好坏之间游离，并没有我们想象的那么极端，许多极端都是我们情绪化的表达。

把问题分成两半来对待，通常会获得更大程度上的清醒。

世界上没有孤立的事物，一个事物的出现必定伴随着另一个事物的出现，它们之间的分布在一个大的时空里是相等的。

五五分布给世界带来了平衡。

九 五五定律

五五定律：一半对一半定律，反映了事物长期趋势下的均值靠拢。

半生苦夹半生福。

两个相反的事物可以按照五五分布来划分。开始阶段，可能是四六、三七、二八、一九分布。一九分布后，一和九会向均值靠拢。以此类推，二八、三七、四六分布也会向自己的均值靠拢，最后出现五五分布。

五五定律说明，事物走向极端，或者以极端形式表现时，都会受到周围变量的制约，迫使事物放弃极端，向中点靠拢。到达中点后，又会走向另一个极端。靠近另一个极端后，会再次向中点靠拢。

在你犹豫不决时，可以采取行动一半的做法，这样可以减少行动的压力。

牛顿第三定律认为，相互作用的两个物体之间的作用力和反作用力，总是大小相等、方向相反，反映了物理学上的五五定律。

五五定律体现了钟摆原理，在概率论上表现为大数定律，是其他数字定律的基础定律。我们平时说的一九定律、二八定律、三七定律以及黄金分割线等都源于五五定律。

五五定律符合对称性原理和中庸理论。

十 运用价值

作为一种操作理论，五五定律具有广泛的运用价值。

没有足够的数据，可以依据五五定律来做事，站在中间位置，不做方向性选择。

有了足够的数据，事物两端之间的分布渐趋明朗，朝四六、三七、二八、一九分布驱动，可以选边站，做方向性的选择。

世界上不存在绝对判断或者绝对理论，任何判断或者理论只具有局部正确性。五五定律告诉我们，相反的事物存在着五五分布。极端观点往往只注重其中的一个，并且把这个上升到绝对高度，而忽略了另一个。

五五定律在具体表现上有时并非以五五状态出现，有时甚至以极端状态出现，所以极端理论在现实中能找到它的根据，但是从长期趋势上来看，极端理论终究站不住脚，只有中庸理论是成立的。

发展高新技术可以用五五定律来规范，其中有好的方面，也有坏的方面，不要一概肯定或者否定。这样便于我们的观察和甄别。

掌握五五定律，就会使我们看问题处于一个比较客观的立场。

十一　平衡策略

五五定律是一种平衡策略。

选择时，假如没有把握，可以依据五五定律，采取两边靠、两面下注、均等对待的策略，这样可以避免走极端。这是五五平衡策略。

五五平衡策略的出发点，在于充分认识到自己选择的无力，尽一切可能规避决策错误。有时选择越多，错误越多。

这虽然是一种被动策略，跟随环境而动，无须主观判断，但是可以规避由于乱决策带来的损失。

这一方法还有一个好处，就是节省时间、精力，而且会带来不错的机会。

现实中的许多事物，我们都没有能力把握，可以采取五五平衡策略，小心谨慎，而不是盲目地、仓促地去操作、实践，对现代新技术更是如此。

没有选股能力，购买指数基金是一个不错的选择。

十二 差异策略

五五定律也是一种差异策略。

但凡懂点中庸的中国人，遇到相对立的事物，往往把它们并存、折中起来处置。这是对中庸的简单化，现实中并非都行得通。

五五差异策略认为，世界上任何相反的事物，虽然整体上是五五分布，但是具体对应的某个事物，并非都以五五状态出现，而以一九、二八、三七、四六状态出现。事物很少呈现出绝对的五五分布。采取简单的折中方法，在实际操作中就会出现偏差。现实中存在更多的是非对称性。

有限的社会资源，有时要优先投向效益较高的区域和产业，以获得区域经济的高速增长；有时要优先投向效益较低的区域和产业，以缩短和其他区域和产业的距离。

对具体事物做具体分析，对不同事物采取不同策略，不搞一刀切，这是五五差异策略的内容。

运用五五差异策略，须对现实有较高的把握，唯有如此，才能做出合适的选择。

十三　决策

决策，选择目标和行动方案的活动。

一项有效的决策，须基于对外界以及自身条件的正确认识，须有充足的必要性和周密的考量。

决策是正确行动的前奏。没有决策，就会导致毫无根据或者一时冲动的决定。对危机采取短期行为，不考虑长期目标，结果多数是不理想的。

对市场预测并非我们想象的那么重要，重要的是，当你正确时，你能获得多少收益呢？当你错误时，你能承受多少损失呢？风险无法规避，但是可以控制。这就需要决策。证券市场上有“没有决策不下单”的说法。

不谋无胜算之举，不打无把握之仗。形成决策，既要有战术考量，也要有战略考量。

对敌视方的敌视行为必须做出回应，而不是反应。反应出于本能，是被动的；回应是经过思考的，是主动的。这就需要决策。

个体对自身决策时所参照的群体发生了变化，遵从性行为也将随之变化。

我们的处境可以变好，也可以变坏，这取决于我们对这个世界的了解程度以及应对决策的有效性。

运筹学、控制论、概率论为决策提供了可靠性的方法。

十四 非决策

预测不是决策，只是决策的前期准备，其目标是上升到决策。

成功靠的不是预测，而是决策。只有有效决策，才能给行动带来完整的计划。

预测阶段放大预测功能，沉迷于预测，没有把预测上升到决策，是难以获取机会的。

由于预测成本低，又能满足人的好奇心，因而为许多人所痴迷。

一些知识渊博者，或者上一次预测的成功者，越相信自己的预测能力，凭知识、凭经验，相信自己又能准确地预测下一次事件，在做了简单的预测后，很可能在没有周密的决策下草率行动，犯下非决策性错误。

一项周密的决策必须考虑到未来的所有可能性，不只是某项预测，并且对未来可能出现的变化都有应对措施。

对一些重大事项，我们绝不能只依据预测做事，须依据周密的决策做事，在有了万全周密的计划后再做事。

不要只对预测感兴趣，须把关注点放在决策上。

十五 行动阶段

决策工作一旦完成，便进入行动阶段。

行动阶段的主要工作是对决策制订的方案、计划贯彻执行。

果断、意志力、勇气和耐心，是行动阶段最需要的素质。行动不能拖泥带水，犹豫不决，前怕狼、后怕虎。

珍惜每一次行动机会，就像一个狙击手，每一颗子弹确保消灭一个敌人，每一次行动确保收获一个成果。

随着形势的变化，在贯彻执行决策过程中可能会有瑕疵，只要不是致命的，大的方面仍然要继续贯彻执行。

行动阶段不能频繁更改决策，否则会发生行动错位，令人无所适从，犹如身上佩戴了多只手表，反而失去了对时间的判断。

频繁更改决策，不仅是行动阶段的大忌，而且会降低决策的准确性。

十六 不行动

决策阶段不行动，行动阶段不决策。

决策阶段，主要工作是思考，反复思考，全面思考。这时不可能做到行动上的果断，可能在行动上表现得举棋不定。一旦行动就会影响思考。

为了一些眼前利益，决策最终没有完成时匆匆行动，很可能造成后面的极大被动，我们宁可放弃一些眼前利益，尽可能地把方案想得周到、全面，不给后面留下遗憾。

知行错位之所以带来负效果，就是因为在决策阶段，在还没有完全想清楚问题和做出最后的决策时，就让不成熟的想法影响了自己的行动。决策和行动之间的关系模糊不清。

决策阶段，可以有一些试探性的行动，以了解环境的反应，但是不要有大规模的行动。

决策阶段行动，是战略上的大忌。

只有具备了这两种能力，即优秀的决策能力和果断的行动能力，才能成为最后的赢家。

十七 默许策略

默许策略，以默许的方式来表达对某事的支持或者反对的策略。

我们对周边发生的事情都有自己的态度，出于某些原因，有些人会采取默许态度，以一种委婉的方式来表达自己的支持或者反对。

该反对时不反对，客观上起到了支持的作用，是一种默许支持。反之，则是一种默许反对。

采取默许策略，主要基于三种情况。

1. 处于弱者地位。公开支持或者反对，害怕招致对方报复，为了减轻压力，不得已而采取了默许策略。

2. 未来趋势不明朗，无法做出判断，只能持观望态度，等待事情明朗。过早表态，一旦事情发生转向，自己将陷入被动。

3. 故意引诱对方犯错。默许态度给对方一种模棱两可、似是而非的印象，让对方无法做出精确判断，从而取得主动权。

默许策略既反映了对“今后不知道会发生什么”这一不确定性抱有的不安心理，也体现了不进行无用干预的思想。

有效的默许策略，其实是中庸策略，是运用中庸原理推进的一种策略。

默许策略也有弊端，假如运用不当，可能造成多方面的误解、误判。在须表明态度的地方，必须旗帜鲜明地表示支持或者反对，否则将损害自己的利益。

十八 赶末班车

赶末班车往往会错过末班车。

赶末班车，说明预留给我们赶路的时间不多了，此时，只要稍稍出一点差错，就会错过末班车。

错过末班车，意味着接下来我们将无车可乘。为了确保乘上车，须给自己预留充足的时间，不要把时间押在末班车上。

乌龟要跑赢兔子，一定要提早出发。

赶末班车具有尾部风险。这是一种没有退路的风险，比如，临退休还没有准备好养老钱，利用高杠杆炒股，这些情况都具有尾部风险。

防止尾部风险的办法：做事有提前量，预先做好充足准备，早于需求前建设。

做事缺乏周密思考，不给自己留有余地，尾部风险很难避免。

未来是不确定的，任何方案都有瑕疵，不在一座只能承载10吨的桥上开9 900公斤的车，不把自己的命运押在最后的方案上。

任何方案都不能作为一个最后的方案来实现，方案的最终实现是多种方案不断磨合、调整的结果。

十九 保守策略

保守有时比主动更容易获得成功。

我们什么都不做，事态会怎样演变呢？在中庸模型里，要进行假设。有时行动比不行动更糟，有时行动和不行动风险都很高，这时要权衡，找到一个对自己合适的方案。

在暴风雨中行走，即使穿了雨衣、撑了雨伞，也会淋得湿透，而在原地躲雨，等雨停了再上路，全身干净利索。在非万分紧急的情况下，后者显然比前者策略更优。

别人亏钱时你不亏钱，也是一种赚钱的表现。别人迷失方向时你停止前进，也是一种前进的表现。

不要在还没有保护好自己时去冒险。保守是投资者永远的策略。金融领域核心竞争力，主要表现为风控能力。避免一切毁灭自己的策略，别由于一个错误再也爬不起来。优秀职业拳击手，不是如何想办法击倒对方，而是如何躲过几次致命的打击。

真正使自己实现财富跨越的是高概率下的稳定收益，而非低概率下的弹性收益。

我们不可能在所有的地方和时间里都压倒对方取胜。

为何取保守策略呢？因为形势需要我们取保守策略，这时的保守策略是一种优化策略，是对冒险的一种对冲。

在取保守策略时，同时拥有进攻策略，才能兼顾两面，立足于不败之地。

二十 打破现状

虽然对现状不满，但是打破现状不符合自己的根本利益，只能接受可预见的狭小的前途以及可以容忍的衰落。心中有胆，行动还得小心谨慎。

打破现状，都是有前提的。

只有在需要打破现状时，才能打破现状。

打破现状的两条原则：一是不要将对手逼入墙角。可以赢得对手，绝不能让对手输得难看，不侮辱对手，让对手体面退场；二是不要和赌注比你还要多的对手打架。

前者，你会遭遇剧烈反抗，或者留下长期隐患；后者，你会死得很惨。

打破现状须小心，不要被现状反噬。

世界上不少事物是被动运行的，有自身的波动性。我们总想主动一些，做得完美一些，结果反而画蛇添足，把加法做成了减法。千变万化不一定讨好，不变或者小变有时比变或者大变更合适。

二十一　决策评估

用怎样的标准去评估一项决策的优劣呢？

人们喜欢用短期收益率来评估一项决策，短期收益率高的为正确决策，反之为错误决策。这种评估法并非全面。

短期收益率和决策正确与否，有时呈正相关，有时呈负相关，须做具体分析。

受偶然因素影响，有些正确决策，短期收益并不明显甚至是负收益。正确决策不追求小概率下的大收益，而是要避免大概率下的大失败。不理解这一点，就分不清运气和能力的差别。

市场存在胜不必对、败不必错的现象，找出市场对错背后的原因，而不是简单地把从上一次失败中得出的教训直接应用于下一次的决策，这会使决策陷于失败的循环中。

正确决策注重推论、逻辑的过程，建立在事实上以及表现出合理的风险与机会比。即使做到了这一些，也不能确保短期高收益率，却可以避免成为"随机漫步的人"。混乱的逻辑碰上恰当的运气，也可能带来短期高收益率。不明白这一点，短期收益率反而成为未来的陷阱。

评估决策的标准，是决策产生的逻辑根据和合理程序。一项决策只要具有了逻辑根据，程序又是合理的，那就是正确决策。

第十节 创新

一 创新

创造新颖的思维方式、新颖的行为方式，是创新的主要内容。

人是创新动物，是创新活动的主体。

未来的不确定性决定了我们在应对未来时，必须拥有创新思维和创新手段。一味模仿、守旧是无法应对未来的。未来是留给创新民族的。

有创意地去做未来的事情：要么别人没做过，要么同样的事情换一种方式去做。别人做什么，你也做什么，不会比别人得到的更多。要想得到更多，必须做别人没做过的。

一个社会没有创新，只能处于简单的循环状态，只能维持既有的存在方式，是无法进步的。只有在经济、政治、文化、科技、精神领域不断地创新，才能推动社会的进步。

习惯于老办法应对新挑战，不仅无效，还会适得其反。所有的平庸和低成效都是守旧的结果。只有创新，才能完成最好和最难的工作，才能实现所有的可能性。远离那些似是而非的永恒之论为我们设置的思维陷阱。

驱动社会进步的是创造力、创新和颠覆，它是民族进步的灵魂、国家发展的原动力。

创新包括技术创新、知识创新、思想创新、制度创新等。

二 创新思维

创新思维，以新颖独创的方式解决问题的思维过程。

突破原有知识和经验的局限，开辟新的领域，质疑传统，探索未来，求异求新，大胆假设，异想天开，都是创新思维的表现。

创新思维有自己的独特模式，有其产生创新观点的独特方式。

中庸模型需要创新思维，以求得对未来的有序把握。

没有创新思维，“鬼打墙”的路还会继续走下去，转一圈回来了，再转一圈又回来了。这需要我们采取比现在更加开放和具有想象力的创新思维。

我们在应对外部挑战时，往往不是智力不行，而是缺乏创新思维。

创新思维远胜于传统思维，体现了思维的发散过程，是一种高级的思维形式。有些人拥有渊博的知识，由于缺乏创新思维，也无法取得学术上的成就。

新事物本身的逻辑是颠覆过去的经验，给未来带来丰富的可能性，这使创新思维有了广阔的用武之地。

我们需要创新思维，去创造社会未曾有的事物，实现自身生命的繁荣。

三 重组路径

物质重组、思想重组、技术重组、制度重组是创新的主要路径。

重组不同的物质，创造出新的物质；重组不同的思想，创造出新的思想；重组不同的技术，创造出新的技术；重组不同的制度，创造出新的制度。

在所有的重组中，必须加入新变量，否则重组没有意义。

重组路径就是不同变量的组合路径，即把常识认为不可能组合的变量组合在一起。在创新者眼里，世界上没有不可能的事情；只有想不到的事情，没有做不到的事情。

混搭、杂拌、穿越、跨界，本质是什么呢？其实就是连接和重组，不同概念、不同功能、不同事物之间的连接和重组。这一招千变万化、神鬼莫测。颠覆式的创新，就是颠覆式的重组。

传统经济时代的创新是生产要素的重组，互联网经济时代的创新是信息的重组。

未来组合技术的应用将带来创新成果的爆发。

四 创新基因

创新能力源于创新基因。

每个人都有创新基因。有些人之所以表现出丰富的创新能力，就在于他们极大地激发或者唤醒了自身的创新基因，使这些基因处于反复活跃状态。那些没有表现出创新能力的人，他们的创新基因处于沉睡或者麻木状态。

创新基因来自于人类的演化和宇宙变量。

人类在漫长的演化过程中，以宇宙变量为载体，逐渐积淀了打开世界密码的“精神钥匙”：直觉、灵感、梦境、想象等。这些“精神钥匙”开启了我们伟大的创新能力。

我们来自于宇宙，我们对宇宙过去发生的事件都有“记忆”。这些“记忆”储存在人的基因里，它们在适当的时候就被激发出来。

人类的创新基因是宇宙的模板，我们过去的、现在的以及未来的所有的创新，在宇宙中都有它的原始形态。我们通过奇妙的直觉、灵感、梦境、想象，运用变量组合，可以重新找回储存在我们基因里的那些原始形态。

新事物对人类是创新，对宇宙并非是创新。人类发明的火药、电、电话、电视、核能、手机、人工智能等，它们的原始形态在宇宙中都存在。

正因为人的创新基因来自于宇宙，所以人的创新能力是无限的，拥有无穷无尽的潜力，永不枯竭。

五 中的创新

中，孕育新事物的摇篮，事物变化的源泉，给我们带来无限的想象力。

有人认为，中只是一种协调力量，不是创新力量。其实，中不仅是一种协调力量，也是一种创新力量。

中看似处于中间状态，其实包含的范围很广，事物的孕育、变化、发展都离不开中间状态。中间状态是创新之地。

在中间状态下，一些神奇的变量被激发，通过神奇的变量组合，会发生神奇的变化，由此产生了新生命、新事物。

中庸模型需要丰富的想象和创新能力，否则不会有效果。

我们缺乏想象未来的能力，把未来想象成现有事物的延续，而不是新创造。任何事物都有可能性，唯一限制你的就是你的想象和创新能力。中庸模型能激发出我们更多的想象和创新能力。

中是一个奇点，在这个奇点上什么事物都可能发生。

任何创新都是在中状态下完成的。

六 想象

想象是创造性的思维活动、创造新形象的思维过程。

借助想象可以创造出我们未曾感知甚至在现实中未曾出现的形象。

突破传统、构建新范式、提出新理念，甚而建立新制度，都要想象。想象是突破正统的重要方式。

人类至今发明或者创造的所有的科学成果和制度，都是建立在想象上的。没有想象，便没有现代科学，也不会有现代制度。想象是大自然赋予人类的一种伟大禀性。

科学家凭借想象提出各种假设、模型，来探索大自然的奥妙。作家、艺术家凭借想象提升各种感性材料，塑造完美而富有生气的艺术形象。企业家凭借想象创造新的商业模式。

想象比知识更重要，是知识进步的源泉，是科学研究中的实在因素。

我们对世界的认识达到真理的时候，这个世界已经因为运动而发生了改变。认识一旦固化，只能是错，只有追寻神奇的想象，才能规避这个错。

可忧虑的不是现状，而是缺乏想象，它限制了我们的发展。

有想象力的人没有天花板，会持续地保持成长的空间。

想象是无限的。想象之所以受到限制，是因为我们的想象思维受到了限制。我们对自己钟情事物的想象，应该无限地想象下去。

七 虚拟现实

想象是人类特有的一种虚构能力和虚拟世界，属于精神领域。

我们无法应对现实，或者对现实不满时，想象力特别发达，人脑会凭借想象虚拟出多种现实，使自己处于美好的憧憬或者可以接受的状态。当一种虚拟现实为大家普遍接受时，人们就会创造条件，把虚拟世界变成现实世界。这样就形成了人类特有的世界。

以色列作家尤瓦尔·赫拉利(Yuval Noah Harari)认为，人类祖先智人之所以能崛起统治地球，是因为拥有强大的虚构能力。人类现有的一切——国家、宗教、企业等，都是虚构出来的现实，是一种基于想象的共同体。正因为有了这样的共同认知，人类才能有效地协作，形成更大规模的全球性连接。(《人类简史》)

在人类历史的进程中，想象力起到了巨大作用。

八 有意想象

有意想象，受自我心理控制、有目的、经过意志的努力而显示的想象。

有意想象和随意想象相对。

随意想象是各种随意、离奇、突然、无意义的印象组合在一起的想象，往往产生于梦、灵感的瞬间，是一种潜意识的想象。

幻觉、幻想是想象的特殊形式。

我们大部分的想象是随意想象，它是想象的初级形态，在想象世界中占有重要位置，但是人类的一些重大发明都离不开有意想象。

我们首先有了随意想象，然后不断地扩大这种想象、深化这种想象、追溯这种想象，使这种想象成为我们意志力的展现，这个过程就是有意想象的过程。

把随意想象上升到有意想象，是人的主观能动性的表现。

九 范式

范式，公认的标准模式，和想象相对。

经过人们的持续努力，原来的想象变成了现实，变成了成熟的事物。想象一旦完成了这个转变，它就成为一个被固定下来的范式。

范式不是原来的想象，失去了想象的动力，最终会掣肘新的想象，成为新的想象的阻力。此时，需要新的想象来反对或者修正范式。

范式固然符合传统文化，但是不能与时俱进。

传统行业遵循范式不会取得超额利润，只有培育新的热点、积聚新的动能，才能取得超额利润。不要在过时的模式中去竞争。

范式不会维持很长时间，将来的新事物必定是反范式的。

范式会和阻碍条件发生冲突。假如把社会化看作是一个过程，那么这个过程就是在范式允许的范围内，克服阻碍条件而贯彻范式的过程。范式包括一系列行为取向，这些取向形成范式结构。

范式一旦扬弃自己，散发出的魅力将更大。只要我们敢于扬弃原来的范式，就可以重新起步，实现新的跨越。

我们绝大部分行为是可以预测的，无法预测的极小部分行为则改变了世界。可以预测的是范式，无法预测的是想象。想象是在和范式的斗争中发展起来的。

十 中性词

创新会不断地创造出新事物，新事物对未来都是不确定的。

正是这种不确定，决定了创新是一项充满机会和风险的活动。

创新的最终结果无法预知，既可以给我们带来巨大机会，也可以给我们带来巨大风险，这些机会和风险我们无法把控。

对创新不能绝对化，对新事物也不能绝对化。

新事物意味着新变量，新变量意味着新的不确定性，不能一概认定创新都是好的。实施任何一项新技术和新政策，背后都有负面性和不确定性。有些负面性是不可逆的，一旦产生了就不可能被消除，它会作为一种变量永久地渗透到其他事物中去。实施新技术和新政策，必须慎之又慎。

从这个意义上来说，创新是一个值得重新思考的命题。不是所有的创新都是对的、合理的。有些创新造成的灾难是无法承受的。对创新成果的推广必须评估。

创新是一个中性词，具有两重性。

十一 暗思想

我们可以理解文字所表达的思想，很难理解文字外的思想。

文字外的思想是暗思想，它看不见、摸不着，要我们去领悟、思考、发现。

文字所表达的思想是有限的，只能反映世界有限性的一面。暗思想是无限的，能反映世界无限性的一面。任何文字都蕴含着丰富的暗思想，只是我们没有发现而已。

暗思想只能从心中涌出。只是简单地学习他人的思想，是产生不了暗思想的。我们可以把他人的思想作为“引绳”，作为启发点，把它导向新的方面，从而发现和领悟各种形态的暗思想。

很多时候，我们只要对一些习以为常的道理多多思考，就能发现各种暗思想，就能提升我们的认知水准。

每个人的暗思想都不一样，它属于创新领域，不能用常规尺度去测量。

由于暗思想的存在，不同的人对同一个概念或者现象都会有不同的理解。

真正推动社会进步的是有创新理念的暗思想。它具有无限广阔的创新空间，经过逻辑加工后，它就成为一种确定性的思想。

暗思想是思想的初级形态，任何新思想都来自于暗思想。没有暗思想，就没有现代意义上的思想体系。

十二 暗数据

除了暗思想外，还有暗数据、暗牌、暗真相等，即那些看不见的数据、看不见的牌、看不见的真相。

统计学上一般只统计看得见的数据，不统计那些暗数据，导致统计数据不完整。

二战时期，盟军为了给飞机装装甲，统计飞机哪个部位受到的攻击最多。统计结论是机身弹孔最多，引擎弹孔最少。有人说，错！引擎中弹的飞机能飞回来吗？那些坠落的飞机是不参与统计的。这是幸存者的偏差。

牌桌上的暗牌是看不见的，暗牌暗藏于对方出牌的逻辑、出牌的玄机里，最后可能成为杀手牌，只看对方的明牌出牌，必输无疑。

在互联网时代，我们看到的往往是别人想让你看到的真相，即第二真相，要看到第一真相，应该换一种思维方式。

只有拥有暗思想、暗数据、暗牌、暗真相等思维，才能看到别人未曾看到的、想到别人未曾想到的、统计别人未曾统计的，才能从各种思想、数据、牌路、真相中发现各种新思想、新数据、新牌路、新真相。

聪者听于无声，明者见于无形。

十三　有效合作

有效合作，非消长博弈论的具体运用。

一方得益不会引起另一方相应损失，体现了合作博弈原则。

按照合作博弈原则，要使合作长期继续下去，只有替对方着想，有善良的心愿、缜密的心思，为对方谋得利益，实现合作者的现实收益值，双方才能保持长期合作关系，否则会遭到对方的退出。

一方在合作中无法获得所期望的收益时，就会退出合作，谋求和其他人合作。

合作本身是基于困境而建立的。摆脱困境后，合作基础不复存在。只有存在未来的收益值，合作才会继续下去。这是有效合作存在的基础。

在有效合作中，还存在一种强制性的友谊。有时我们并不喜欢对方的做事方式，但是为了利益，不得不建立某种关系。在有效合作中，我们并不能随心所欲地行动，应该基于理性考量。

十四 中间力量

博弈双方应该借助于中间力量。

中间力量是一个风向标。

势均力敌的双方在博弈中，一般不存在马上改变现状的操作策略，都是渐进过程。根据需要，一方可以逐渐地、分步骤地提出和改变原来的操作策略，另一方也将根据需要改变策略。博弈呈胶着状，没有一方占绝对的优势。在此情况下，只有获得中间力量支持的一方，才能成为赢家。

即使在商业领域，买卖双方的交易能否成交，也取决于中间买方、卖方的意愿。

为了获得中间力量的支持，须超越自己的视角，以事情本身的中心为中心，而不是以自我为中心。

只有走中庸路线，不偏不倚，不走极端，才能获得中间力量的支持。反之，采取极端手段，坚持对抗而不惜疏远大多数人，将失去中间力量的支持。

中间力量是第三方力量，它超越了双方的利益。当双方的矛盾无法调和时，它可以作为裁判，裁定或者协调双方的矛盾。

中间力量的作用，常常被低估。

十五 片面理性

把对方假定为只有理性而没有情绪，这在经济学中或许合理，在现实中是片面的。

许多冲突源于情绪而不只是利益，没有理由证明物质利益比精神价值更重要。只强调物质利益，忽视精神价值，就会对人性和社会的真实面产生曲解。只从理性和物质利益层次上去理解，也过于乏味，无法演绎出一个丰富多彩的世界。

现实中的悖论是：选择合作对双方都有利可图，尤其从长期利益而言，但是双方最终会放弃合作，反而选择一种有损于双方长期利益的对抗形式。这种现象的存在使双方的最终结果很难预测，有高度不确定性。

理性不是绝对的。理性游戏同时是生存游戏，否则根本行不通。单纯的理性原则在现实中难以奏效，应该以现实的态度来解读理性。

在不是理性的地方而过度使用理性，属于滥用理性，是对理性的反动。

十六 实力意识

和对方相处，既要看他的意愿，更要看他的实力。

意愿是主观的，会迷惑人，而且容易发生变化。实力是客观的，明明白白放在那里，短期内不会发生变化。

有时对方对自己释放出善意，只要对方拥有压倒自己的实力，千万不能掉以轻心，须有防备之心，小心谨慎地相处，不能被其表面的善意迷惑。我们未来的命运很可能被他决定。

双方的意愿只能决定博弈的短期结果，双方的实力才能决定博弈的长期结果。

再高明的谋略也怕蛮力，最后还是要以实力来证明自己。

以系统论的观点来看双方的实力和意愿，看它们的前因后果以及长期效果。

拥有实力而没有使用实力，却实现了自己的目标，是一种高明的做事方式。

在追求利益的道路上，必须考量自身的实力。谋取超越自身实力的利益是危险的。这种利益不但实现不了，而且会损害战略目标。在清楚实力的基础上界定自己的利益。

实力、决心、让对方知道，是屈人之兵的三要素，其中实力是重中之重，是战略筹码。

有实力者制定规则，无实力者服从规则。这是博弈的实力规则。

实力不济万事休。没有实力的愤怒毫无意义。

改变自己命运的路径，就是增强自己的实力，在实力中寻找自己的正当性。没有实力支撑的文化、道德以及意识形态可以被实力者抛弃。

树立实力为王、实力大于意愿的博弈理念。

十七　合适

事情做到何种程度才算合适呢？怎样把事情既做到极致，又能平衡周围的环境呢？

这些都要智慧中庸。

太用力的人跑不远。以君子风度来施展力量，既有力，也讲究策略；既缓解敌意，也不损害结果；既不冒进，也不保守；既清晰，也模糊；既打击，也鼓励；既坚持，也妥协；既得到，也放弃。保持适当的比例，不过多地偏向于某一方面。不为已甚。学会说“够了”，而不是“更多”。

这些都是合适的行为。

个体只要契合了周围的环境，就处于合适状态，它一般是稳定的、安全的，也就是中庸所追求的事物之间的和合、和谐、双赢。

合适状态是一个区域，越过了这一区域，个体就处于不合适状态。此时要寻求自身改变，做出适合于自身的条件反应，自觉协调和周围的环境。

合适是相对的，昨天的合适不意味着今天也合适，对此的合适不意味着对彼也合适，不同的个体有不同的合适标准。

十八 替代定律

替代定律,用合适的替代不合适的定律。

替代一个事物,因为发现了更合适的事物,并非是更好的或者更新的事物。

事物运行总用合适的替代不合适的。凡是存在的,都是合适的;凡是淘汰的,都是不合适的。

好、新、对、正确并不意味着合适。很多时候,我们执着于对错,容易被对错迷惑,从而偏离了方向。世界上没有绝对的对错,对错只是一个时间段的概念。很多事情,从短期来看,可能是错的;从长期来看,可能又是对的。事物的对错不是我们的着力点,我们的着力点是合适、中庸、恰到好处。

不该沉默时沉默,将受到惩罚。在合适的时间、合适的地点做合适的事情,远胜于苦心策划和精心准备。重要的不是你做得如何伟大,而是否合适。

选择专业、职业、城市、配偶,不一定选择最好的,而要选择合适的。

合适是万物运行的最终的方向。

十九　整体合适

整体合适，合适的高级阶段。

病人去各科看病，每科医生都从自己的专科开药。医生开的药都没错，可是加在一起，病人就受不了，应该有一个综合科。

合适有个体合适和整体合适。个体追求个体合适，只有实现了个体合适，个体才能生存下来。集体追求整体合适，只有实现了整体合适，集体才能保持正常运行。

个体合适和整体合适既有联系又有区别。

个体合适并非整体合适。个人的局部理性可能带来社会整体的非理性，个人追求短期利益最大化可能使社会整体利益受损，反过来又损害每个人的利益。

整体合适对个体合适具有终极意义。只有实现了整体合适，个体才能实现更高意义上的合适。整体不合适，尽管实现了个体合适，这种合适也是脆弱的。任何损害了国家利益或者社会利益而获取的所谓的个人利益，都是不牢固的，并且最终将危及到个人利益。覆巢之下，安有完卵。

整体合适高于个体合适，个体合适必须服从于整体合适。

有些政策局部来看似乎有道理，但是沿着其逻辑走下去，最后导致中华民族万劫不复，这样的政策必须被制止。

政府在制定政策时须致力于国家或者社会的整体合适，不能被个体合适牵着鼻子走。

个体的行为不能只限于个体，必须明了其在整体中的作用和影响力，从而获得其自身存在的意义和价值。

二十 适应

在这个世界上生存下来的，不是最强壮的，也不是最聪明的，而是最适应环境的。

适应能力决定个体的生存空间。

假如能接纳一个在各方面都不尽如人意的世界，维持个体的竞争优势，与时俱进，那么个体就能更好地生存下来。

只有先适应时代，才能改造时代。万物都有自己的适应时点，连伟大人物也要看他能否适应时代。

以自己为尺度来衡量对方，同时又以对方为尺度来衡量自己，通过这种双向衡量找到两者之间的适应。取这种视角而采取的行动，不仅能调和人类自身的矛盾，也能调和人和大自然的矛盾。

为了保持和当前环境的相关性而持续不断地刷新对事物的适应性，这有利于我们的生存和发展。我们并非总能保持这种状态，有时来自相反方向的拉力会使我们失去原来的阵地，有时突然的事变也会令我们措手不及。

真正的价值不在于固守什么，而在于能否适应环境。

有的人不妥协却能适应环境，有的人尽管不断地妥协，却不能适应环境。

依靠谨慎、灵活性、勇气和想象力，做出我们最大限度的适应。

二十一　两难

顺从是地狱，拒绝也是地狱。这两种选择都为难，无论哪种选择，都对自己不利，进退维谷。

变革是改变现状跟上时代的一个步骤，结果好坏难料。不变革，保持现状，最终将被时代淘汰。这两种选择对自己有利有弊，很难取舍。

世界上几乎所有的事物都是两难。

两难之所以难，因为两方面都有其合理性和不合理性，很难必择其一。

这是两种合理性和不合理性的矛盾，反映了现实本身存在的矛盾，人们在这种矛盾面前显得十分无奈。

这不是一步高棋，也不是一步臭棋，而是被逼出来的、不得不走的棋。

为了生存和发展，我们须有变革的决心和意志，同时又要小心翼翼、周密谋划。小心翼翼、周密谋划不是怯懦的表现，是为了取得自身利益最大化的步骤，是破解两难的关键。

现实由两难组成，没有两难，我们会缺少深刻而变得浅薄。两难给我们带来了丰富性。

两难的存在，使我们实现的可能不是最理想的结果，而是双方都能接受的结果。

第十一节 行动

一 设计

设计，建立在分析基础上的系统规划。

规划个体在系统中的位置、须承担的责任、合适的行为方式、突发事件的应对方案、大战略等都是设计的内容。

设计包含修改系统：对反馈信息处理，改变原有变量或者增添新变量，切断原有事物的联系，修改游戏规则，使系统运行更加符合设计者的意图。

设计必须契合实际，建立在现实上，不是空中楼阁，否则没有意义。

顶层设计是高级设计，它把各种要素纳入其中，寻求整体改变。

设计比分析有更深的内涵。

分析只着眼于过去，是对过去的剖析，是被动的；设计着眼于未来，是对未来的安排，是主动的。凡是设计自己人生的都是主动的人生。

对一个已然腐败的事物，不从深层结构中设计改变，只做些修修补补的工作，是无济于事的。

只专注于应付管理倒退中的局面，而不是创造积极管理的态势，是消极被动的方法。只有主动设计，才能创造积极管理的态势，可是我们很少有意识地去尝试。

我们具有设计能力，但是只有少数的社会建构是我们主动设计出来的，多数是被动“生长”的。我们对社会的设计远远不够。

应该把自己和社会当作一个整体来设计。

二 学习设计

偏重分析、轻视设计，是传统思维的特征。

面对问题，我们首先分析原因，然后找出原因，最后消除原因。这种思维模式只对简单事物有效，难以应对复杂事物。

只学习分析方法，不学习设计方法，是远远不够的。

分析只适用于封闭系统，对开放系统，分析难以到位。现实中有多少系统是封闭的呢？作为事后诸葛亮，是很容易找出原因的；事先没有相应的参数，则很难找出原因。

从后见之明上来看，每一件事情都显而易见。我们只能在信息给定下分析原因，除此之外，我们无能为力。

不能局限于分析，应该在分析基础上设计未来。只有设计，我们才能获得主动性。许多问题只有全局设计，才能解决。

设计不仅需要逻辑，还需要创新。光靠分析，不会带来真正的进步。

理想的制度都是设计出来的，而不是自发形成的。

设计对人提出了更高的要求。一旦设计出错，会引发新的问题。按照出错的图纸施工，生产出来的产品必定是次品。

中庸模型可以帮助我们正确地设计未来。

由中庸设计的方案一般和现实最近，能兼顾各方面的利益，没有单方面反证其不可能性，而且在逻辑上具有双向的可接受性。它会给出意料之外的答案，使我们获得我们未能意识到、但是确实需要的事物。

三 博傻游戏

博傻游戏，即击鼓传花式的游戏。

在资产一轮又一轮的上涨过程中，人们会不顾某些资产的真实价值而愿意花高价购买，期待在下一轮的上涨中脱手获利，那么谁来接最后的一棒呢？

趋势一旦形成，一般会持续一段时间，及时参与收益不菲，而且风险小。这是趋势论的观点。

趋势并非在任何时候都成立。有些趋势特征明显，趋势会持续一段时间。这种趋势可以参与，搭便车，费力少而获利多；有些趋势特征不明显，趋势持续时间短又无规律，在经过了一个短暂的趋势后掉头转向，这时参与风险较大。

追逐趋势并非在任何时候都是合理的。在追逐趋势的过程中，没有找到必然获利的理论依据时，只是一场击鼓传花式的博傻游戏，参与者要谨慎，以防接最后一棒。有人相信自己不会成为最后的接棒人而参与这种游戏，结果却输得很惨。

四 积小胜

不放过一分钱的利润，这样可以积少成多。

成功都是一点一点累积起来的。

上了一个台阶后，先稳住一段时间，慢慢消化适应，夯实基础，然后再上一个台阶。这种上台阶模式，是一种稳中图进模式，长期坚持可以实现多台阶跨越。

这种模式走的是中庸路线，短期内难以实现多台阶跨越，却可以避免高台阶坠落，其优势在于积小胜为大胜。

追求卓越，首先要以坦然接受阶段性的平庸为基础，在任何情况下都优秀是不现实的。

打高尔夫球，一两杆高分不决定最终结果，只有持续的高分才能胜出对手。这几乎很难实现。相比较，减少失误和稳定更重要。只有建立在稳定和没有重大失误基础上的伺机出击，才能赢得最后的胜利。

一些人津津乐道于以小搏大、一夜成名、一招制胜，往往难以奏效。

世界上没有快速成功的方法，我们可以从原点到成功，假如基础不扎实，最后又会回到原点。

在财富道路上，只有走中庸路线，坚持价值投资，在每年投资回报中，名次也许不会太靠前，长期以复利计，利润惊人。反之，以赌徒心态致富，尽管有时会大赢，但是很难持续。

历史证明，一个走中庸路线的国家，最终将成为一个强国、富国。反之，一个走极端路线的国家，可能在某一时期成为一个强国、富国，但是很快会衰败下去。古今中外，没有例外。

五 极端手段

讹诈、暴力、屠杀、战争等，这些都是极端手段。

一些正在发生的灾难得到了控制，但是控制这些灾难的极端手段有可能酿成更大的灾难。

有些人为了达到目的，往往不择手段，必欲置对方于死地而后快。他们认为，只要达到目的，就可以不考虑手段的合理性。

中庸不赞成这一理念。中庸认为，手段的极端性违背了目的的合理性，任何极端手段都不能持久，应该采取中庸手段解决问题。

那些主张采取极端手段来解决纠纷的个体，要充分认识到，对方也会采取同样的手段来对付自己。不要认为这个权利永远属于自己而不属于他人。世界上任何权利都是平等的。时间是最好的判官。

是否采取极端手段，还有一个参考指标，即看对方过去是否对自己施加过极端手段。假如施加过极端手段的，那么在道义上是可以采取相应的极端手段，作为对它过去行为的一种惩罚。即使在这种情况下，是否采取极端手段，还须根据具体情况而定，不能贸贸然。任何极端手段，无论有多少理由，都会产生严重后果。

中庸不排除极端手段，当常规手段无法解决问题时，可以考虑极端手段。比如在遭遇敌人的侵略或者面临重大危机时，要敢于出险棋，在意想不到的地方出狠招。

采取极端手段，不仅要考量具体的战术问题，还要考量是否符合某个更大的战略目标。只有把极端手段纳入到整体战略中，才能降低它的负面性，才能使它朝着有利于自己的战略方向转化。

六 评估

采取极端手段，事先须做评估。

发现采取极端手段，虽然能化解一时困境，但是会带来长期的恶劣影响，应该取消，尤其是未来的恶劣影响大于目前化解的矛盾，应该坚决取消。反之则不然。

对对方采取重大的破坏性行动前，先要搞明白，它是不是我们应该行动的对象。须充分评估，不采取行动会有什么结果，采取行动又会有什么结果，权衡比较。对不应该行动的对象行动，这个行动本身就是错的，是对事物的破坏，是将本该被珍视的对象放在破坏者的平台上。

把极端手段降到最低，不仅是为对方的利益考量，也是为了自己的利益考量。极端手段造成的影响会持续很长时间，有可能招致对方使用相同的极端手段来报复自己。这对当事方非常不利，得不偿失。

没有评估还会造成误判误决。

一些个体总是高估自己而低估对方。当你比对方更有能力承受其后果时，有时蓄意让危机升级至极端手段，的确能奏效，对方也许会做出原来不会做出的让步，但是其后果难料。事物不总是沿着直线前行，一切都不确定。你也许并非原来估计的那样有力量，对方也并非原来估计的那样不堪一击。

误判误决不仅对自己有害，假如对方也做出了类似的误判误决，双方会输得很惨。

对自己的过分自信以及与之相随的极端心态，是每个人都须提防的陷阱。这种心态常常使人采取极端手段之类的冒险做法。

七 手段合适

目标和手段应该匹配。

目标合适要匹配手段合适，手段合适能体现目标合适，能更好地实现目标合适。不正义的手段，很难带来正义的目标。

目标合适是战略问题，手段合适是战术问题。战略问题解决后，战术问题显得十分重要。只有找到了适合于自己目标的方法，才是有效的方法，才能完成自己的战略目标。

在手段的工具箱里，既有合适的平和手段，也有合适的极端手段。它们不是固定不变的，因时而变。

判断手段合适的标准：凡是能取得长期效果的，都是合适的，反之则不是。

一些看似平和的手段，即使带来短期效果，但是造成长期的负面作用，也是一种不合适的手段。反之，一些看似极端的手段，即使造成短期阵痛，但是带来长期的效果，也是一种合适的手段。

采取合适的手段来实现自己的战略目标。

八 他人吃亏

让他人吃亏，是所有策略中的下下策。

谈判中要留利益给对方，不把桌子上的钱都拿走。

和他人交往，他人一直在付出，自己一直在占便宜，这样的交往能长久吗？

站在他人的立场上来考量，不侵占他人利益，不让他人吃亏，是人际交往的原则。

这里的利益是双方的长期利益、根本利益，不是短期利益、表面利益。分不清利益之间的这种区别，造成了我们行为上的许多扭曲。

帮助他人、利益他人，其实在帮助自己、利益自己。我们给出去的美好事物都会作为一个美好变量存在，美好变量又会美好地影响和改变我们的未来，但是很少有人会如此客观地看待。

试图吞掉他人利益而不支付筹码是不可能的。事物彼此相关，你吞掉他人利益，其实也在吞掉自己利益。

事物都成双成对，所有利益的获得都成双成对。我们只有和他人合作中才能收获利益。只想到自己，不顾及他人，最终很难收获利益。

众生互惠而成。只顾及自己利益的人，将受困于人生的局限。

九 重视对方

把对方视为自己的一部分，认真对待，这是战略和战术上的需要。

不管我们强于对方还是弱于对方，都要重视对方。重视对方，就是重视自己。

出于竞争的本能，我们更希望看到对方的缺点和短处，这种狭隘的心理使我们目光短浅。只有以学习的态度面对对方、了解对方，才能战胜对方。

把对方想象得十分聪明和强大，对自己没有坏处，使自己有足够的准备和预防。反之，把对方的智商和实力设定很低，则蕴藏巨大风险。永远别以为对方比自己蠢、比自己弱。

面对对方，我们必须谦虚。他们有实力，究竟有多大实力呢？很难判断。我们与之打交道的是云团，不是钟表。

我们觉得自己比对方强、比对方知道得多，战胜对方绰绰有余，其实，我们许多方面都比对方弱，对方知道的我们都不知道，对方使用的手段我们都不会使用，战胜对方非常艰难。

我们常常以己度人，以自己的思维方式看待对方，没有跨文化差异的认知。

任何轻视对方、不了解对方而采取的对策，都会使自己陷入被动。

把对方视为复杂的对象，结合其背景加以理解，尽可能设身处地、从他的视角或者持中间立场来理解。力避踩到对方底线。

只有重视对方，才能了解对方，才能和对方建立稳定的关系。

十 曲线路径

只有先蹲下，然后才能跳得更高。

没有一只候鸟会以直线飞翔。

走不通的路，只有懂得拐弯，才能抵达目的地。

现实中的路径往往不是笔直的，而是迂回的。

在我们的利益里面包含了他人的利益。赤裸裸地追求自己的利益，反而会失去自己的利益。只有让他人收获利益，才能收获自己的利益。这是利益的曲线路径。

在我们的自尊、自爱里面包含了他人的自尊、自爱。只有让他人获得自尊、自爱，才能获得自己的自尊、自爱。将欲取之，必先予之。人抬人，越抬越高；人贬人，越贬越低。

做事不能急功近利、只为自己着想，而要为他人着想，为他人提供需要，成人之事，成人之美。唯有如此，才能赢得我们的价值和利益。

事物的曲线有不同的弯曲度。为了省事省力，人们喜欢走低曲线路径，而那些走高曲线路径的人反而容易成功。

世界上没有轻轻松松的直线成功，一切以曲线来完成对事物的超越。

十一 对方思考

从对方的视角来思考自己，以对方的逻辑来思考自己，去理解那些在我们看来很魔幻的对方。

在认识自己和对方中须具有对方思考的能力。这种能力是个体成功的要素。

我们在思考国际关系时常犯一个错误，没有学会以对方的视角来思考问题，以对方的逻辑来思考问题，一味强调自身的弱点而畏惧对抗，一味贬低自身而仰视对方。将自身的困境归咎于外部挑战，而不认为是自身过时模式造成的，最终丧失了战略主动权。

对方从来不会以其真面目示人。有的用那些善意的言辞包裹自己，让我们信任他们，然后攫取我们的利益；有的为了某种目的，对自己的实力进行有意识的夸张或者隐瞒，用以迷惑我们。

有些对方会不断地做出有损于我们的过分行为，我们为此愤怒或者难以理解，其实他们背后都有自己的利益和逻辑考量；有些对方会以“道德”来绑架我们，而我们竟然信以为真，其实他们所谓的“道德”只是用来利用或者攻击我们的武器而已，由于我们总是站在自己的立场上来思考，所以难以发现。

作为竞争的一方，必须对另一方有清晰的认识，以己度人万万不行。不要掉进对方设计的陷阱里。

在对对方的思考中，假如把对方的对方也纳入思考范围，我们将拥有更多的手段来战胜对方。

十二 参照物

站在上升电梯里的人，不以地面为参照物，人是静止的。

暗室里没有参照物，很难找到黑猫。

社会领域也有参照物。没有参照物，我们将失去前进的方向。有了参照物，我们就知晓自己在系统中的位置、自己和其他事物的距离、自己的追赶目标等。

社会领域的参照物就是我们的对手。

没有对手，须寻找对手；周边没有，拓展空间寻找。只有寻找到一个强劲的对手作为自己的参照物，才能激励自己向更高的目标迈进。

成功不仅需要努力和勤奋，也需要参照物和对手。

十三 对手意识

树立对手意识，把对手视为和自己有共同命运又有竞争关系的意识。

世界上没有真正意义上的敌人、敌国，只有对手。

任何对手都作为自己的一个变量存在，作为一个变量影响自己。当对手消失或者改变了，原来的自己也将消失或者改变。

一个对手是另一个对手存在的作品。一个对手的改变将影响许多对手。

不要试图消灭对手，要影响或者改变对手，使对手朝着有利于自己的方向转变。

了解对手非常重要。对手并非通常表现的那样，背后深藏无数的变量。这些变量会以诸多独特性显现，平时难以察觉，一旦环境合适，就会突然现身，令我们猝不及防。

有些对手会制造麻烦，对此，我们要做好准备。对给我们制造麻烦的对手制造麻烦，是和对手的相处之道，麻烦会远离你，否则一切麻烦都是你的。学会并敢于给我们制造麻烦的对手制造麻烦，让折腾你的人被折腾。试图规划一方的未来而不考虑另一方，是达不到效果的。

在存量博弈的世界里，充满了丛林法则。假如低估对手的邪恶而丧失警觉，将使自己处于巨大危险中。把对手置于可以使用手段的位置。

不把对手放在狭隘的容器里，放在宽广的时空中，容纳、引导、竞争、合作、斗争，最终使其成为有益于自己的变量。

十四 行动

一个人的高光时刻注定在行动里。

人既有思维能力，又有行动能力。没有行动，一切等于零。不做旁观者，做行动者。重要的不是我们知道了什么，而是我们能做什么、做了什么。在人生的赛局里，全力参赛比冷眼旁观享有更多的益处。

人不是舞台上的看客，必须采取行动应对环境的变化，否则变化一旦发生，就难以适应。不要错过不行动会终生后悔的时机。一个人可以没有知识，但是不能没有行动。

列车上还有位置，赶快上去吧！不要计较位置的好坏。人生没有那么多的来日方长、没有那么多的机会。不行动最憋屈，坐而论道没有意义。人的差距首先从认知上开始，然后在行动上加大了那个差距。

行动方案一旦确立，要勇往直前地实施。期待的事物是等不来的，只有一步步走过去，才能得到它。

行动必须大胆，不要害怕失败；只有当我们停止了行动，才算失败。

顶层设计很好，不落地等于没有。有计划而不行动的人很多，我们欠缺的是执行力。

在行动方面，我们依凭的不只是理智，而是生命力。生命力的冲动是生物学的事实，没有冲动，就没有生命存在。

行动的反义词往往不是失败，而是不行动。遗憾比失败更让人难以面对。最大的失败可能不是做了什么，而是什么也没有做。

在中庸词典里，重要的是行动，这至关重要。

十五 有效行动

行动是否有效，是形成个体差别的原因之一。

我们的行动时常受距离最近的想法的支配，由其紧迫性决定，而不是深思熟虑的结果，这样的行动带有冲动的倾向。

行动前考虑诸多边际效应和延伸后果，不采取缺乏远见的行动。短期主义者目光短浅，须制定长期规划。长期规划须对长期趋势做出反应。

行动中只看到第一步，看不到第二步、第三步，即使第一步达到了预期效果，也会被后面发生的相反效果抵消，甚至造成灾难。行动效果事后才能显示。

实现合理目标是行动的方向。知道自己所要前往的地点，比匆忙赶到那里更重要。不要一味地将行动视为最高成就。不仓促行动，不朝负面趋势行动。行动不能长久地处于自发状态。

一旦发现自己陷入洞中，不要再往下挖了，要赶快停止原先的一切行动，否则损失更大。远离那些让你做出仓促行动的环境。

符合中庸的行动表现得既不胆怯，也不鲁莽；该勇敢时勇敢，该谨慎时谨慎；该出手时出手，该收敛时收敛；既是一头勇敢的狮子，也是一只谨慎的狐。

任何有效的行动都是简单明了的。

十六　下先手棋

下棋有先手、后手之分。

先手者处于主动位置，容易得势。

只有下好先手棋，才能主导自己，激活全局，尤其在舆论导向、情报搜集、战略决策等方面。

我们的行动意愿常常落后于实际能力，其战略、策略从根本上说是消极的，只对那些挑衅我们的对手做出反应，很少主动而为，造成了我们的被动局面。

下好先手棋，就是对棋面的认识超前一步，在行动上先发制人，谋定快动，以先制胜，以快制胜，成为棋局走势的引领者、掌控者。

实力取决于动用实力的意志，没有意志，实力等于零。只有下好先手棋，才能匹配实力，才能有所作为，才能收获成果，才能赢得主动权。打得一拳开，免得百拳来。

下先手棋包含了主动“出题”部分。主动“出题”先于主动进攻，其目的是让对手知道，我们的利益不容侵犯，挑衅没有出路。

在丛林世界里，我们总以防御和被动的方式对待实力，不仅损耗实力、被动挨打，也得不到其他国家的尊重。

既要下好先手棋，也要下好后手棋。后手棋具有后发制人的特征。先手棋和后手棋须统筹安排，一切依据不同的棋面变化而定。

十七 精彩人生

舞台再大，自己不上台，永远是观众；平台再好，自己不参与，永远是局外人。

我们来到这个世界，不是来看热闹的，是来参与的。

只有在行动中，人生才能展现自身的精彩，享受生命的乐趣。精彩的人生不是看他拥有多少财富和权力，而是看他一生中经历了多少沧桑，有多少行动。

一些人自称怀才不遇，长于说而弱于行，空有幻想，没有行动。对一个行动者来说，不会怀才不遇，世界充满了机会，到处都有自己发挥才华的地方。世界实在太美好了，人生没有时间叹息。

行动、行动、再行动，这是生命存在的奥秘。生命只有行动，才能体现自我。时间的流逝使行动显得更为迫切。

对充满活力的个体而言，生命的本能就是行动。与其坐等而死，不如行动而亡。

行动比不行动更能体现价值，即使失败了，也有价值，获得了教训和体验，丰富了人生内涵。

不空等人生。悲观、失望、埋怨、指责不会带来成就，人生美好的时光却悄悄地溜走了。这是对生命的浪费。

孔子认为，对一些过于谨慎的人来说，不一定要三思而行，考虑两次就可以了。

外面的世界很精彩，只有行动者才能享受这精彩的世界。

十八 动中显机

行动和机会相伴,只有行动,机会才会显示出来。

个体行动是个体活动的信号。个体一旦有了行动,就等于向外界发出了信号,表示自己的状态和意图,就会吸引、激发周围变量的跟进,完成相同、相近变量的集聚,共同推动事业的发展,实现个体的目标。

过道里的感应灯平时是关闭的,只有走到感应的位置,灯才会为你打开。

行动会伴随着一系列新变量的出现。有些新变量只有在行动时才会出现、才会集聚,才能成为近变量、显变量。不行动,它们将长久地处于遥远的位置、隐性的位置,无法和我们交集。新变量给我们带来新的可能性、新的机会。

不坐等机会,机会是坐等不来的。在行动中寻找机会、发现机会。

许多人计划得很美好、设想得很周全,就是迟迟不行动,因为他们不了解行动的意义。

第十二节 文化观

一 宽恕之德

对伤害我们的人或者组织的适当宽恕，是中国传统道德的基本内容之一。

宽恕之德，是人性善良的一种表现。

人际交往中，善良比聪明更重要。

人无完人，金无足赤。人人都会犯错，对犯错之人该原谅就原谅，该宽恕就宽恕，不必锱铢必较。对他人的宽恕就是对自己的宽恕。拥有宽恕之德，不仅是个体的生存需要，也是人性的一种美德。

宽恕之德并非是绝对的。它只适用于可宽恕的人、可宽恕的对象。对不可宽恕的人、不可宽恕的对象，是万万不可以施行的，否则不仅危及自己的安全，也会危及他人的安全，是一种罪过。

许多伤害本是一次性的，正因为你过度宽恕，他人才会一次次地伤害你。

我们可以宽恕别人对自己的伤害，但是不能无底线地宽恕，宽恕必须有界限。没有界限的宽恕是可怕的。

有些罪恶是不能宽恕的，比如杀害无辜的生命、作践自己的同胞、侵犯或者出卖人民和国家的利益等，他们只能永远地被钉在耻辱柱上。

对不该宽恕的人宽恕，对不该宽恕的对象宽恕，都是极端行为。

二 以直报怨

以直报怨，以公平、正直的态度来对待伤害我们的人。

孔子提出的一种道德理念。

孔子认为，在对待恩怨问题上，以怨报怨和以德报怨都是极端，都是不可取的。

有人问孔子："以德报怨，何如？"孔子反问："何以报德？"孔子提出最好的办法是以直报怨、以德报德。（《论语·宪问》）

我们在对外关系上提出"人不犯我，我不犯人；人若犯我，我必犯人"的自卫原则，充分体现了以直报怨的思想。

以直报怨是一种惩戒模式，是捍卫自己主权、安全和尊严的必然选择。我们必须有自己的惩戒模式，惩戒冒犯我们的人。

受害者不反抗，加害者不会自己悔改。没有惩戒，欺凌会肆无忌惮。

善良没有底线，别人就没有原则。过度的善良是世界上最愚蠢的事。以德报怨不仅是一种幼稚的行为，也是一种危险的行为。我们要做正确的事，不做貌似道德的事。

以直报怨应成为解决人际矛盾的世界原则。

我们大多数人至今仍然未能明了其蕴含的意义，迷失于其相反的理论中。

三 负外部性

一种错误行为，除了给自己造成危害外，还会对外部事物带来负面影响。

不惩罚犯错者，这种错误行为就具有负外部性。

某国侵略他国，屠杀他国人们，甚至公然摧毁一个国家。不惩罚侵略国，不仅被侵略国的利益受损，也会造成国和国之间关系的扭曲，使一些国家以为这种侵略行为是正当的，从而趋同于这种行为，其造成的危害远远大于双边关系。

大量不成熟的投机者蜂拥买入没有价值的股票，推高垃圾股的价格，造成股价扭曲。他们给股市的价格发现增添了噪音，客观上降低了市场效率，损害了实体经济。

团队中的少数人由于不当行为而损害了其他人的利益，团队不对他们做出惩罚，剩下的大部分人就不会再坚守原则，团队秩序由此会陷入混乱。

个人能从自己的恶行中得到好处时，劝他从善是徒劳的。

不对先不遵守秩序的人做出惩罚，会带动大家一起不遵守秩序。

一次枉法审判，其恶果超过一百次犯罪。错误政策最终有损于所有人。而旁观者们，没有一个人是无辜的。

至于对做错事的个体惩罚到什么程度，须依据个体做错事的程度而定。做错事的程度越高，惩罚的力度就越大，否则达不到惩罚的效果。

四 欺骗自己

否认现实,“捂眼”看问题,拒绝对自己不利的事实,对大家共见的事实熟视无睹,夸大或者美化对自己有利的方面,相信并不存在的事物,都是欺骗自己的表现。

欺骗自己比欺骗他人更令人难以理解。欺骗他人是为了获取利益,欺骗自己则会使自己的利益受损,这似乎是个悖论。

有人以为,欺骗自己不存在,或者极少存在。其实欺骗自己比比皆是。主观上拒绝欺骗自己,客观上很难做到。

欺骗自己源于毁灭基因,和人性有关,隐匿在人性中。

我们可以忽视自己的缺点,但是缺点不会忽视我们。

欺骗自己受损的是自己而不是他人,虽然不会像欺骗他人那样被认为是不道德的,但是对我们的危害尤甚。欺骗自己,作为一种心理疗法,尚有可取之处;作为一种认识方法,则不可取。

我们应直面现实,不欺骗自己;知之为知之,不知为不知;不忽悠别人,不忽悠自己。现实不会因为自己的否认或者逃避而消失,它始终在那里存放着。

欺骗自己有无意识的和有意识的,有意识的比无意识的更加糟糕,无意识的比有意识的更加危险。

五 现实导向

现实导向，人生以现实为引导的方向，和自我导向、他人导向相对。

把自己看得太重，以自己的主观期望作为人生目标。这种自我导向，过于强求不属于自己的事物，过于追求不属于自己的生活方式，不断碰壁是很自然的。

把他人看得太重，自己的人生目标全然放在他人的期望值上。这种以他人导向的社会性格将丧失自我。他人导向是一种传统导向。

不拿自绘的地图或者他人的地图找自己的路。不沉浸于被自己夸大的故事或者他人的故事里。

我们的价值存在于现实中。只有不断地以现实导向，才能看清现实、跳出自我。

把自我导向、他人导向结合起来，走向现实导向。按照现实来塑造自己的人生。

六 自身利益

博弈都是利益的较量。

人跟树一样，要发展壮大自己，就要不断地从周围吸收养料。

你不能从自己的付出中得到回报，那你将面临失去更多的局面；你不能从博弈中得到利益，那你将失去博弈的资格。

自身利益自身维护，自己命运自己创造，别人一般不会把他人的利益当成自己的利益来对待的。我们是自己的保护神。在维护自身合法利益的道路上，不能羞羞答答、遮遮掩掩，要理直气壮地表达出来、敢于表达出来、善于表达出来。维护自身利益天经地义，是上天给予每个人、每个组织、每个国家的权利。一个不能维护自身利益的个体，是无法在地球上生存的。

自身利益不是孤立的，是和他人利益连在一起的。只有维护了他人利益，才能维护自身利益。同样，只有维护了自身利益，才能维护他人利益。

自身利益和他人利益，是利己和利他的关系，利己是基础，利他是利己的产物。为了利己而利他，没有利己何来利他呢？不能反过来，为了利他而牺牲自己，这样不仅丧失了自身利益，他人利益也会丧失。

利己和利他建立在互惠互利基础上，已被大量的实践证实。

每个人都是自己的目的，不能为了他人而无辜牺牲自己。凡是为自己存在的事物，自己既是出发点，又是目的地。

七 集体利益

对那些有损于个人利益却有利于集体利益的事情，个人如何处置呢？

每个人都天然地拥有自身的生存权利以及维护这种权利的本能。单从个人立场出发，个人不会选择自我牺牲，但是集体需要这种牺牲，没有个人牺牲，集体难以存在。

在此情况下，集体会形成一定的环境，或者鼓励、或者强迫个人做出这种牺牲。鼓励这种行为的以道德的形式出现，强迫这种行为的以法律的形式出现。

道德和法律是社会规则的两个极端，凡是极端的都不能持久，都会被中间状态拉回。

维持集体运行的最佳状态，既不是全部依赖道德，也不是全部依赖法律，而是这两者之间的中间状态，即个人自觉自愿地维护集体利益。只有把维护集体利益作为个人的自觉行为，集体才会有良好的运行。

集体就像一辆火车，要有人提供能量，才能推动火车前进。

社会上总有一些鸣不平的人，他们可能遭遇过不公，但他们的发声不只是为了自己，而是为了集体更好地运行，社会应该对他们宽容和保护。

一个社会必须依靠道德或者法律才能维持运行，说明这个社会还没有进入到最佳状态。

我们每个人都要确保自身力量不会以有害集体的方式存在，这是做人的底线。

八 牺牲自己

个人和集体都不是孤立的存在，它们整合在一个系统里。

集体的存在是为了个人的存在，是为个人服务的。没有集体，个人无法存在或者不能更好地存在。

个人的存在并非是个人力量的产物，他受到更大的力量即集体力量的支撑，那种认为个人完全可以凭借一己之力做得更好的观点是片面的。

为了使集体良好运行，必须牺牲个人利益。没有个人利益的牺牲，集体难以运行。

牺牲个人利益的基因，在个人基因库里早已存在。这些基因是人类在长期演化过程中形成的，否则人类不可能发展到现在。为了集体利益而牺牲个人利益的行为不仅是集体性质决定的，也是个人基因决定的。

为了集体利益而牺牲个人利益，对个人而言并没有特别之处，古已有之。任何族群的存在，都是在牺牲了大量的个人利益下完成的。对此，我们要加以正确评价，不能强调个人利益而损害集体利益。个人利益和集体利益紧密相连，没有集体利益、国家利益，也就没有个人利益、国民利益。任何个人都要维护集体利益、国家利益。这是个人行为的最高准则。

在大国博弈中，有些国人为了私利而做出有损于国家的事，以为这是个人行为，和国家无关，其实他们的行为都和国家连在一起。把自己和国家分割开来的一切做法，都是不成立的。

一个损害国家利益的人，不管他是一个商人、官员、学者、科学家，也不管他的名望有多高、财富有多大，都是国家的罪人。

在一个由理性主导的社会里，当个人表现为一种在客观上是理性的，同时又是合乎习俗的行为时，他便会获得最大的机会及赞誉。

九 第一法则

对自己有利的积极争取，对自己不利的全力避开，这几乎是所有生命体的共性，反映了生存第一法则。生存第一法则也是生命的第一行为趋向。

生存第一法则，是保障生命体生存的最高法则。

在生命体的行为中，必须抓住自己的本体，知晓自己在世界格局中的位置，知晓自己的利益所在，然后从这个本体出发，争取最大、最有效的生存空间。按照这个本体，找到自己的生命"地图"，实现自身生命的繁荣。

国家作为重要的国际角色，不但要明白自己要做什么，自己的本体在哪里，而且还要让其他国家明白你要做什么，你的本体在哪里。如此，才能实现世界的和谐。

本体思想是个体行为的坦途。缺乏本体思想，个体的行为模式会脉络紊乱，东一个热点，西一个口号，令人捉摸不透。

相反的法则为自身毁灭法则。

任何生命体，既有生存第一法则，也有自身毁灭法则。这两个法则相伴而行，同时并存于一体。

生存第一法则的存在，使生命体不断地做出合适的行为，从而获得自身最大的发展空间；自身毁灭法则的存在，使生命体不断地做出不合适的行为，有些是无意识的，有些是有意识的，从而导致自身的衰败和毁灭。

越高级的生命，其自身的生存能力和自身的毁灭能力都很强，其间充满了巨大的机会和风险。人类尤其如此。

十 谦虚

人道恶盈而好谦。

在中庸看来，某一个体取得了成功而周围其他个体没有成功时，该成功就是极端，会受到其他个体的制约。

国家、企业、个人发展到顶峰，即成为超级大国、垄断企业、亿万富翁，相较于其他个体，他们都是极端者。此时，他们应走中庸路线，和周围保持协调，尽可能地不凸显自己的极端性。现实恰恰是，他们表现出来的往往都是极端。

一个打了胜仗的将军，容易滋生出骄傲、轻敌心态，以为自己了得，对手不过如此，在下一次的战争中很可能被对手打败。用一种打了胜仗的态度，去对付另一场战争是危险的。上一次的胜仗有很多偶然因素，包括自己的谨慎、周密、天时、地利、人和等。胜仗不是常态。

成功后以谦虚的姿态出现，光而不耀，能舒缓自己的成功，使这种极端趋于平缓；反之，以骄傲的姿态出现，炫耀高调，则会放大自己的成功，使自己更加趋于极端。

谦虚是对成功的对冲，以不那么成功的姿态表现自己，实现自己和周围环境的协调。

谦虚不是表面的形式，仅仅做做样子而已，这样的谦虚是虚伪。在虚伪下生活，看不到自己的真实面貌，对自己更加有害。

谦虚必须真实，在自己成功时看到自己不足的一面，在自己收获颇丰时看到自己失去的一面。

谦虚者始终知晓物极必反的道理，不把自己的成功绑架在极端上。

十一 持满之戒

个体成功后，怎样才能长久地保持下去呢？

老子提出“持满之戒”。

老子认为，个体成功后，假如能做到不骄傲自满、不过分、不奢侈、不懒惰、不过于安逸，“去甚，去奢，去泰”，个体就能保持自己的长治久安。（《道德经》）

背篓里装了太多的物品，下一步会走得很沉重。

满招损，谦受益。成功者需要的不是自满，而是谦虚。成功是一种非常态，其中蕴含着运气成分，背后有巨大变数。自满会让人丧失应对突发事变的能力。莫到穷处思变，常想高处转身。我们没有必要为成功打扮，成功有时会害死人，成功须以“丧礼”对待。

你可以是一个成功者，也可以成为一个成功者，但是不要总以成功者的姿态出现。这是成功者的生存之道，它可以让成功者更成功、更持久。

越是形势向好，越要保持警惕。

持满之戒，体现了物极必反、功遂身退、不求盈满、不走极端、适可而止的道理。

十二　合作基因

基因的特征是自私，不断地拷贝自己，在进化过程中争取最大限度的生存和扩张。由于它掌握遗传密码，因此，一切生物的繁殖演化最终归结于基因的自私。

这是英国生物学家理查德·道金斯(Richard Dawkins)1976年在《自私的基因》一书中提出的观点。

由于单方面强调基因的自私，道金斯的观点引起人们的惶恐不安。

中庸哲学认为，事物都是成双成对的，伴随着人类演化过程中出现的自私基因，同时会出现与其对应的合作基因。没有合作基因，自私基因不可能出现。

人类的某些时期，自私基因可能表现得多一点，并不能说明合作基因不存在。

人类没有合作基因，就不可能出现道德、善、家庭、部落、民族、国家、制度等一切美好的事物。

人类在演化的过程中，合作基因和自私基因起着同等重要的作用。

道金斯提出了自私基因，没有提出相应的合作基因，显然是片面的。

后来，道金斯看到了自己学说中的不足，又写了一部新作《解析彩虹》，其中辟有专章“自私的合作者”，作为《自私的基因》的补充。

道金斯认为，基因尽管自私，也需要合作，它们是经过选择的“自私的合作者”。

基因是自私的，并不能说明人就是自私的，更不能证明人应该自私。人身上同样具有合作基因，这是人性的两面，性善论和性恶论无法单独存在。无论将来人类演化到怎样的程度，这两面的相互作用始终存在。

十三　文明元

一个民族或者一个国家，存在诸多文化现象，像剥笋一样一层一层地剥，最后留下一个最基本的内核。这个内核就是文明元，又称为认知基因。

从历史上来看，西方文明元是逻辑，中华文明元是中。

东西方不同的文明元，历史上都起到了重要作用。

中华文明元和西方文明元相比较，有两个根本区别：

首先，逻辑寻求自我确定，中则处在动态的过程中，具有确定性中的不确定性、不确定性中的确定性。

其次，作为一种精神实体，逻辑只有一种冲动，即外化冲动。中具有两种冲动，既有外化冲动，也有内化冲动。物极必反、反者道之初，说明中外化到一定程度开始内化，内化到一定程度开始外化。假如把外化看作传播和扩张，内化看作吸收和生养，那么，西方文明是一个直线扩张的文明，扩张的停止被看作文明的失败，而不是文明的生养。外化、扩张、过度成了西方文明的常态。

在中庸看来，过度是西方认知基因的缺陷，作为中华认知基因的适度可以弥补它的缺陷。

西方文明有它的长处，比如确定性等，它的长处正是我们的短处。由于中的不确定性，使我们这个民族缺乏原则性，我们的文明缺乏制度建构，这些都是我们要向西方学习的地方。

后　　记

孔子是中国传统文化的代表人物，影响了中国两千多年，他的核心思想是什么呢？

我一直在思索这一问题。

为了寻找答案，我重走孔子周游列国路。

在我走进山东省汶上县时，才找到了答案。

“孔子是我们县的第一任县长”，这是汶上县领导见我时说的第一句话，然后介绍说：汶上县古代叫中都。公元前 501 年，鲁定公任命孔子为中都宰。这是孔子生平第一次走上仕途。孔子做中都宰时，按照中的思想，制定并实施了一系列对百姓的生活保障制度，所有的政策都不偏不倚，顾及方方面面人群的利益，受到当地百姓的拥护，成为用中治理国家和地区的典范。

当地学者介绍，“中都”名称是孔子起的。中都过去叫平陆。孔子在此地执政有了起色后，就用一个地名来传播他的思想，于是把平陆改为“中都”。孔子一直想把自己治理中都的经验推向世界。

那么，孔子的“中”，从哪里来得呢？

根据记载，尧舜时期的中国人已经发明了“中”，并在社会上层广泛使用。孔子的中、中庸思想是在前人用中、执中基础上产生的。

通过对孔子周游列国考察，我深切地感受到，延续中国数千年的中庸思想博大精深，具有深厚的中国文化底蕴。

拙作《跟孔子周游列国》出版后，我有了一个大胆的想法，想把孔子以及中国传统文化的中庸思想，用逻辑的方法加以条理化。

此后，我全身心地投入了对“中庸”的研究和写作。以日记的方式，每天写一点、记一点、思索一点，日积月累，于 2015 年完成初稿《中庸论》，全文刊登在上海《浦江文学》杂志上。

《中庸论》发表后，引起了一些读者的关注，他们对《中庸论》提出了一些意见，对此，我又做了全面修改，百次易稿。

现在奉献给读者的《中庸的大众哲学》，是《中庸论》修改稿。

在本书写作中，得到朋友张桂华先生的大力支持，我们多次展开讨论，收获颇多，在此敬表谢意！

同时感谢邓伟志老师，他在百忙之中仔细审阅书稿并为此书作序。

此外，感谢吉鸿盛、陈柏有、贝鲁平、袁世全、周伟良、胡一峰等朋友，他们都从自己的专业视角对本书提出了不少修改意见，尤其是吉鸿盛先生专门写了洋洋大序！

一门好的哲学，更多的是提出问题，而不是提供标准答案，这会激发人们的思考。

我对中庸只做了一些探索工作，提出了一些新的思路，它们都没有标准答案，希望此书能起到抛砖引玉的作用，推动中国中庸学的建设。

钱钧华

2022 年 6 月 1 日